中国科学院科学出版基金资助出版

公路隧道前馈式智能
通风控制系统

何 川 方 勇 李祖伟 著

本书由以下项目联合资助：
交通部西部交通建设科技项目（2006 318 000 58）
国家火炬计划项目（2009GH010182）
国家重点新产品项目（2008GRF01007）
中央高校博士点基金博导基金类项目（20100184110018）
重庆市科技计划项目（2002-7470）
中央高校基本科研业务费专项资金资助（SWJTU11ZT33）

科学出版社

北 京

内 容 简 介

本书系统阐述了公路隧道前馈式智能运营通风控制的理论、方法及设计与实施等方面的关键技术。全书内容分为 9 章,第 1 章主要分析我国公路隧道通风及其控制系统的现状及发展趋势,第 2～4 章介绍了公路隧道前馈式通风计算的理论基础,包括交通流预测模型、隧道通风的空气动力学模型及污染物扩散模型等,第 5～7 章对单体公路隧道及隧道群的前馈式智能通风控制系统进行了详细的设计与室内仿真测试,第 8 章、第 9 章介绍了公路隧道通风系统基础参数现场测试的相关成果,以及隧道中实施前馈式智能通风控制系统的效果测评情况。

本书可供从事公路隧道规划、设计、施工与运营管理的广大科技人员使用,也可作为高等院校隧道与地下工程专业师生的参考书。

图书在版编目(CIP)数据

公路隧道前馈式智能通风控制系统/何川,方勇,李祖伟著. —北京:科学出版社,2014.12

ISBN 978-7-03-042964-3

Ⅰ.①公… Ⅱ.①何… ②方… ③李… Ⅲ.公路隧道-隧道通风-控制系统 Ⅳ.①U459.2 ②U453.5

中国版本图书馆 CIP 数据核字(2014)第 309537 号

责任编辑:周 炜/责任校对:桂伟利
责任印制:张 倩/封面设计:陈 敬

科 学 出 版 社 出版
北京东黄城根北街 16 号
邮政编码:100717
http://www.sciencep.com

北京通州皇家印刷厂 印刷
科学出版社发行 各地新华书店经销

*

2014 年 12 月第 一 版 开本:720×1000 1/16
2014 年 12 月第一次印刷 印张:15 1/2
字数:298 000
定价:98.00 元
(如有印装质量问题,我社负责调换)

前　　言

近年来我国在以高速公路为骨干的高等级公路建设中取得了巨大的成就,与此同时,如何充分发挥高等级公路"车速快、流量大、运效高、安全好"的优势则给我们带来了新的课题和压力。由于长大隧道的特殊结构和环境条件,汽车在隧道内行驶时排出的废气和卷起的尘埃会妨碍行车安全并对人体造成危害,且极易造成行车堵塞和诱发重大交通事故。为保证车辆在隧道内的快速安全行驶并提供良好的行车环境,需对隧道进行运营通风,并进行以通风控制为核心的多系统集成化的计算机中心控制管理。先进可靠的运营通风控制技术是长大公路隧道运营安全、畅通的保障。

截至 2013 年年底,我国高速公路通车里程已突破 10 万公里,居世界首位,公路隧道 7300 余座,总延长超过 5000 公里,其中长度大于 3 公里的特长隧道约 300 座,长度超过 1100 公里。如何实现营运安全与节能是高速公路长大隧道监控技术领域所面临的巨大挑战。对于长大公路隧道的运营通风方式,国外从 20 世纪 70 年代、国内从 90 年代已基本从全横向方式或半横向方式演变到纵向通风方式。通风控制的目的是根据隧道内的交通状态,以最小的电力消耗,按需求供给隧道内充分的通风量。随着隧道长度的增加,车辆在隧道内的滞留时间越多,有害气体在隧道内的分布形态差异越大,而且浓度水平普遍较高,从而大大增加了确定隧道需风量的难度,也使得长大公路隧道的通风控制变得十分复杂。研究采用先进的通风控制系统除能改善通风效果,增加行车安全性及舒适度,还能大幅降低耗电量,可进一步完善我国现有纵向通风技术,是实现高等级公路"高速、高效、安全、舒适"的一项关键技术,在节能、防灾和提高行车安全和舒适性等方面均具有重要意义。

在此背景下,作者近年以高速公路隧道的前馈式智能运营通风控制为核心展开了系列基础和技术开发研究。本书主要内容取材于作者承担的交通部西部交通建设科技项目"公路隧道智能联动控制技术研究"、国家火炬计划项目"长大公路隧道智能监控系统及防灾新技术"、国家重点新产品项目"高速公路隧道智能监控软硬件系统"、中央高校博士点基金博导基金类项目"高速公路隧道群前馈式智能通风控制技术研究"、重庆市科技计划项目分项"长大公路隧道前馈式通风系统及隧道机电智能监控技术研究"等多个项目或课题研究的相关成果,同时包含了作者近年承担的针对我国西部及部分沿海省市高速公路隧道的技术开发和工程应用方面的相关内容。

感谢重庆、四川、贵州、云南、浙江等省(直辖市)多个公路建设、运营管理、设计与施工单位对相关项目研究提供的协助和经费资助,感谢相关技术及管理人员对本项研究工作的大力支持；感谢西南交通大学王明年、曾艳华、杨玉容、何世龙等教师及多名博士和硕士研究生在现场测试等多方面所做的协助工作。

限于作者水平，书中难免存在不足和不妥之处，敬请读者批评指正。

目　　录

第1章 绪 论

1.1 我国公路隧道的发展现状

近年来,我国在以高速公路为核心的公路路网建设方面取得了卓越的成就,公路基础设施总体水平实现了历史性跨越,截至 2012 年年底,我国已通车高速公路里程约 9.8 万 km。随着京沪、京沈、京石太、沪宁合、沪杭甬、沪蓉等一批长距离、跨省区的高速公路相继贯通,我国主要公路运输通道交通紧张状况得到明显缓解,长期存在的运输能力紧张状况得到明显改善。公路路网的快速发展,大大缩短了省际之间、重要城市之间的时空距离,加快了区域间人员、商品、技术、信息的交流速度,有效降低了生产运输成本,在更大空间上实现了资源有效配置,拓展了市场,对提高企业竞争力、促进国民经济发展和社会进步都起到了重要的作用。

但相对于我国社会经济的快速增长和全面建设小康社会的发展目标,以及应对日益严峻的国际竞争力挑战而言,目前的改善只是初步的、不全面的、不稳定的,缩小差距、加快发展仍然是交通建设的主题,以高速公路为核心的公路路网建设依然处于需要继续加快发展的初级阶段。美国以州际公路为主体的高速公路网已经连通了所有 5 万人口以上的城市,通车里程约 10 万 km;德国高速公路已达 1.2 万 km,所有 5 万人口以上的城市及 90% 不足 5 万人口的城市都通了高速公路,全国各地能在 20~30 分钟内到达高速公路;日本高速公路已经连通所有 10 万人以上的城市,70% 的地区 1 小时之内可以到达高速公路,2 小时之内到达的占 90%,任何城镇和乡村可以在 1 小时内到达高等级干线公路网。而目前我国高速公路仅覆盖了省会城市和城镇人口超过 50 万的大城市,在城镇人口超过 20 万的中等城市中,只有 60% 有高速公路连接。根据我国今后 20 年国民经济和社会发展的总体目标,由总体小康社会转到全面小康社会,经济总量和发展内涵都将提升到一个更高的水平。国家高速公路网的规划目标是[1]:连接所有目前城镇人口超过 20 万的城市,形成高效运输网络。据测算,要适应未来 20 年全面建设小康社会和 21 世纪中叶基本实现现代化的需要,我国高速公路网的总规模大体应在 10 万~12 万 km。

在高等级公路建设中,采用隧道方案,对于缩短路线里程、绕避不良地质病害(如冰雪、滑坡、泥石流等)、优化路线平纵线形指标、保护生态环境和提高运输效率等方面都有着不可比拟的优越性,尤其是在大型灾害面前,更是起到了"生命线"的作用。例如,在 5·12 汶川大地震中,震中附近的大量桥梁、道路等基础设施坍塌,而隧道受到的破坏相对而言要轻得多,其中鹧鸪山隧道、二郎山隧道(均在地震影响范围之内,未受破坏)在震后相当长一段时间内对于保障通往震中重灾区汶川、理县的唯一"生命线"[成都—雅安—泸定(经二郎山隧道)—康定—丹巴—金川—马尔康(经鹧鸪山隧道)—理县—汶川]发挥了关键作用。基于上述原因,采用隧道工程穿山越岭逐步为设计师所接受,伴随着高等级公路通车里程的不断突破,越来越多的长及特长公路隧道也开始涌现出来。到 2012 年年底,我国已建成和在建的特长(长度大于 3000m)公路隧道 250 余座,这些隧道主要分布于重庆、四川、云南、贵州等中西部的省(直辖市),代表性的高速公路隧道见表 1-1。

表 1-1　我国特长公路隧道一览表

序号	隧道名称	长度/km	所在地区	车道×洞数
1	秦岭终南山隧道	18.02	陕西	2×2
2	雪山隧道(坪林)	12.90	台湾	2×2
3	大坪里隧道	12.29	甘肃	2×2
4	包家山隧道	11.19	陕西	2×2
5	宝塔山隧道	10.39	山西	2×2
6	泥巴山(大相岭)隧道	10.01	四川	2×2
7	麻崖子隧道	9.00	甘肃	2×2
8	龙潭隧道	8.66	湖北	2×2
9	华蓥山隧道(南大梁高速)	8.17	四川	2×2
10	雪山梁隧道	7.96	四川	2×1
11	米溪梁隧道	7.92	陕西	2×2
12	括苍山隧道	7.90	浙江	2×2
13	方斗山隧道	7.58	重庆	2×2
14	苍岭隧道	7.57	浙江	2×2
15	中条山隧道	7.43	山西	2×2
16	摩天岭隧道	7.32	重庆	2×2
17	白云隧道	7.13	重庆	2×2
18	雪峰山隧道	6.95	湖南	2×2
19	雀儿山隧道	6.83	四川	2×2
20	雷公山隧道	6.80	重庆	2×2
21	乌池坝隧道	6.70	湖北	2×2
22	羊角隧道	6.67	重庆	2×2
23	吕家梁隧道	6.66	重庆	2×2
24	明月山隧道(邻垫路)	6.56	重庆/四川	2×2

续表

序号	隧道名称	长度/km	所在地区	车道×洞数
25	葡萄隧道	6.30	重庆	2×2
26	双峰隧道	6.18	浙江	2×2
27	秦岭2♯隧道	6.13	陕西	2×2
28	秦岭1♯隧道	6.12	陕西	2×2
29	大巴山隧道	6.12	四川	2×2
30	中兴隧道	6.08	重庆	2×2
31	铁峰山2♯隧道	6.03	重庆	2×2
32	巴朗山隧道	5.70	四川	2×1
33	将军石隧道	5.59	四川	2×2
34	云中山隧道	5.57	山西	2×2
35	美菰林隧道	5.57	福建	2×2
36	拉脊山隧道	5.53	青海	2×1
37	九岭山隧道	5.44	江西	2×2
38	棋盘关隧道	5.34	陕西	2×2
39	鹘岭隧道	5.27	陕西	2×2
40	云彩岭隧道	5.27	山西	2×2
41	铜锣山隧道(邻垫高速)	5.20	四川	2×2
42	铜锣山隧道(南大梁高速)	5.03	四川	2×2
43	雁门关隧道	5.18	山西	2×2
44	夹活岩隧道	5.17	湖北	2×2
45	分界梁隧道	5.07	重庆	2×2
46	彩虹岭隧道	5.07	广东	2×2
47	大风口隧道	4.99	重庆	2×2
48	凤凰山隧道	4.98	陕西	2×2
49	明垭子隧道	4.97	陕西	2×2
50	财神梁隧道	4.94	重庆	2×2
51	八卦山隧道	4.93	台湾	2×2
52	贵新隧道	4.92	福建	2×2
53	庙梁隧道	4.91	重庆	2×2
54	武隆隧道	4.88	重庆	2×2
55	谭家寨隧道	4.87	重庆	2×2

续表

序号	隧道名称	长度/km	所在地区	车道×洞数
56	南山隧道	4.85	重庆	2×2
57	毛毡岭隧道	4.80	广东	3×2
58	肇兴隧道	4.78	贵州	2×2
59	共和隧道	4.76	重庆	2×2
60	火烧庵隧道	4.74	重庆/湖北	2×2
61	凤凰梁隧道	4.74	重庆	2×2
62	月湖泉隧道	4.73	山西	2×2
63	秦岭 3♯隧道	4.71	陕西	2×2
64	华蓥山隧道(广邻高速)	4.70	四川	2×2
65	长城岭隧道	4.67	河北	3×2
66	骡坪隧道	4.58	重庆	2×2
67	石牙山隧道	4.58	广东	2×2
68	山阳隧道	4.58	福建	2×2
69	三洋隧道	4.58	福建	2×2
70	上古隧道	4.57	重庆	2×2
71	古福生庄隧道	4.55	内蒙古	2×2
72	塔岭隧道	4.52	安徽/江西	2×2
73	阳明山隧道	4.48	湖南	2×2
74	鹧鸪山隧道	4.45	四川	2×1
75	麻岭隧道	4.44	福建	2×2
76	鸳鸯会隧道	4.43	山西	2×2
77	排同坳隧道	4.38	贵州	2×2
78	大路梁子隧道	4.36	四川	1×2
79	狮子凹山隧道	4.34	山西	2×2
80	鼓山隧道	4.33	河北	3×2
81	排降隧道	4.32	贵州	2×2
82	五峰山一隧道	4.32	江西	2×2
83	马鞍山隧道	4.32	河北	2×2
84	西华岭隧道	4.31	浙江	2×2

续表

序号	隧道名称	长度/km	所在地区	车道×洞数
85	雪峰山Ⅰ号隧道	4.31	福建	2×2
86	施家梁隧道	4.29	重庆	3×2
87	通渝隧道	4.28	重庆	2×1
88	郭家山隧道	4.26	陕西	2×2
89	下桃园隧道	4.22	陕西	2×2
90	金钟岭隧道	4.20	福建	2×2
91	二郎山隧道	4.18	四川	2×1
92	李家河隧道	4.16	陕西	2×2
93	大溪－湖雾岭隧道	4.12	浙江	2×2
94	八盘山隧道	4.12	山西	2×2
95	紫坪铺隧道	4.10	四川	2×2
96	凉风垭隧道	4.09	贵州	2×2
97	叙岭关隧道	4.06	四川	2×2
98	七道梁隧道	4.04	甘肃	2×2
99	北碚隧道	4.04	重庆	2×2
100	长塘子隧道	4.02	重庆	2×1
101	祝源隧道	4.01	福建	2×2
102	香炉山隧道	3.99	湖北	2×2
103	石金山隧道	3.97	云南	2×2
104	花石山1号隧道	3.96	甘肃	2×2
105	牛郎河隧道	3.93	山西	2×2
106	南坑隧道	3.91	福建	2×2
107	大老山隧道	3.90	香港	2×2
108	大学城(梨树湾)隧道	3.88	重庆	2×2
109	黑石岭隧道	3.87	河北	3×2
110	长凼子隧道	3.86	重庆	2×1
111	云台山隧道	3.80	江苏	2×1
112	大榄隧道	3.80	香港	3×2
113	彭山隧道	3.80	台湾	2×2
114	槽箐头隧道	3.79	贵州	2×2
115	阳山隧道	3.77	浙江	2×2

续表

序号	隧道名称	长度/km	所在地区	车道×洞数
116	谭坝四号隧道	3.77	陕西	2×2
117	岩门界隧道	3.75	湖南	2×2
118	塔岭隧道	3.74	安徽	2×2
119	大棕坡隧道	3.74	陕西	2×2
120	厦门梧村山隧道	3.71	福建	2×2
121	分水关隧道	3.69	福建	2×2
122	玉峰山隧道	3.69	重庆	3×2
123	木冲隧道	3.68	广西	2×2
124	野山关隧道	3.68	湖北	2×2
125	龙溪隧道	3.67	四川	2×2
126	二陡岩隧道	3.65	四川	2×2
127	良心隧道	3.63	陕西	2×2
128	朱家垭隧道	3.63	陕西	2×2
129	青杠哨隧道	3.62	贵州	2×2
130	老山隧道	3.61	浙江	3×2
131	毛坝隧道	3.60	陕西	2×2
132	猫狸岭隧道	3.60	浙江	2×2
133	木鱼槽隧道	3.60	湖北	2×2
134	正阳隧道	3.59	重庆	2×2
135	大木桩隧道	3.59	重庆	2×2
136	华福隧道	3.59	重庆	2×2
137	云雾山隧道	3.58	重庆	2×2
138	燕子关隧道	3.56	甘肃	2×2
139	老岭隧道	3.53	吉林	2×2
140	八字岭分隧道	3.53	湖北	2×2
141	张家冲隧道	3.50	湖北	2×2
142	拍盘隧道	3.46	山西	2×2
143	深港西部通道隧道	3.46	广东	3×2
144	拉纳山隧道	3.45	四川	2×2
145	狮子寨隧道	3.45	四川	2×2
146	明珠隧道	3.45	云南	2×2
147	石龙隧道	3.44	重庆	2×2

续表

序号	隧道名称	长度/km	所在地区	车道×洞数
148	小石村隧道	3.43	甘肃	2×2
149	大水井隧道	3.41	湖北	2×2
150	罗盘基隧道	3.41	福建	2×2
151	潭峪沟隧道	3.40	北京	3×1
152	平阳隧道	3.38	重庆	2×2
153	马金岭隧道	3.38	安徽	2×2
154	鸾家岩隧道	3.38	四川	2×1
155	赤岭隧道	3.37	福建	2×2
156	杨家山隧道	3.35	四川	2×2
157	扁担垭隧道	3.34	湖北	2×2
158	红岩湾隧道	3.32	四川	2×2
159	大风垭口隧道	3.30	云南	2×2
160	新岭阁隧道	3.29	福建	2×2
161	鹰嘴岩隧道	3.28	重庆	2×2
162	孙家岩隧道	3.26	重庆	2×2
163	长滩隧道	3.25	重庆	2×2
164	赵家岩隧道	3.25	四川	2×2
165	岭头二号隧道	3.24	福建	2×2
166	乔果山隧道	3.24	贵州	2×2
167	黄草岭隧道	3.24	重庆	2×2
168	九顿坡隧道	3.21	云南	2×2
169	九顶山隧道	3.20	云南	2×2
170	五龙山隧道	3.19	贵州	2×2
171	飞鸾岭隧道	3.17	福建	2×2
172	麻地箐隧道	3.16	云南	2×2
173	中梁山隧道	3.13	重庆	2×2
174	鹅公髻隧道	3.13	广东	2×2
175	井沟岭隧道	3.12	河北	2×2
176	大箐隧道	3.11	云南	2×2
177	沙包梁隧道	3.10	重庆	2×2
178	白马隧道	3.10	重庆	2×2
179	葫芦丘隧道	3.08	福建	2×2

续表

序号	隧道名称	长度/km	所在地区	车道×洞数
180	大骨山隧道	3.06	福建	2×2
181	寨了隧道	3.06	贵州	2×2
182	汉源隧道	3.05	四川	2×2
183	胭脂畈隧道	3.05	安徽	2×2
184	清潭隧道	3.02	广东	2×2
185	石头岭隧道	3.01	安徽	2×2
186	花场隧道	3.01	四川	2×2
187	金鸡山隧道	3.00	福建	2×2
188	藤蔑山隧道	3.00	云南	2×2

在重庆市,随着内环及外环高速公路、渝遂(宁)高速公路、渝武(胜)高速公路、渝宜(昌)高速公路、渝湘高速公路、渝黔高速公路、渝泸(州)高速公路等路网骨架的建设,在建的隧道总数达到 200 余座,累计里程达到 330km,其中 3000m 以上的特长隧道达 41 座,5000m 及以上的特长隧道有 13 座[2]。由于重庆地处山区,隧道在路段上所占的比例极大,见表 1-2,其中渝湘高速公路部分路段高达 52%。路段上隧道比例的增加,必然导致隧道间的距离变小。以重庆市为例,隧道间距离在5000m 以下的隧道占了隧道总数的 78.2%。

表 1-2　重庆市部分路段的隧道比例

项目	路线长度/km	隧道合计			隧道分类								平均每km造价/万元
					特长隧道		长隧道		中隧道		短隧道		
		座数	长度/m	比例/%	座数	长度/m	座数	长度/m	座数	长度/m	座数	长度/m	
渝湘	412.352	71	126010	30.56	14	62321	26	47565	16	11865	15	4258	7378
外环	187.483	11	16434	8.77	2	7953	2	3932	3	2867	4	1682	7032
渝宜	209.109	39	75183	35.95	9	42622	13	22598	10	7277	7	2686	8189
垫恩	155.517	18	31653	20.35	4	20908	3	5195	6	2852	5	2698	6871
合计	964.461	139	24928	25.85	29	133804	44	79290	35	24861	31	11324	6953

注:渝湘高速包括界水、水武、彭武、黔彭、黔西、洪西六段;外环高速即东、西、南、北四段;渝宜高速包括云万、奉云、巫奉三段;垫恩高速包括垫忠和石忠两段。

在四川已建成通车的特长公路隧道有 20 余座,随着公路建设向盆地周边的发展,尤其是灾后重建项目的开展,不论是长大隧道的总数,还是隧道的总里程数都会不断被刷新。在这些建设项目中,路线中桥隧比例高,隧道数量多,隧道规模大的典型项目有:雅(安)泸(沽)路、垫(重庆垫江)邻(四川邻水)路、达(州)陕(西)路、广(元)巴(中)路、广(元)南(充)路、泸(州)宜(宾)路、广(元)甘(肃)路、巴中—达州—万州等。典型的特长隧道如雅泸高速公路大相岭泥巴山隧道长度达10.3km，以及穿越大巴山脉的达陕高速公路，全线共设隧道 26 座，其中大巴山隧道长 5090m。另外还有一些非高速公路隧道也正在抓紧时间建设中，这些隧道对于加强战备、维护民族团结、加大扶贫和加快川西矿产、水力、旅游资源的开发和利用等方面也发挥着重大作用。例如，在建的巴朗山隧道，该隧道地处四川盆地西部边缘，位于阿坝藏族羌族自治州南部小金县以东的小金、汶川、宝兴三县交界处，隧道长 5.7km。在建的国道 317 线（川藏公路北线）雀儿山隧道，该隧道长度约为6.8km，隧道洞口高程约为 4400m。

随着隧道长度和里程的不断突破，越来越多的问题也随之显现，其中之一便是隧道的营运通风及其控制问题，如何充分发挥高等级公路"车速快、流量大、运效高、安全好"的优势则给隧道的营运管理带来了新的课题和压力。由于汽车在隧道内行驶时排出的废气和卷起的尘埃会妨碍行车安全和对人体造成危害，同时对长大隧道而言，其特殊结构和环境条件又极易引发行车堵塞和诱发重大交通事故。为保证车辆在隧道内的快速安全行驶并具有良好的行车环境，需对隧道进行营运通风。在四川、重庆等省（直辖市），隧道在整个线路中所占比例极大，这一问题显得尤其突出。

特长高速公路隧道的营运通风方式，国外从 20 世纪 80 年代、国内从 20 世纪90 年代以来，已基本从半横向方式、全横向方式演变到纵向通风方式。目前的研究及国内外大量工程实践表明，与全横向式、半横向式通风相比，纵向通风方式更有利于降低工程造价，同时大幅度降低营运期间的开支。但由于纵向通风方式在隧道内没有新鲜风流的补给，故它也有一定的适应长度，从目前我国特长公路隧道营运通风设计来看，5000m 以上的特长隧道，一般都考虑采用竖井或斜井分段的纵向通风方式。该通风方式和全射流纵向式通风相比，多了一个竖井或斜井，用于污浊空气的排出和新鲜空气的补给，因此，相对于全射流通风方式而言，竖（斜）井分段纵向通风方式的工程投资和营运费用都会极大地增加，但同时也大大延伸了纵向式通风的适用长度。实际上，根据我国 4000～6000m 的特长隧道通风设计经验，一般前期交通流量都较小，采用全射流纵向式通风，完全能够满足通风要求。即使在远期，如果单纯从通风角度考虑，也可以采用全射流纵向通风方式。

在半横向及全横向通风方式中，送排风方向与车辆的行走方向垂直，车辆排出的有害气体及烟尘在短时间内被排出，通风控制中能用单纯的体系进行模拟。而在纵向通风中，汽车排出的有害气体及烟尘沿着行车方向流动，其浓度分布与交通量车辆种类和车辆走行速度的不断变化有关，所要求的通风量也是不断变化的，与此相适应的通风设备的运转及隧道内的风速也是变化的。这使得通风系统的控制变得十分复杂，需要根据隧道内的实时交通状态，以最小的电力消耗，按需求供给隧道内充分的通风量。理论计算表明，通风中所需的电力消耗与通风量大约呈 3

次方的关系。以建成的成渝高速公路中梁山隧道(特长隧道,我国首座纵向通风长度突破 3000m 的公路隧道)为例,设计通风耗电量达每年 880 万 kW·h[3],通风耗电在隧道的日常营运开支中占极大的比重(一般占 80% 以上)。我国已经建成和在建中的长大公路隧道数量极大,研究采用先进的智能通风控制系统能完善现有纵向通风技术,除能增加行车安全性及舒适度、改善通风效果,还可大幅度节约风机电能消耗。智能通风控制系统在新建隧道中的直接采用及对既有隧道通风控制系统改造升级,将会带来巨大的经济技术效益,同时在提高行车安全和舒适性、防止交通事故及灾害等多方面均具有重要意义。

1.2　公路隧道营运通风方式

1.2.1　营运通风的目的[4]

营运隧道的通风,实际上是一项环境保护工程,其目的主要在于稀释车辆在隧道内行驶过程中排放的一氧化碳(CO)、烟雾等有毒有害气体及空气中的异味,以保证汽车行驶的安全性和舒适性,同时也有利于隧道维修养护人员洞内作业时的身体健康。汽车排放出来的尾气中包含多种污染物,如 CO、SO_2、CO_2、NO_x 和烟雾等,其中以 CO 对司乘人员身体健康的影响较为突出。CO 为汽柴油不完全燃烧的产物,汽油发动机和柴油发动机均可产生。CO 可以与血液中的血红蛋白 Hb 结合成 CO-Hb,其结合力特别强,达三百倍于氧气与血红蛋白 Hb 结合成 O_2-Hb 的结合力。一旦 CO 进入人体过多,就会导致氧气在血液中的输送量不足,从而危害人体健康,引起头痛、眩晕、呕吐,严重时甚至引起昏迷、死亡。例如,1924 年美国匹兹堡市的自由(Liberty)隧道(1800m)因发生交通堵塞,导致乘客 CO 中毒神志昏迷。烟雾主要为重烃中未完全燃烧的炭颗粒,主要由柴油发动机产生,此外,车辆行驶过程中卷起的尘埃也将增大烟雾浓度。烟雾浓度主要影响行车安全,烟雾浓度越大,隧道内能见度越低,行车危险性就越大。在国外的一些隧道中,为了降低隧道内的烟雾浓度,延长隧道纵向通风的长度,专门采用了静电除尘装置来改善隧道的视距及行车环境。另外,若隧道内的换气频率过低,那么还会存在异味集聚,影响隧道内司乘人员的舒适性,对此《公路隧道通风照明设计规范》(JTJ 026.1—1999)规定,隧道空间不间断换气频率不宜低于 5 次/h,交通量小或特长隧道可采用 3~4 次/h,采用纵向通风的隧道换气风速不应低于 2.5m/s,目的就是在于稀释空气中的异味。

营运通风在一些特殊场合也是必不可少的,如在存在高地温的特长隧道,往往采用通风的方式来达到降温除湿、保障隧道内的营运环境和设备工作条件的目的;在隧道营运过程中仍然存在瓦斯突出的隧道,也需要一定的通风量来确保洞内环境的安全性。就一般情况而言,营运公路隧道的通风系统主要还是对烟雾、CO 和空气中的异味进行稀释,其中,对烟雾进行稀释的目的是保证行车安全,对 CO 进行稀释的目的是保证卫生条件,而对异味进行稀释的目的是提高隧道内的行车舒适性。

1.2.2　营运通风的方式及发展趋势

1. 营运通风的基本方式

营运隧道的通风方式有机械通风和自然通风两种。当隧道较短且交通量较小时,可以采用自然通风,而当隧道较长或交通量较大时,需采用机械通风的方式。以单向交通隧道为例,根据《公路隧道通风照明设计规范》(JTJ 026.1—1999),当单向交通隧道符合下面的条件时,宜设置机械通风:

$$LN \geqslant 2 \times 10^6 \tag{1-1}$$

式中,L 为隧道长度,m;N 为设计交通量,辆/h。

可以看出,隧道长度和交通量都是影响隧道通风的重要参数。

公路隧道发展的初期,多是依靠自然通风或交通风进行通风的,这就是最早形成的纵向通风系统,这也是由当时的社会经济、技术条件所决定的。例如,英国的 Rotheritech 公路隧道虽然长度已经达到 1913m,但当时通过的汽车数量较少,因而无需设置正规通风,单纯的自然通风就足够了。当隧道超过一定长度后,或者通过的车辆数量增大时,仅仅依靠自然通风或交通风已经不能满足通风需求,需要安装机械通风设备,以稀释和排出汽车排放的废气,这样,在 20 世纪 20 年代以后修建的隧道中,大都采用了机械通风方式。1927 年通车的美国纽约 Holland 隧道(2610m),就是世界上第一条设置机械通风系统的公路隧道。

根据风流流动方向和行车方向的位置关系,可以将机械通风方式分为全横向式、半横向式、纵向式及这三种基本通风方式上的组合。

1) 全横向式通风

全横向式通风的基本特征是:分别设有送风道和排风道,通风风流在隧道内做横向流动,即隧道内风流流动方向与行车方向垂直,如图 1-1 所示。在公路隧道机械通风方式中,最初采用的是全横向通风方式。最早成功应用全横向式通风方式的是 Holland 隧道,该隧道采用盾构法施工,圆形横断面,把行车道下部弓形空间作为送风道,上部设吊顶板,其弓形空间作为排风道,设计了将气流从下部空间流经隧道后送入上部排风道的全横向式通风方式。这种通风方式送风均匀,可见度好,能够有效地排出火灾时的烟雾并防止火灾蔓延,这也是世界上首次采用全横向式通风并获得成功。由于该通风方式的可靠性高,在具有大交通量的长大公路隧道营运中广泛采用,其中比较著名的有法国和意大利边境的勃朗峰隧道(11600m)、瑞士圣哥达隧道(16918m)等。

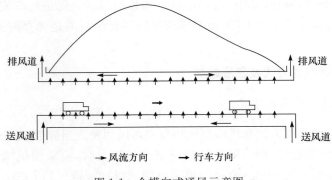

图 1-1 全横向式通风示意图

2）半横向式通风

很显然，由于全横向式通风方式需要专门的送风道和排风道，因而要求的隧道横断面较大，通常在容易获得的圆形管道空间才能采用，而在其他形式的断面下，为了设置送、排风道往往会大幅度增加工程投资。为了减少隧道横断面积，节省工程投资，出现了采用一条风道和隧道相组合的折中通风方式，即所谓的半横向式通风。半横向式通风的基本特征是：由隧道通风道送风或排风，由洞口沿隧道纵向排风或抽风，这样风流既有部分平行于行车方向，也有部分垂直于行车方向。根据风道的作用，半横向式通风可进一步分为送风半横向式和排风半横向式，如图 1-2 所示。1934 年，英国的默而西隧道（3226m）首先采用了半横向式通风方式，随后在许多长度不太长的陆上隧道中，都采用了这种通风方式。

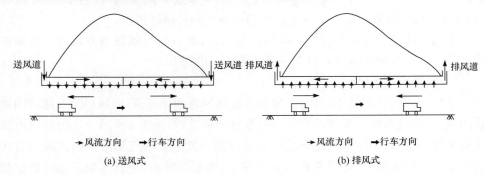

图 1-2 半横向式通风示意图

3）纵向式通风

在 20 世纪上半叶，一些已建的短小隧道，最初依靠自然风就可以满足需求，但随着交通量显著增加，需增设通风设备，但已不可能设置专用的通风管道，所以就采用了另一种通风方式——纵向式通风。纵向式通风从风流的方向来说与自然通风完全相同，其基本特征是：通风风流沿隧道纵向流动，纵向式通风还可以进一步分为集中送入式、集中排出式、全射流式和竖/斜井送排式(分段纵向式)等，如图 1-3 所示。

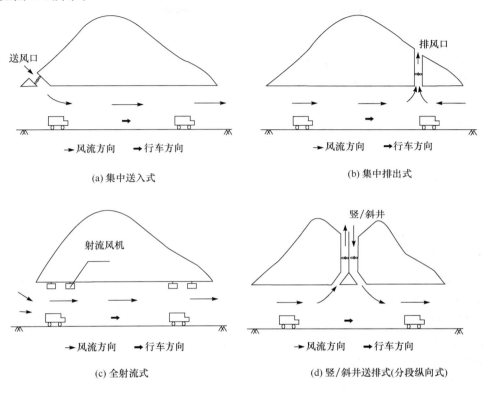

(a) 集中送入式

(b) 集中排出式

(c) 全射流式

(d) 竖/斜井送排式(分段纵向式)

图 1-3　纵向式通风示意图

4) 组合式通风

组合式通风为采用两种及两种以上基本通风方式进行组合的通风方式。常见的组合方式包括纵向通风与半横向排烟的组合通风方式、全射流通风与竖井送排的组合通风方式。例如，浙江括苍山隧道(长 7930m)采用了纵向通风与半横向排烟的通风方式，重庆铁峰山 2♯隧道(长 6025m)则采用了近期全射流通风、远期竖/斜井送排式通风(分段纵向式通风)的组合式通风方式。实际上，在集中送入式、集中排出式、竖/斜井送排式通风系统中，为了在灾害情况下防止火灾蔓延及烟雾回流，大都配备了射流风机。在隧道建成初期交通量较低的情况下，采用射流通风即可满足需求，送/排风的轴流风机仅在交通量达到一定程度后开启，从这个意义上看，也属于一种组合通风模式。

以上这些通风方式各有优缺点，现将它们归纳，见表 1-3。

表 1-3　各种通风方式的优缺点比较

特征	纵向式				半横向式		全横向式
	全射流式	集中送入式	集中排出式	竖/斜井送排式	送风式	排风式	
工程造价	低	一般	一般	一般	较高	较高	高
交通风利用	很好	很好	部分较好	很好	较好	不好	不好
技术难度	不难	一般	一般	稍难	稍难	稍难	难
分期实施	易	不易	不易	不易	难	难	难
营运费	低	一般	一般	一般	较高	较高	高
洞内噪声	较大	口部较大	较小	较小	小	小	小
洞口环保	不利	不利	有利	一般	一般	有利	有利
火灾排烟	不便	不便	较方便	较方便	方便	方便	有效

2. 营运通风的发展趋势

最初的纵向式通风通常只在交通量小或隧道较短的情况下采用,长大公路隧道仍然以全横向式或半横向式通风为主,这种情况在欧洲一直持续到 20 世纪 70 年代。在日本,公路隧道通风的研究较晚,但通风方式的发展情况则与欧洲大致相同。20 世纪 70 年代以前,长大公路隧道的通风方式仍然以全横向或半横向为主,例如,1958 年的关门隧道(3461m)成功采用了全横向通风方式,之后,在天王山隧道(1435m)采用了半横向通风方式,惠那山 1 号隧道(8489m)和屉子隧道(4417m)采用了全横向式通风。20 世纪 70 年代后,受石油危机的影响,对于无论是通过车辆数还是长度都不断增加的下一批长大公路隧道,开始讨论能否采用以节能为重点的纵向通风方式。从此,隧道的通风方式逐渐由全横向式和半横向式向更经济节能的纵向式通风转变,例如,1985 年建成通车的关越一线隧道(10885m)就采用了静电吸尘+竖井送排的通风方式。随后,纵向通风方式的研究在日本得到飞速发展,例如,坂梨隧道(4265m)和各务原隧道(3050m)采用了全射流纵向通风方式;1988 年通车的福知山隧道(上行 3590m,下行 3597m)和子不知隧道(4557m)采用了静电吸尘的纵向通风方式;1981 通车的米山隧道(3154m)和 1991 年通车的关越二线隧道(10926m)采用了静电吸尘+竖井送排式的通风方式等。由于纵向式通风具有显著的经济效益,据不完全统计,80 年代起,日本修建的隧道几乎都采用了不同类型的纵向式通风系统。

截至 2012 年,全世界已建成 400 多座长度 3000m 以上的公路隧道。20 世纪 80 年代以前建成的隧道多为全横向式或半横向式通风,以欧洲的瑞士、奥地利和意大利为代表。20 世纪 80 年代后,纵向式通风得到了迅猛发展,新修的长大公路隧道多采用纵向式通风或分段纵向式通风,以亚洲的日本为代表。近年来,随着汽车排放标准的提高,控制公路需风量的因素已从 CO 浓度逐渐过渡到烟雾浓度。加上双洞分离式行车方案逐渐取代单洞方案,纵向式通风已占主导地位。欧洲各国也逐渐转变观念,20 世纪 80 年代后新修或增修的长大公路隧道中,纵向式通风或分段纵向式通风逐渐取代了全横向或半横向式通风方式。国外主要的长大公路隧道通风方式见表 1-4。

表 1-4 国外主要长大公路隧道的通风方式

隧道名称	国家	长度/km	建成年份	通风方式
Ste Marie	法国	6.9	1976	横向
勃朗峰	法国-意大利	11.6	1965	横向
弗雷瑞斯	法国-意大利	12.9	1979	横向
Gran Sasso	意大利	10.2	1984	纵向
Seelisberg	瑞士	9.3	1980	横向
圣哥达隧道	瑞士	16.9	1980	横向
Tauern	奥地利	6.4	1975	横向
Pfander	奥地利	6.7	1980	横向
Plabutsch	奥地利	9.8	2003	横向
Gleinalm	奥地利	8.3	1978	横向
阿尔贝格	奥地利	13.9	1978	横向
东京湾海底通道	日本	9.4	1997	纵向
新神户	日本	6.9	1976	横向
第二新神户	日本	7.3	1988	纵向
惠那山 1 号	日本	8.5	1975	横向
惠那山 2 号	日本	8.6	1985	纵向
新天王山	日本	6.3	1989	纵向
关越 I	日本	10.9	1985	纵向
关越 II	日本	11.0	1990	纵向
Vallavik	挪威	7.5	1985	纵向
Hoyanger	挪威	7.5	1982	纵向
Gudvanga	挪威	11.4	1991	纵向
Folgefonn	挪威	11.1	2001	纵向
Laerdal	挪威	24.5	2001	纵向

1.2.3 国内营运通风方式的现状

我国对公路隧道通风的研究起步较晚,同样经历了由横向式通风向纵向式通风逐渐转变的过程:早期修建的黄浦江隧道(2761m)及延安东路隧道右线(2261m)均采用了全横向式通风;1989 年通车的甘肃省七道梁隧道(1560m)是国内首次采用射流风机纵向式通风方式的公路隧道;1995 年建成的成渝高速公路上的中梁山隧道(3165m)和缙云山隧道(2528m),将原设计横向通风方式变更为全射流纵向通风方式和竖井分段纵向通风方式,是国内首次将纵向通风技术成功应用在 3000m 以上的公路隧道中,更是我国长大公路隧道纵向通风技术发展的里程碑[5,6]。随后,铁山坪隧道(2800m)、梧桐山隧道(2270m)等一大批新修的公路隧道都开始采用了纵向式通风方式。我国目前已建和在建的部分公路隧道见表 1-5。

表 1-5　国内部分高速公路隧道的通风方式

隧道名称	所在地区	长度/m	通风方式
中梁山隧道(左线)	重庆	3165	竖井吸出＋射流风机
中梁山隧道(右线)	重庆	3103	全射流纵向
缙云山隧道(左线)	重庆	2528	竖井吸出＋射流风机
缙云山隧道(右线)	重庆	2478	全射流纵向
铁峰山 2#隧道	重庆	6033	全射流纵向/近期 竖井分段纵向/远期
南山隧道	重庆	4873	全射流纵向
北碚隧道	重庆	4025	全射流纵向
摩天岭隧道	重庆	7353	斜井送排＋射流风机
华蓥山隧道	四川	4718	全射流纵向
二郎山隧道	四川	4160	平导压入半横向
鹧鸪山隧道	四川	4430	平导压入分段纵向
泥巴山隧道	四川	10200	竖井分段纵向
新七道梁隧道	甘肃	5100	竖井分段纵向
大坪里隧道	甘肃	12260	竖井分段纵向
夹活岩隧道	湖北	5228	竖井分段纵向
龙潭隧道	湖北	8694	竖井分段纵向
武汉长江隧道	湖北	3630	通风塔分段纵向
雪峰山隧道	湖南	6956	竖井分段纵向
彩虹岭隧道	广东	5068	竖井分段纵向

续表

隧道名称	所在地区	长度/m	通风方式
八卦山隧道	台湾	5000	全射流纵向
坪林隧道	台湾	12900	竖井分段纵向
秦岭 3# 隧道	陕西	4710	全射流纵向
秦岭 2# 隧道	陕西	6000	竖井分段纵向
秦岭 1# 隧道	陕西	6100	竖井分段纵向
秦岭终南山隧道	陕西	18020	竖井分段纵向

从该表可以看出,目前已建和在建的公路隧道均以纵向式通风为主。对于西部山区交通量较小的单洞双向交通公路隧道而言,主要采用了平行导洞压入式的半横向或分段纵向通风方式,如已建成通车的四川二郎山隧道和鹧鸪山隧道,以及在建的雀儿山隧道等;对于大型的越江公路隧道而言,大多采用盾构法施工,尽管在行车道的上下方均有大量的空间可以用做风道和逃生通道,但近期也普遍由采用半横向通风方式向通风塔分段纵向通风方式发展,下方空间主要在灾害情况下作为逃生通道用。对于其他大量的高速公路隧道而言,几乎全部采用了纵向式通风。其中当长度小于 5000m 时,主要采用全射流纵向式通风;当长度大于 5000m 后则主要采用竖/斜井分段纵向式通风,如亚洲最长的公路隧道秦岭终南山隧道(18020m)、台湾的坪林隧道(12900m)等。而对于另外一些长度在 6000m 左右的隧道,根据其自身的特点,采用了组合通风方式,即在近期交通量较低时采用全射流纵向通风方式,在远期交通量较高时采用竖井分段纵向通风方式,如重庆万开高速公路的铁峰山 2# 隧道等(6033m)[7]。

综上所述,纵向通风方式已成为我国长大公路隧道营运通风的主流形式,代表着今后公路隧道营运通风的发展方向。进入 21 世纪以来,虽然我国公路隧道建设取得了辉煌成绩,但仍不能满足公路交通发展的需求,与国外先进水平相比仍有较大差距,其中之一就是长大公路隧道的营运通风及控制技术问题。该问题如不能有效解决,便会制约长大公路隧道乃至我国高等级公路的发展。国内外经验表明,长大公路隧道通风设备及相关土建费用为整个隧道工程造价的 20%～30%,隧道通风所需的费用则与隧道长度的三次方成正比。故研究隧道通风方案的优化及通风系统的控制问题具有极大的社会与经济价值,这也是近年来世界各国隧道专业人员十分关注公路隧道营运通风及其控制问题的原因。我国目前还有许多特长隧道正在远期规划中,如连接山东半岛和辽东半岛的渤海湾隧道,连接雷州半岛和海南岛的琼州海峡隧道等,这些都将给隧道的营运通风问题带来新的挑战。

1.3　公路隧道通风控制方法及发展趋势

1.3.1　公路隧道营运通风控制方法

公路隧道的通风控制就是通过控制隧道内风机的运转,有效并且经济地稀释隧道内的烟雾和 CO 浓度,其目的在于采用最小的电力消耗来推动通风机械的运转,把隧道内的可视环境和空气污染状态控制在允许的范围内。同时尽可能地考虑到隧道内发生交通事故、灾害、交通阻塞等异常情况时风机的运转需求,从而为防止隧道灾害和事故救援提供保障,避免次生灾害的发生。

通风控制方法是根据公路隧道的通风方式、工程规模及设备能力等因素,选择适合的风机控制方法,其目的在于对正常行车时、交通堵塞时、交通事故及发生火灾时隧道内的营运环境进行有效的控制和处理。通常所说的通风控制是指包含交通堵塞在内的正常行车情况下的通风控制,而交通事故、火灾等情况下的风机控制为紧急时通风控制,本书主要介绍正常行车情况下的公路隧道营运通风控制。

关于长大公路隧道营运通风的控制方法,国内外目前主要采用以自动控制为主体,手动控制为辅助手段的方式。在公路隧道营运通风系统的自动控制方法中,大致可以分为下面几种:固定时序控制法、后馈(feed back,FB)控制法及近年来提出的前馈(feed forward,FF)控制法、智能(artificial intelligence,AI)控制法和前馈式智能(AIFF)控制法。

1. 手动控制法

在手动控制模式下,控制员根据当前的交通量或隧道内的烟雾浓度、CO 浓度等环境状况指标来决定风机的开启或关闭。其中交通量及烟雾浓度控制员可以通过经验进行判断,也可以根据隧道的交通量及环境检测器检测得到。手动控制方法的控制效果受控制员主观因素的影响较大,在无隧道交通量及环境检测数据的情况下,隧道内的烟雾浓度、CO 浓度等参数不能定量得到,故实际控制效果与控制目标(隧道内环境指标的期望值)具有较大偏差。该方法在公路隧道通风控制系统发展的早期采用,在目前的通风系统中不作为主要控制方法,仅作为自动控制模式的一个补充,即当自动控制模式失效时采用手动控制方法。

2. 固定时序控制法

在城市交通隧道中,每天通过隧道的交通量、交通构成等具有很强的规律性和稳定性。在这类隧道中,通风控制系统根据交通量在一天内的变化情况按照时间区段(如白昼与夜晚,节假日与平时)顺序,预先编制固定的程序来控制风机运转。在该控制法中,控制系统没有考虑烟雾浓度、CO 浓度及交通量的变化情况,不能适应交通量和交通组成随时变化及交通流较为复杂的交通隧道。而我国现有的公路隧道中,交通流虽有一定的规律性,但随时间的变化仍然十分明显。一方面是交通量在建成通车后相当长时间内,都处于一个长期增加的过程中,另一方面我国公路上行驶的交通流构成也异常复杂,这使得公路隧道难以采用固定的模式进行风机控制,故该方法在目前的公路隧道通风系统中很少采用。

3. 后馈控制法

后馈控制法又称为反馈控制法,通过分布在隧道内的烟雾透过率传感器和CO浓度传感器,直接检测行驶车辆排放出的烟雾浓度(VI)和一氧化碳浓度(CO),将隧道内当前的污染物浓度(VI 值和 CO 值)与控制目标值进行比较,以不超过目标值为原则,对风机的运转台数及隧道通风量进行控制。风机台数及风量的改变反过来又影响到污染物浓度值,然后进入下次控制。基于 VI、CO 浓度信息的后馈式控制法是一种闭环控制,控制流程较为简单,我国许多隧道目前较普遍采用这种方式。后馈控制方法有以下不足:

(1) 由于隧道内车辆的行驶速度远高于空气流动速度,当高交通流量已经到达一段时间后,高污染物浓度的空气才被检测到;同样,当高交通流量已经结束一段时间,低污染物浓度的空气才被检测到。即后馈法对隧道内的污染物浓度的检测具有一定的滞后性,其控制过程本质上是一种延迟现象(时滞性)。

(2) 在西部地区,交通组成复杂,交通形态变化较大,尤其是在排放不达标的不良车辆行走时,污染物浓度水平极不稳定,这种情况下,后馈控制方法易产生波动,也不能进行风量分担控制。

(3) 同时风机运转无追踪性,其运转时间较长,忽略了对风机本身的保护。

该方法适用于风机台数较少的中短隧道,其控制流程如图 1-4 所示。

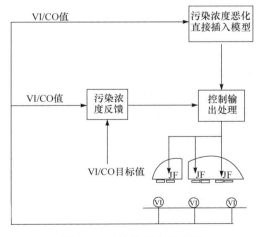

图 1-4　后馈控制法示意图

4. 前馈控制法

前馈式通风控制法根据进入隧道前路段的交通流信息及隧道内的车辆检测器,实时了解路段上及隧道内的交通流量、行车速度、车型构成等信息,通过检测交通流数据,对将来时段的交通量进行预测,并分析交通流特征,计算出将来一段时间内的污染浓度水平作为前馈信号,并考虑由 VI 传感器、CO 传感器测出来的污染物浓度后馈信号,由前馈信号和后馈信号共同完成对隧道风机运转台数、需风量等进行控制。与后馈控制相比,可从一定程度上解决后馈控制方法中存在的时滞性问题,并节省电力消耗,适用于风机台数较多的中长隧道。前馈控制法的流程如图 1-5 所示。

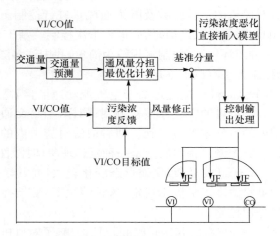

图 1-5　前馈控制法示意图

5. 智能控制法

智能控制法是近年来通风控制领域中研究最为活跃的控制方法,它实际上是对一类控制方法的统称,如神经网络控制、模糊控制、专家系统控制及由它们衍生的组合控制方法。这类控制方法由于具有一定的人工智能特性,故统称为智能控制。公路隧道的通风系统具有很强的非线性特征,如果采用传统的线性控制理论,为了获得便于控制设计的数学模型,势必在模型简化的过程中引入很大的误差。由于模糊控制等智能控制可以很好地克服这些缺点,故近年来得到了大量研究,并取得了丰硕的成果。从通风控制的核心来看,前馈控制与后馈控制的区别在于控制输入信号的不同,而智能控制法与传统控制法的区别则在于运算方法的不同。智能控制可以应用于后馈控制中,也可以应用于前馈控制中。

6. 前馈式智能控制法

前馈式智能控制法就是将智能控制应用于前馈控制中,它可以弥补前馈控制法的一些缺点,它将前馈信号、后馈信号共同输入控制器,采用智能控制理论进行推演,对多种模拟通风方案进行评价,最后用智能(AI)控制器演算出最优方案。与前馈式控制法相比,前馈式智能控制可进一步节省电力消耗,并获得更加稳定的通风效果。适用于风机台数多,通风方式复杂的长及特长隧道。前馈式智能控制法流程如图 1-6 所示。

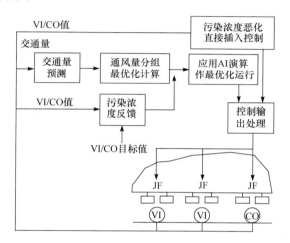

图 1-6　前馈式智能控制示意图

1.3.2　公路隧道通风控制系统的现状

国外发达国家的公路隧道通风控制已经实现了自动化和智能化。以日本为例,受 20 世纪 70 年代石油危机的影响,在 20 世纪 80 年代初日本就开始了公路隧道节能通风系统的研究:一方面大量采用纵向通风方式;另一方面则努力实现通风控制的智能化。1985 年,在建成通车的关越公路隧道(10.9km)通风控制系统中,就大量采用了包括静电除尘装置在内的新技术和新设备,并诞生了前馈式控制方法的雏形,如图 1-7 所示[8]。其中作为前馈的主要参数是根据交通量的统计值预测短期交通量和排出废气的污染物浓度值,作为后馈的因素有实测交通量、CO、烟雾透过率、风速,而实施这一控制系统的设备是:基本通风量由竖井下面的地下通风室的轴流风机和除尘装置来承担,而各个区间的压力平衡则由直径为 1500mm 的射流风机组合起来承担,并以 10 分钟为单位进行交通量预测,交通量的变化使离散的时间序列时时刻刻也在变化,因此用了自然回归模型使其逐步向最小方差接近,然后用计算机进行处理。

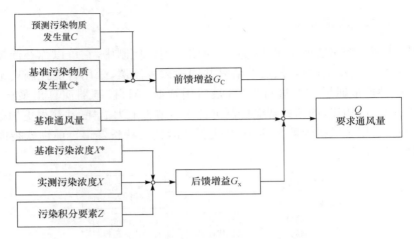

图 1-7　关越隧道通风控制示意图

日本在关越隧道通风控制系统取得成功后,又开始了公路隧道智能通风控制的研究。20 世纪 90 年代,日本道路公团采用模糊控制实现了隧道内烟雾浓度、风速等多参数输入的公路隧道后馈式通风控制系统[9,10]。随后,日本日立公司运用信息和模糊控制理论,成功地设计出基于专家知识库的公路隧道智能通风控制系统。文献[11]提出的基于非线性规划和模糊控制的公路隧道通风控制系统,通过分析交通流的变化特点给出合理的通风设备运行模式,再运用模糊控制方法通过采集隧道内烟雾浓度值和风速的变化得到相应的风机台数。该系统在日本北陆高速公路上的亲不知隧道中得到成功应用。

我国公路隧道建设起步较晚,对隧道通风及控制系统的研究也落后于日本及西方发达国家。进入 21 世纪以来,随着高速公路建设的大规模进行,涌现出一大批特长公路隧道,对先进的通风控制系统的需求也日益强烈。在此背景下,国内研究人员在国外先进控制技术的基础上进行了积极的探索,并取得了一定的成果。例如,徐压娟等于 2000 年研究了公路隧道纵向通风系统的智能模糊控制方法[12],杨宵于 2004 年研究了公路隧道竖井送排式纵向通风系统的神经网络在线控制方法[13],李德英于 2002 年、马永杰等于 2003 年将神经网络与模糊推理相结合,研究了公路隧道纵向通风系统的神经-模糊控制模型[14~16]。但必须指出的是,国内学者提出通风控制方法或模型有的还不完善,需要改进,有的又太复杂,在实际工程中难以保证其稳定性和可靠性,因而大多数的控制方法或模型还停留于室内研究阶段,没有在实际工程中大规模采用,造成了研究与实践脱节的现象,故我国目前已营运的公路隧道普遍采用的仍然是以普通后馈式通风为主的自动控制方法。

1.3.3 公路隧道通风控制系统的发展趋势

目前世界各国均投入力量研究开发能适应长大隧道和复杂交通情况下的各式各样的前馈式智能控制系统。日本在九州公路的金刚山隧道、福知山隧道、能生隧道等隧道的通风控制中进行了前馈式智能控制系统的试验应用,收到了极好的效果。在新开通的东京湾横断公路海底隧道中(双孔各长9.6km,单向交通,竖井送排纵向通风)即全面采用了该控制法,并计划对营运中的关越隧道等长大隧道(这些隧道目前主要采用传统的后馈控制或前馈控制)的通风控制系统进行全面更新改造。以前馈控制法为基础的智能控制已成为国外今后长大公路隧道营运通风控制技术的前沿领域和发展的主要方向。

我国目前在建和拟建的长大公路隧道数量巨大,亟待开发和推广先进可靠的通风控制技术。但在高速公路建设初期相当长一段时间内,国内的通风控制仍然以固定时序控制和普通后馈式控制为主。开发研究适应我国国情的长大公路前馈式智能通风控制技术能推广完善我国现有纵向通风技术,提高通风设备的有效利用率,节省电力消耗,增加行车安全舒适度,有广阔的应用前景和巨大的技术经济效益。为了适应长大公路隧道迅猛发展的通风控制需求,以作者为首的科研团队自2001年以来,以重庆市渝合高速公路北碚隧道(4025m)、西山坪隧道(2526m)为依托工程,完成了长大公路隧道前馈式智能模糊通风控制系统的研究与开发,该系统在重庆市的全部新建高速公路隧道中得到采用,同时拟针对已建高速公路隧道落后的通风控制系统进行改造。前馈式智能模糊通风控制系统的成功研发与推广应用产生了显著的经济效益和社会效益,使我国长大公路隧道的智能通风控制系统的技术上升到一个新的水平,也代表着国内长大公路隧道营运通风控制技术的发展方向。

1.4 前馈式智能通风控制系统原型

1.4.1 系统原型的提出[17,18]

前馈式通风控制可以对将来时段的交通量、污染物浓度等进行预测,实现了隧道风机的提前开启或关闭,解决了传统控制方法如普通后馈控制法等存在的时滞性问题。但影响前馈控制效果的预测信号不是一个精确信息,它是由交通流预测模型、空气动力学模型和污染物扩散模型等理论计算确定的,而这三类模型理论计算中存在以下不足。

(1)交通量、车型构成、汽柴油车比例等数据是进行通风计算的基础参数,这些参数的准确性影响着污染物浓度的计算结果。在交通流预测中,对于交通量的预测是受一定精度限制的,不可能做到非常精确,而且随着预测时间的缩短,精度还会大幅度降低。另外，在预测车型构成（大型车、中型车、小型车等不同车型的组成比例）时存在较大误差，而对于各类车型中的汽油车、柴油车的区分更是无能为力。可以看出，交通流预测模型受较多因素的影响，获得的预测值难以到达较高的预测精度。

（2）在空气动力学模型中，隧道内的自然风压、行驶车辆产生的交通风及通风机械（如射流风机）产生的增压是影响通风计算的三个重要因素。通风计算中假定自然风压是恒定不变的，而实际上自然风压时刻都在变化的。在计算车辆活塞风时，对车型的划分（大、中、小等）过于笼统，忽略了车辆个体的差异性。同时通风机械的升压力也受多种复杂因素影响，难以准确计算。这些因素都决定了空气动力学模型理论计算得到的隧道内风流状态与实际情况是有一定差异的。

（3）在污染物扩散模型中，为了便于通风系统的实时控制进行了许多简化，如没有考虑射流风机及源项（行驶车辆）本身的扰动对污染物分布的影响，也忽略了污染物在横向上的扩散等。

另外前馈式通风系统中，输入信号包括前馈信号和后馈信号。后馈信号中的CO/VI计（CO浓度和能见度指标检测计，其中能见度指标是烟雾浓度的体现）检测值为某时刻的点浓度，而前馈信号中的CO/VI值则为能够体现隧道内污染水平的一段时间内的平均浓度，二者之间的关系也是模糊的。

由于上面这些不确定因素的存在，在通风系统中，被控对象（下一时段隧道内的CO、VI值）与控制器输入量（CO/VI计检测值与预测值）之间难以建立精确的数学模型，若采用传统控制方法，控制效果较难令人满意，因而有必要采用智能控制方法。从某种意义上来讲，通风系统的前馈式控制也是一种智能化。为了与前馈式控制相区分，本书所指的智能控制是控制器运算规则的智能化，如模糊控制、神经网络控制、专家知识库系统等方法。目前的智能控制方法有很多种，对于公路隧道通风系统的实时控制而言，模糊控制应用最为广泛。

模糊控制的基本思想就是避开复杂数学模型的建立，利用计算机来实现人的经验控制。模糊控制器的模型不是由数学公式表达的数学模型，而是由一组模糊条件语句构成的语言形式，因此从这个角度上讲，模糊控制器又称为模糊语言控制器。也由于模糊控制器的模型是由带模糊性的有关控制人员和专家的控制经验及知识组成的知识模型，是基于知识的控制，因此模糊控制属于智能控制的范畴。因此可以说，模糊控制是以人的控制经验作为控制的知识模型，以模糊集合、模糊语言变量及模糊逻辑推理作为控制算法的数学工具，用计算机来实现的一种智能控制。

经过前面的分析，提出了适用于长及特长公路隧道的前馈式智能模糊通风控制系统的基本原型。系统原型主要包括四部分内容：交通流模型、空气动力学模型、污染模型及通风总控模型（智能模糊推理控制器），其总体构成如图 1-8 所示。

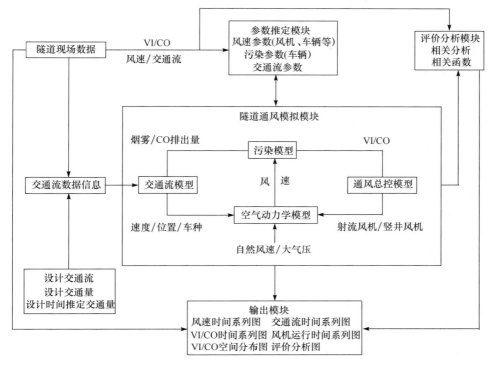

图 1-8 系统原型的总体构成

相对于普通后馈控制等传统控制方法,前馈式智能模糊控制具有下面的一些优点:

(1)能够对将来的交通量及交通组成进行预测,做到来多少车就送多少风。

(2)通过对交通流进行预测,可提前开启或关闭风机,解决后馈控制的时滞性问题。

(3)采用人的经验对风机进行控制,在一定程度上可提高抵抗噪声干扰的能力,获得更加稳定的通风效果,缓解传统控制法中的风机开/关频繁问题,并可防止不良车辆行走时引起的波动,对于我国目前车辆构成异常复杂的公路隧道营运通风控制较为合适。

(4)能从细微处出发,对风机进行最优化组合,最大限度地减少风机的开停频度,延长风机寿命。

1.4.2 系统原型的组成

根据图 1-8,前馈式智能模糊通风控制系统原型主要包括以下几部分。

1)交通流预测模型

前馈式通风的第一步就是对下一个控制周期内通过隧道的交通流进行预测。交通系统是一个有人参与的、时变的、复杂的非线性大系统,具有高度的不确定性,其影响因素不但有车辆本身的,也有自然界的(如季节、气候等),还有人为的(如突发事件、司机的心理状态等),这些因素都给交通流的预测带来了困难。迄今为止,人们已提出多种预测交通流量的方法,不过这些预测方法大多是在离线状态下对交通流进行预测,不能反映交通流过程的不确定性与非线性性,无法克服随机因素对交通流量的影响,而且车辆在隧道内的行驶状态与在隧道外有很大不同,因此不大适合隧道内短时交通流的在线预测。隧道内交通流的实时预测主要基于三类交通流数据进行:当前交通流、上游交通流和历史交通流。当前交通流由本隧道的车辆检测器实时测得,上游交通流由隧道上游路段上或上游隧道内的车辆检测器实时测得,历史交通流为当前隧道在本时段上的历史平均数据。基于这三类数据,可以建立适合于隧道短时交通流量的预测模型,为通风控制系统提供下一个控制周期内预计通过隧道的交通流量大小。

2)空气动力学模型

隧道内的空气动力学模型是隧道内通风计算的基础,通过该模型可以计算出隧道内的风向、风速。该模型需综合考虑下面几种影响隧道风流的因素:

(1)交通流通风能力,即由于车辆行驶的活塞效应产生的通风力。

(2)通风设备的机械升压力,如射流风机的升压力。

(3)通风阻力,主要包括入口阻力、出口阻力、沿程阻力、局部阻力等。

(4)自然通风力,包括隧道内外的热位差、隧道两端的大气压梯度、隧道外的大气自然风等。

3)污染物扩散模型

污染物扩散模型主要用于模拟隧道内污染物的扩散过程,并计算出污染物的浓度水平,即 CO/VI 的时间和空间分布形态。车辆通过隧道时所排放的污染物首先与空气相混合,然后在与空气混合过程中不断扩散和运移。污染物在隧道风流中的扩散运动十分复杂,它不仅决定于污染物和空气的物理力学性质,而且与隧道内空气流动状态、车辆运行速度、车辆数量等密切相关。隧道通风过程同时也是污染物在风流中的扩散和运移过程。按污染物浓度是否随时间(一个控制周期内)变化可以分为稳态模型和动态模型。稳态模型中假定在一段时间内污染物浓度分布是不变的,且在出口处达到最大。在动态模型中,将隧道内的车辆按实际状态进行离散,根据车辆的速度、位置和源项大小等参数实时地求解对流扩散方程。由于源项的位置、大小、个数是随时间不断变化的,因而隧道内污染物浓度的分布也是动态变化的。

4)前馈式智能模糊控制器设计

智能模糊控制器在对交通量、风速、当前污染状况(随时间、空间的分布形态)

等定量模拟的基础上,并考虑当前的 VI、CO 实测值,采用模糊理论进行推演,演算出最优方案。智能模糊控制器的设计是以上述三种模型的计算结果作为基础的,同时也是前馈式智能模糊通风控制系统的运算核心。智能模糊控制器的设计主要包括:控制目标的选取、输入输出参数及其隶属函数和论域的确定、模糊推理规则的制定等方面。其中模糊推理规则是专家知识的体现,决定着模糊控制效果的优劣。从控制目标上看,目前公路隧道的通风控制主要考虑为稀释 CO 浓度。随着汽车生产水平的进步,对尾气排放的控制标准越来越严格,烟雾浓度在通风控制中也起相当重要甚至是决定性作用。根据中梁山隧道污染物浓度的实测数据表明,当烟雾浓度指标超过控制允许值时,CO 浓度还处于一个较低的水平上。实际上,隧道越长,车速越低,使用者有害气体的吸收量越多,所以,CO 浓度、烟雾浓度、交通状态、隧道长度都是影响通风控制的主要因素,在探索它们之间关系的基础之上,建立综合考虑环境、交通、节能、控制、设备使用寿命等多方面问题的通风控制模式。

另外,为了准确地对前馈信号进行计算,还需对通风系统的基础参数进行现场测试。通风系统基础参数主要包括:交通流特性调查、空气物理学参数测试、风速系数测试、通风压力及分布测试、阻力系数测试及自然风速测试等内容。对于公路隧道的前馈式智能模糊通风控制系统而言,调查研究隧道的交通流特征有利于准确地预测将来时段的交通流数据,对隧道通风基础参数的现场测试可以进一步获取准确的前馈信号。因而,隧道通风系统的基础参数决定着通风控制的准确性与可靠性,对它们进行现场实测是十分必要的。

参 考 文 献

[1] 交通部综合规划司. 国家高速公路网规划,2004.

[2] He C, Fang Y. Study on the linkage control technique of highway tunnel group. Proceedings of 2008 World Tunnel Congress, Agra, 2008:72—78.

[3] 重庆市重点公路建设指挥部,西南交通大学. 公路长隧道纵向通风技术的发展和展望,1996.

[4] 交通部重庆公路科学研究所. JTJ 026.1—1999　公路隧道通风照明设计规范. 北京:人民交通出版社,2000.

[5] 汤乾忠,杜放. 中梁山隧道纵向通风的效益分析. 公路,1994,9:15—17.

[6] 索耆续. 成渝公路中梁山、缙云山隧道竖井纵向通风计算. 重庆交通学院学报,1999,18(4):116—120.

[7] 曾艳华,关宝树. 公路隧道全射流纵向通风方式的适用长度. 公路,1998,(1):38—41.

[8] 藤村弘志. 日本关越公路隧道通风的新方法. 侯国才译. 隧道译丛,1988,(11):20—26.

[9] Yoshimochi T, et al. A ventilation control system using fuzzy control for two-way traffic tunnel in highway. Aerodynamics & Ventilation Vehicle Tunnels Symposium, 1994:

873—881.

[10] Miyoshi M. Road tunnel ventilation control system using AI and fuzzy control approaches. Proceeding of the International Fuzzy Systems Association Fourth World Congress,1991: 137—140.

[11] 小山敏博,吉持達郎,等. 非綫形計画法ぉょびファジィ制御に基づく道路トンネル換気. T,IEE Japan,113(2),1993:160—168.

[12] 徐压娟,余南阳. 公路隧道中纵向式通风控制系统研究. 中国公路学报,2001,14(3): 78—80.

[13] 杨宵. 公路隧道竖井送排式纵向通风神经网络在线控制方法研究. 成都:西南交通大学硕士学位论文,2004.

[14] 马永杰. 公路隧道纵向通风神经模糊控制系统应用研究. 成都:西南交通大学硕士学位论文,2003.

[15] 李德英. 基于模糊神经网络的公路隧道纵向通风控制研究. 成都:西南交通大学硕士学位论文,2002.

[16] 李德英,颜静仪,王志江. 基于模糊神经网络的公路隧道通风控制的应用. 公路交通科技,2003,20(1):44—47.

[17] 何世龙. 公路长隧道前馈式通风控制系统原理与方法研究. 成都:西南交通大学硕士学位论文,2004.

[18] 方勇. 公路隧道前馈式通风控制系统研究. 成都:西南交通大学硕士学位论文,2004.

第 2 章　公路隧道前馈式通风系统的交通流预测

2.1　公路隧道交通流预测概述

2.1.1　交通流三参数及其相互关系[1]

交通量 Q、行车速度 V、车流密度 K 是表征公路交通流特性的三个基本参数。其中交通量是指在一段时间内通过某一断面的车辆数,行车速度是指路段上的平均行车速度,车流密度是指单位道路长度上的车辆数目(辆/km)。

$$K=\frac{N}{L} \tag{2-1}$$

式中,N 为路段内的车辆数;L 为路段的长度。对于隧道内,则分别为隧道内的车辆数和隧道长度。

交通流三参数的基本关系为

$$Q=VK \tag{2-2}$$

式中,Q 为通过某监测断面(如隧道入口处)的平均流量,辆/h;V 为区段(如一般路段、隧道等)上的平均车速,km/h;K 为区段上的车辆密度,辆/km。

从式(2-2)可以看出,交通量、行车速度、车流密度三者之间有密切的关系。

1) 行车速度与车流密度的关系

Greenshields 于 1934 年提出速度-密度线性关系模型如下:

$$V=V_{\mathrm{f}}\left(1-\frac{K}{K_{\mathrm{j}}}\right) \tag{2-3}$$

式中,V_{f} 为车辆密度趋于 0,车辆畅行无阻时的平均密度;K_{j} 为车流密集到所有车辆无法行驶的密度,即车辆平均速度为 0。

从式(2-3)可以看出,当车流密度增大到一定程度时,行车速度会降为 0;反之,当车流非常稀少时,行车速度会达到其最大值,如图 2-1 所示。该线性模型简单直观,与实测数据拟合较好。此外,描述速度-密度关系的模型还有其他一些理论公式、经验公式及半经验公式,这里不再详述。

2) 交通量与车流密度的关系

将行车速度-车流密度线性关系

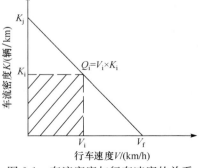

图 2-1　车流密度与行车速度的关系

[式(2-3)]代入交通流三参数模型[式(2-2)]中,可以得到交通量与车流密度之间的相关关系如下:

$$Q=KV_f\left(1-\frac{K}{K_j}\right) \tag{2-4}$$

式中符号意义同前。交通量与车流密度的关系如图 2-2 所示,可以看出,并不是车

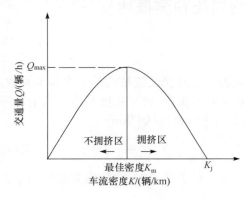

图 2-2　交通流量与车流密度的关系图

辆越多,交通量就越大。最大交通量对应的车流密度为最佳密度,此时行车速度也具有较大值。车流密度超过最佳密度后交通开始进入拥挤区,车速和交通量都开始降低。

3) 交通量与行车速度的关系

将行车速度-车流密度线性关系[式(2-3)]代入交通流三参数模型[式(2-2)]中还可获得交通量与行车速度的关系如下:

$$Q=K_jV\left(1-\frac{V^2}{V_f}\right) \tag{2-5}$$

式中符号意义同前。可以看出,交通量与行车速度之间同样为二次函数关系,其关系曲线与交通量与车流密度的关系曲线相同。

2.1.2　交通流的统计分布特性[2]

交通流理论的早期研究主要采用概率论方法。20 世纪 50 年代后,随着汽车工业和交通运输业的不断发展,交通量、交通事故、交通堵塞等骤增,交通流中车辆的独立性越来越小,基于概率论的方法不再适应,于是相继出现了跟驰理论、流体动力学模拟、车辆排队论等。不过,对于高速公路而言,其目的就是为每个车辆提供一个自由、独立的行车行为,极少数情况下才会出现跟驰行驶或交通事故。故一般情况下,基于概率统计学的交通流理论是适合于高速公路交通流特性分析的。

车辆的到达在某种程度上具有随机性,描述这种随机性有两类方法:一种是采用离散型分布来研究一段时间内通过某地的交通数量规律;另一种是采用连续分布来研究车辆到达事件的时间间隔(如车头时距)的统计规律。对于公路隧道的通风计算而言,主要关心的是一段时间内通过了多少车,而这段时间内各车辆间的车头时距分布则相对次要。泊松分布和二项式分布是比较常用的两种描述车辆到达的离散型分布模型。

1) 泊松分布

泊松分布的基本公式为

$$P_k = \frac{m^k}{k!} \mathrm{e}^{-m} \tag{2-6}$$

式中，P_k 为在时段 t 内达到 k 辆车的概率；m 为 t 时段内平均到达的车辆数，t 为时间段。

根据泊松分布的特点，t 时段内通过车辆数的均值 M 和方差 D 均为 m。泊松分布主要用于描述车流密度不大，不存在其他干扰因素时某时段达到车辆数量的统计规律。

2) 二项式分布

二项式分布的基本公式为

$$P_k = C_n^k p^k (1-p)^{n-k}, \quad k = 0,1,2,\cdots,n$$

$$p = \frac{m}{n} \tag{2-7}$$

式中，P_k 为在时段 t 内达到 k 辆车的概率；m 为 t 时段内平均到达的车辆数，t 为时间段；p,n 为二项式分布的参数，分别代表事件出现的概率和样本总量。

二项式分布的均值和方差分别为

$$M = np = m$$
$$D = np(1-p)$$

二项式分布一般适用于车辆比较拥挤、自由行驶机会不多的车流。

2.1.3　公路隧道交通流预测的特点

公路隧道前馈式通风的第一步就是对下一个控制周期的交通流进行预测，主要包括交通流量和交通组成的预测。众所周知，交通系统是一个有人参与的、时变的、复杂的非线性大系统，具有高度的不确定性，其影响因素不但有车辆本身的，也有自然界的（如季节、气候等），还有人为的（如突发事件、司机的心理状态等），其中后者更加难以估计，这些因素都给交通流的预测带来了困难。迄今为止，人们已提出多种预测交通流量的方法，如早期的自回归（autoregressive，AR）模型、滑动平均（moving average，MA）模型和历史平均（HA）模型等。不过由于这些模型未能反映交通流过程的不确定性与非线性性，无法克服随机因素对交通流量的影响，所以随着预测时间的缩短，预测误差就会变大。而且，这些预测模型大多不是实时的预测模型，不太适合前馈式智能模糊通风控制系统的交通流预测。

对于公路隧道通风控制而言，交通流预测具有下列特点[3]：

（1）实时性。隧道内风机控制是由隧道通风控制系统根据当前的污染物浓度水平和交通流量状况等对隧道内风机进行的一种实时控制，作为前馈式通风控制先决条件之一的交通流预测，自然也是需要实时地给出预测结果。故交通流预测模型必须具有模型简单、计算量低、精度高等特点，这样才能满足实时性预测的需要。

（2）短时性。隧道的通风控制是基于每个时段进行的，这个时段又称为风机的控制周期。控制周期过长,通过控制风机来达到节能的目的就难以实现,通风控制也就失去了其本身意义;反之,控制周期过短,会导致风机的操作频繁,大大缩短风机寿命。此外,风机的开启至风流的形成还需一段时间,控制周期过短同样不能取得理想的效果。一般而言,控制周期在 10 分钟左右,对 10 分钟内的交通流预测属于短时交通流预测范畴。

(3) 交通构成预测。在经典的交通流理论及各种预测模型中,交通流的预测主要是指交通量的预测。对于隧道通风控制而言,交通量固然是一个重要的计算参数,交通构成(大、中、小等车型的组成比例,汽油车、柴油车的组成比例)同样也必不可少,而且起到了决定性作用。因而,在隧道通风的交通流预测中,不仅包括对交通流量的预测,还包括对车型组成比例、汽柴油车比例的预测。

为了能更好地对公路隧道短时交通流进行实时在线预测,以便获得更加准确的前馈信号,本章设计了以下几种预测模型:基于交通流特征的预测模型、自适应权重预测模型、基于神经网络的预测模型、模糊逻辑预测模型及交通流仿真模型等。但由于交通系统的复杂性,无论哪种模型都难以对隧道交通流做到百分百准确的预测。故在前馈式通风控制系统中,交通流预测结果与污染物浓度、当前交通流等现场监测数据共同作为通风控制的输入参数,这些参数之间的信息相互补充,能够比较接近地反映下一时段的真实污染物浓度水平。

2.2 基于交通流特征的预测模型

2.2.1 公路隧道交通流特征

公路隧道的交通流特征主要包括三方面:交通量、车型构成、行车速度。其中交通量是指通过隧道的交通量,但隧道内的空间类似于一个容器,在某段时间内进入隧道的交通量和驶出隧道的交通量不一定相同,故为了统一起见,通过隧道的交通量是指进入隧道的交通量。车型构成是指大型车、中型车和小型车等车型各占的比例,行车速度是指隧道内的平均行车速度。

1. 影响交通量大小的因素

从宏观上来看,影响交通量大小的因素有道路的类型或等级(如一般道路、国道、省道、省际干线等)、道路功能(如城市道路、高速公路、出海通道、路网干线或支线等)、地区特点(如沿海与内地、城市与乡村、市区与城郊等)等,这些因素不仅影响交通量大小,而且影响交通流中的车型构成、汽柴油车比例和行车速度。对于特定的公路路段而言,以上宏观影响因素相对而言是比较稳定的,此时对交通量影响较大的是一些微观因素,包括时间、日期、天气、突发事件等。如一般情况下,在一天中的不同时刻,通过隧道的交通量是不同的,即使是在同一时刻的不同日期,交通量也不一样,如节假日、平日等,其交通量均有差异。

2. 交通量时间上的周期相似性[4]

虽然影响交通量的因素众多,但仍然是可以进行较准确的预测,这主要基于交通量两个基本特征:周期相似性和空间连续性。周期相似性是指交通量的时间分布在不同统计周期内具有相似性,如一天内的时变化情况、一周内的日变化情况、一年内的月变化情况等。

1) 交通量的时变化

若以小时为统计周期,那么一天中各个小时的交通量是不断变化的,如图 2-3 所示。在该图中,交通量呈现高峰的那个小时称为高峰小时,高峰小时内的交通量称为高峰小时交通量,高峰小时交通量占该天全天交通量的比称为高峰小时流量比,它反映了高峰小时的交通量集中程度。该图中高峰小时为 16:00～17:00,高峰小时交通量为 727 辆,高峰小时流量比为 0.081。

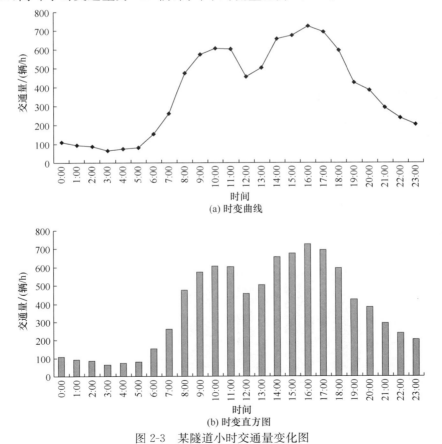

(a) 时变曲线

(b) 时变直方图

图 2-3　某隧道小时交通量变化图

若以 10 分钟为统计周期,也可以得到一天中 10 分钟交通量的时变曲线,如图 2-4 所示。不论是小时交通量,还是 10 分钟交通量及其他,一般情况下在每天内的变化形态特征基本上是稳定的,在交通量预测中即可根据这个特点进行短时交通量的预测。

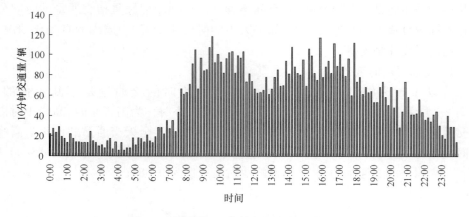

图 2-4　某隧道 10 分钟交通量变化直方图

2）交通量的日变化

交通量的日变化是指一周内各天的日交通量变化。对于特定的路段而言,一周内日交通量的变化同样存在一定的规律,如节假日、平日等,其日交通量有显著差异,掌握了这些差异有利于提高交通量预测精度。某高速公路隧道通过的日交通量在一周内的变化如图 2-5 所示。可以看出,日交通量在周五的时候呈现最大值,而其余各天的日交通量大致相同。

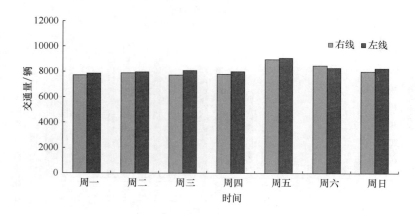

图 2-5　某高公路隧道日交通量变化直方图

3）交通量的月变化

同样以一年为周期,统计月交通量在一年内的变化情况可以得到交通量的月变化规律,该特征主要体现人们出行集中的月份。图 2-6 所示为某高速公路隧道一年内的月交通量变化情况,该图表明,在冬季(如 12 月、1 月)、夏季(6~8 月)及春节(2 月)时,交通量要低许多,人们更容易选择春季(4 月、5 月)或秋季(9~11 月)出行。

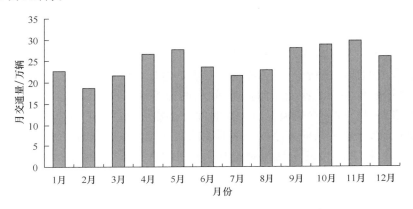

图 2-6　某高速公路隧道月交通量变化直方图

交通量的时变化、日变化及月变化特征为交通量随时间变化的最基本特征,一般情况下这些特征具有周期相似性,即每天的交通量时变化、每周的交通量日变化及每年的交通量月变化,其基本形态特征具有很强的稳定性和相似性,利用该特性可以建立相应模型对交通量进行预测。

3. 交通流的时空连续性

1955 年,英国学者 Lighthill 和 Whitham 将交通流比拟为一种流体,对一条很长的公路隧道研究了在车流密度高的情况下的交通流规律,提出流体动力学模拟理论。该理论应用流体动力学基本原理建立了车流的连续性方程:

$$\frac{\partial K}{\partial t}+\frac{\partial (Kv)}{\partial x}=0 \tag{2-8}$$

式中,K 为车辆密度;v 为车速;Kv 为车流量。式(2-8)体现了车辆密度与车流量的关系。考察长为 L 的路段,如图 2-7 所示,该路段起点和终点处埋设有车辆检测器,可以获得通过该断面的车流量。在计数周期 Δt 内,通过两个断面的交通量分别为 Q_1、Q_2,那么该流量差引起的该段路上车流量密度的变化为

$$\Delta K=\frac{Q_1-Q_2}{L}=\frac{(q_1-q_2)\Delta t}{L}=\frac{\Delta q\Delta t}{L}$$

式中,q_1、q_2 分别为通过两个断面单位时间内的车流量。可以看出,该区段内的车

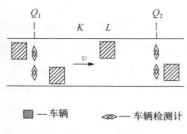

图 2-7　车辆密度与交通量的关系

辆流入与流出引起区段内车辆密度的变化。同理,采用该方法还可以对路段上车辆分流、合流的情况进行分析,如高速公路上的进出口匝道等。该连续性方程即表明了交通量的另外一个特征:时间与空间上的连续性。该连续性的另外一层含义是,在前方路段行驶的交通流经过一段时间后必然会通过后方路段,或者说隧道下一时段的交通流就是其前方路段当前时刻的交通流。在隧道前方路段某处放置车辆检测器,可将其测得的交通流数据作为隧道下一时段交通流预测时的参考值之一。

4. 交通构成特征

交通构成是指交通量中各种车型(如大型车、中型车、小型车、拖挂车等)所占的数量和比例,也指各车型中汽、柴油车的比例。大、中、小等车型的识别在交通流自动监测可以实现,但汽油车、柴油车则难以识别,需根据现场调查数据确定,并假定在一段时期内各车型的汽油车、柴油车比例不变。某高速公路隧道实测的一天内的车型组成和一周内的车型组成情况如图 2-8 和图 2-9 所示。可以看出,在以天、周及更长时间为统计周期时,车型的组成差别不大,具有一定的稳定性。

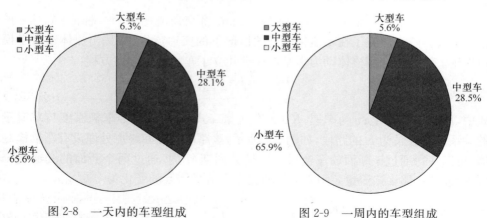

图 2-8　一天内的车型组成　　　　　　　图 2-9　一周内的车型组成

5. 行车速度特征

对于公路隧道而言,车辆驶入隧道内时驾驶者心理上将会产生很大的变化,如压抑感、不适应感等,同时隧道客观的行车环境也和一般路段显著不同,如亮度变暗、能见度降低、结构封闭等,这些因素导致车辆在隧道内的行驶特性和在隧道外一般路段上的行驶特性有很大差异。这些差异主要体现为驾驶员的驾驶行为和行车速度。在一般高速公路路段,车流密度小,车辆基本为自由行使状态。在隧道内,一般情况下不允许超车,驶入隧道后的车辆一般情况下多以跟驰行车为主,行驶的自由性大大降低,同时平均行车速度也要低于隧道外一般路段。图 2-10 为某高速公路隧道内车辆平均速度的监测值,可以看出,隧道内的车辆平均速度还有一个特点是白天高于晚上。监测数据同时也表明,在交通量变化不大的情况下,该速度变化曲线相差不大,即同样具有周期稳定性。

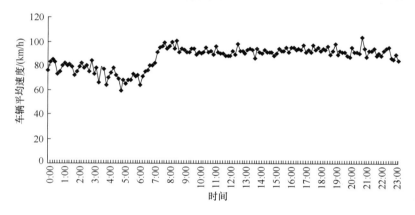

图 2-10　隧道内车辆平均速度分布

2.2.2　基于交通流特征的公路隧道交通流预测模型

根据 2.2.1 节的分析,公路隧道交通流虽然与一般路段的交通流之间有所不同,但其具备的周期相似性和时空连续性特点可以为公路隧道交通流的预测提供条件。

1. 基本假定

在建立基于交通流特征的预测模型前,需做如下假定。

1) 车辆检测器

车辆检测器主要包括三种类型:环形线圈车辆检测器、微波车检计和视频识别车辆检测器,其中前面两种应用最广。环形线圈车辆检测器一般埋置于每个车道的下面,埋置时需要切割路面,维修时对交通影响较大,而且车道越多,埋设越多,如图 2-11 所示。

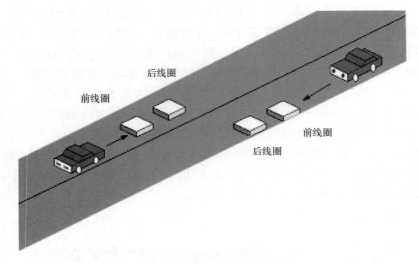

图 2-11　环形线圈埋设示意图

微波车辆检测器则悬挂于路旁立柱上,可对整个断面的交通流进行检测,如图 2-12 所示。

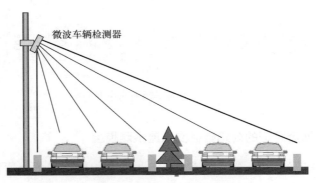

图 2-12　微波车辆检测器布设位置图

采用车辆检测器检测一个计数周期内通过的车辆数、车型组成、速度等参数,从而获得通过隧道的当前交通流实际数据。一般情况下受通信电缆的限制,车辆检测器通常放置在隧道入口处,用于统计一段时间内进入隧道的交通流量和车辆组成。在有条件的情况下,可以将车辆检测器放置在隧道口前方约 10～15km 处(根据设计行车速度而定)。这样,通过前方车辆检测器断面的交通流在风机的一个控制周期内(如 10 分钟)可以进入隧道内。

2）时间周期的选取和时段的划分

在采集数据时,首先应确定一段时间 t 作为数据采集的采样周期,该周期应与风机的控制周期一致,然后根据采样周期将一天划分为前后连续的一系列时间段,在进行数据选取和预测时,首先应保证它们处于相同时间段。

3）模式交通流的建立

在划分时段后,根据实际检测的各时段交通流量平均值建立相应的模式交通流 $T_i(i=1,\cdots,N)$,其中 N 为划分的时段数,若以 10 分钟为一个周期,那么一天将划分成 144 个时段。该模式交通流体现了实际通过隧道的交通流情况,是进行交通流预测的最根本数据。模式交通流不是固定不变的,它需要根据交通流的实际检测值不断进行更新。

4）模式交通流的修正

如上所述,不同的日期、不同的月份,交通流量是不同的,对应的模式交通流也需进行相应的修正,修正系数即为相应的变化系数。

（1）月变化修正系数。

月平均日交通量与年平均日交通量之比称为月变化系数 K_m,计算式如下:

$$K_m = \frac{\dfrac{1}{n}\sum_{i=1}^{n}Q_i}{\dfrac{1}{365}\sum_{i=1}^{365}Q_i} \qquad (2-9)$$

式中,Q_i 为日交通量;n 为该月份的天数。

（2）周变化修正系数。

观测日交通量与周平均日交通量之比称为周变化系数 K_w,计算式如下:

$$K_w = \frac{Q_i}{\dfrac{1}{7}\sum_{i=1}^{7}Q_i} \qquad (2-10)$$

修正后的模式交通流为

$$T_i' = T_i K_m K_w, \quad i=1,\cdots,N$$

2. 插值法预测

插值法通过在当前实测交通流数据序列和将来时段对应的模式交通流序列之间对预测时段的交通流量进行插值,从而计算出预测时段的交通流量值。插值法有多种,如 Lagrange 插值、Newton 插值、Hermite 插值、分段线性插值及样条插值等。这些方法各有优缺点,其中分段线性插值稳定性与收敛性较好,且计算简便,但光滑程度差;而样条插值曲线具有连续的曲率,光滑性较高,但计算相对复杂。下面以样条插值为例对隧道交通流的预测进行说明。

由于交通量为一整数,或者说在获得样条插值计算结果后需对其取整。实际计算表明,插值点前后各取三个数据点时可以保证取整需要的计算精度。设当前时段为 t_k,交通量为 q_k。选取 t_k 及前面共3个数据作为插值的前段数据,对应的当前实测交通量为 q_{k-2},q_{k-1},q_k。插值点后段数据为对应时段的修正模式交通流数据,有 $q_{k+2}=T'_{k+2},q_{k+3}=T'_{k+3},q_{k+4}=T'_{k+4}$。在前后数据之间对 t_{k+1} 时段进行插值,计算其对应的交通量 q_{k+1},如图 2-13 所示。关于样条插值的中间计算过程可以参考相关书籍,这里不再赘述。

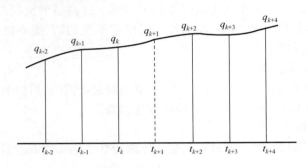

图 2-13　插值法预测交通流示意图

3. 基于数据相关性的预测

当模式交通流数据及车辆检测器实时监测数据在时间上的分布较平滑时,采用插值法对下一时段的交通流预测可以获得较好的预测精度。但对于模式交通流数据平滑性较差或实时监测数据变异性较大时,采用插值法得到的结果 q_{k+1} 往往和模式交通流数据 T_{k+1} 或实时监测数据相差较大,如图 2-14 所示。

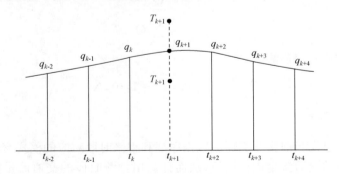

图 2-14　插值法预测偏差示意图

为了克服插值法中插值点处模式交通流数据的丢失,可以采用相关系数法进行预测。该方法分两种情况:车辆检测器埋设于隧道入口处、车辆检测器埋设于隧道入口及前方路段。

1) 车辆检测器埋于隧道入口

此时车辆检测器主要用于监测各时段内进入隧道的交通流量,根据实时监测交通流与模式交通流的相关性,可以对将来时段的交通流进行预测。假定当前为 t_k 时段,在 $t_{k-n},\cdots,t_k$ 共 n 个时段内车辆检测器连续监测的交通流量为 $q_{k-n},\cdots,q_k$,该时段对应的修正模式交通流为 $T'_{k-n},\cdots,T'_k$,这样可以计算出当前交通流监测数据和模式交通流数据之间的相关系数 ρ,如式(2-11)所示。

$$\rho = \frac{\sum\limits_{i=k-n}^{k}(q_i-\bar{q})(T'_i-\overline{T}')}{\sqrt{\sum\limits_{i=k-n}^{k}(q_i-\bar{q})^2\sum\limits_{i=k-n}^{k}(T'_i-\overline{T}')^2}} \tag{2-11}$$

式中,$\bar{q}=\dfrac{1}{n}\sum\limits_{i=k-n}^{k}q_i$,$\overline{T}'=\dfrac{1}{n}\sum\limits_{i=k-n}^{k}T'_i$。

该相关系数体现了当前交通流和模式交通流之间的相关关系,以模式交通流数据中的 t_{k+1} 时段的交通量 T'_{k+1} 为基准数据,用当前监测交通流数据序列 q_{k-n},$\cdots,q_k$ 和模式交通流数据序列 $T'_{k-n},\cdots,T'_k$ 来修正 T'_{k+1},用修正结果作为预测值。计算公式如下:

$$q_{k+1}=T'_{k+1}+\rho(\bar{q}-\overline{T}') \tag{2-12}$$

式中,时段数 n 的取值若过小,则计算得出的相关系数不能正确代表两种数据之间的相关性;若过大,又难以体现交通流的实时变化因素,一般取近 1~2h 之内的时段数为宜。

2) 车辆检测器埋设于隧道入口及前方路段

在有条件的情况下可以在隧道入口及前方路段均埋设车辆检测器,如图 2-15 所示。根据两处车辆检测器实时监测交通流的相关性对将来时段的进入隧道的交通流进行预测。其中两处车辆检测器间距离 L 主要根据设计车速和通风系统控制周期决定,一般情况下需满足在设计车速下车辆通过该段路的时间与一个控制周期相等,即认为车辆通过断面 I 后一个控制周期内进入隧道。那么理论上讲,当前时段断面 II 测得的交通流即是上个时段断面 I 测得的交通流。

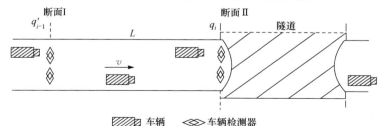

图 2-15　车辆检测器埋设位置

假定当前为 t_k 时段,在 $t_{k-n}, \cdots, t_k$ 共 n 个时段内,隧道入口(断面 II)车辆检测器连续监测的交通流量为 $q_{k-n}, \cdots, q_k$,该时段对应的断面 I 实测交通流为 q'_{k-n-1}, $\cdots, q'_{k-1}$,这样可以计算出断面 I 和断面 II 实测交通流数据之间的相关系数 ρ,如式(2-13)所示。

$$\rho = \frac{\sum\limits_{i=k-n}^{k}(q_i - \bar{q})(q'_{i-1} - \bar{q'})}{\sqrt{\sum\limits_{i=k-n}^{k}(q_i - \bar{q})^2 \sum\limits_{i=k-n}^{k}(q'_{i-1} - \bar{q'})^2}} \tag{2-13}$$

式中,$\bar{q} = \dfrac{1}{n}\sum\limits_{i=k-n}^{k} q_i, \bar{q'} = \dfrac{1}{n}\sum\limits_{i=k-n-1}^{k-1} q'_i$。

该相关系数体现了通过断面 I 和断面 II 交通流之间的相关关系,以通过断面 I 的实测交通流数据中 t_k 时段的交通量 q'_k 为基准数据,用两断面的交通流相关系数来修正该基准数据,并将修正结果作为 t_{k+1} 时段的交通流预测值。计算公式如下:

$$q_{k+1} = q'_k - \rho(\bar{q'} - \bar{q}) \tag{2-14}$$

2.3　基于权重的预测模型

2.3.1　权重预测模型的基本形式

根据前面的分析可以发现,下一个控制周期内进入隧道的交通流量与下面三类数据有关:入口处的交通流当前监测数据、上游路段当前监测数据和历史数据。该模型分别赋予这三类数据不同的权重系数,进行加权求和得到交通流预测值。权重预测模型简单可靠,在合理确定不同数据权重系数的前提下可以获得较好的预测效果。

在权重预测模型中,时段和时间类别的划分均与前面相同,该模型中使用的符号定义如下。

(1)上游交通流监测数据 q_u。

假定在隧道入口上游放置了 l 处车辆检测器,各车辆检测器距隧道入口的距离分别为 $L_1, L_2, \cdots, L_l$,在 t_k 时段对应的监测值为 $q_{u1}(k), q_{u2}(k), \cdots, q_{ul}(k)$,共 l 个数据。

(2)隧道入口交通流监测数据 q_c。

该数据由洞口处检测器测得,考虑到交通流在时间上的连续性,取邻近 m 个时段的交通流监测数据进行权重分配,它们是 $q(k-m+1), \cdots, q(k-1), q(k)$ 共 m 个数据。

(3)隧道入口交通流历史数据 q_h。

根据前面的分析,隧道入口处车检计测得的历史交通流数据(模式交通流)

在交通流预测中起重要作用,取交通流预测时段 t_{k+1} 对应的 n 个邻近历史交通流数据进行权重系数分配,它们是 $q_{h1}(k+1),q_{h2}(k+1),\cdots,q_{hn}(k+1)$ 。

(4) 预测时段的交通流数据 $q(k+1)$ 。

1. 通过上游数据预测

高速公路的交通流具有连续性,即隧道内下一时段的交通流实际上就是前方路段上的当前交通流。

1) 当上游监测断面距离隧道较近时

若上游交通流监测断面距离隧道入口较近,即在车辆通过该断面后的一个控制周期内(车辆检测器计数周期)将进入隧道,那么与预测交通流相关的上游数据则有当前时段的监测交通流 $q_{u1}(k),q_{u2}(k),\cdots,q_{ul}(k)$,和上一时段的监测交通流 $q_{u1}(k-1),q_{u2}(k-1),\cdots,q_{ul}(k-1)$ 。通过上游数据预测下一时段交通流量的公式为

$$q^{u}(k+1)=a_1[\alpha_1 q_{u1}(k)+\beta_1 q_{u1}(k-1)]+\cdots+a_l[\alpha_l q_{ul}(k)+\beta_l q_{ul}(k-1)]$$

$$(2\text{-}15)$$

式中,α_i 、$\beta_i(i=1,\cdots,l)$ 分别为监测断面 i 对应的相邻时段的交通流权重分配系数,满足 $\alpha_i+\beta_i=1$ 。a_i 为各上游数据的权重系数,需根据上下游之间的流量关系确定,主要用来描述 q_{ui} 对 $q^{u}(k+1)$ 的贡献,需满足 $\sum\limits_{i=1}^{l} a_i = 1$ 。

2) 当上游监测断面距离隧道较远时

若上游交通流监测断面距离隧道入口较远,即在车辆通过这些断面后至少一个控制周期才能进入隧道,那么这些断面测得的当前交通流数据 $q_{u1}(k),q_{u2}(k),\cdots,q_{ul}(k)$ 则与预测交通流无相关性,此时需对有相关性的该断面前面时段内的监测交通流进行权重系数分配,如 $q_{ui}(k-1),q_{ui}(k-2)$ 甚至 $q_{ui}(k-3)$ 等。

上游监测数据中是否需要进行权重系数分配取决于该测试数据与预测交通流之间是否有相关性。假定第 i 监测断面距离隧道洞口距离为 L_i ,监测得到经过该断面的车辆最大速度为 v_{max} ,最小速度为 v_{min} ,那么经过该断面的交通流在 $L_i/v_{max}\sim L_i/v_{min}$ 时间将会全部进入隧道。若预测 $k+1$ 时段的交通流,那么该断面与预测交通流相关的时间段为

起点时段:$k-\mathrm{int}((L_i/v_{max})/t)$

终点时段:$k-\mathrm{int}((L_i/v_{min})/t)-1$

其中,t 为车辆检测器计数周期(通风系统控制周期);int( )表示取整。采用该式对上游数据和预测数据的相关性进行判断后再进行权重系数分配。

2. 基于入口当前监测数据的交通流预测

根据前面对公路隧道交通流特征的分析可知,交通流量在时间和空间上不仅

具有连续性,而且还呈现周期相似性,结合当前测得的数据可以对下一时段的交通流量进行预测。预测方法主要有两种:一种是基于交通流特征的预测方法,在前面章节中有详细论述,这里不再介绍;另外一种是基于当前邻近 m 个时段的监测数据采用权重系数分配的交通流预测方法。计算公式为

$$q^c(k+1)=b_1 q(k-m+1)+b_2 q(k-m+2)+\cdots+b_m q(k) \tag{2-16}$$

考虑到一天中不同时段交通流监测结果变化较大,为了能更好地体现预测时段交通流的特点,m 取值不宜过大,尤其是在交通流急剧变化的时段。特别地,当 $m=1$ 时,$b_1=1$,即采用当前时段测得交通流直接作为下一时段的预测交通流。实际上,离预测时段越近的交通流数据越能代表预测交通流特点,故就权重分配系数而言,随着距离预测时段的时间增长,其权重分配系数也越低。

3. 通过历史数据预测

高速公路交通流具有周期相似特性,即隧道内下一时段的交通流量与它的历史记录具有一定联系,在选取历史记录时必须保证它们处于相同时段,通过历史记录预测交通流量的关系式如下:

$$q^h(k+1)=c_1 q_{h1}(k+1)+c_2 q_{h2}(k+1)+\cdots+c_n q_{hn}(k+1) \tag{2-17}$$

式中,c_i 为各历史数据的权重系数,满足 $\sum c_i=1$,特别地当 $c_i=1/n$ 时,q_h 即为历史平均值。

4. 交通流量预测的权重模型

以上三种方法可以独立采用,但由于考虑因素片面,独立采用时预测准确性较差。更多的情形是将上述三种预测方法结合起来,并给每种方法赋一权重系数,即可得到交通流量权重预测模型的基本表达形式[5]:

$$\begin{aligned}
q(k+1)=&\alpha[q^u(k+1)]+\beta[q^c(k+1)]+\gamma[q^h(k+1)]\\
=&\alpha(a_1 q_{u1}+a_2 q_{u2}+\cdots+a_l q_{ul})\\
&+\beta[b_1 q(k-m+1)+b_2 q(k-m+2)+\cdots+b_m q(k)]\\
&+\gamma[c_1 q_{h1}(k+1)+c_2 q_{h2}(k+1)+\cdots+c_n q_{hn}(k+1)]
\end{aligned} \tag{2-18}$$

α,β,γ 为上游数据、当前数据和历史数据进行组合的权重系数,需满足 $\alpha+\beta+\gamma=1$。

2.3.2　自适应权重模型[6]

在上述权重预测模型中,权重分配系数是预先设定的,在计算过程中固定不变。这种方法存在一定的弊端,最重要的是该方法不能适应交通流的变化。当交通流监测结果与历史数据很接近时,理所当然希望增大历史数据的权重系数;当隧道入口处交通流监测结果与上游数据很接近时,此时希望增大上游数据的权重系

数。即需要建立一种权重模型,其权重分配系数不是固定的,而是根据实际情况进行动态调整的,这种模型即称为自适应权重预测模型。根据权重系数的调整方法,自适应权重模型又分一般自适应权重模型和基于神经网络、模糊逻辑运算的非线性自适应权重模型。

在一般自适应权重模型中,首先需定义可以实时检测到的指标,根据预先制定的权重系数分配规则来动态地分配三类数据的权重系数 α,β 和 γ。根据公路隧道车辆检测器的埋设方式可以分为两种情况:车辆检测器仅埋设于隧道入口处(无上游数据)和车辆检测器埋设于隧道入口和上游路段(有上游数据)。

1. 无上游数据时的自适应权重模型

当隧道上游无车辆检测器监测数据时,采用隧道入口当前监测数据和历史数据进行权重自适应分配。假定 4 个时段的当前交通流监测数据为 $q(k),q(k-1),q(k-2),q(k-3)$,这 4 个时段对应的历史数据平均值为 $q_h(k),q_h(k-1),q_h(k-2),q_h(k-3)$,定义如下指标:

$$I = f_1/f_2$$
$$f_1 = [|q(t)-q(t-1)|+|q(t-1)-q(t-2)|+|q(t-2)-q(t-3)|]/3$$
$$f_2 = [|q(t)-q_h(t)|+|q(t-1)-q_h(t-1)|+|q(t-2)-q_h(t-2)| \\ +|q(t-3)-q_h(t-3)|]/4$$

f_1 是前 4 个时段流量的一阶差分平均值;f_2 为历史数据和当前实际流量的偏差;I 用于描述当前数据和历史数据对预测交通流的相对影响。若 $I<1$,说明当前监测数据与预测数据较接近,应增大当前监测数据的权重系数 β;反之若 $I>1$,则应减小当前监测数据权重系数 β 并适当增大历史数据权重系数 γ。根据以上原理,可以列出一个由指标 I 来确定 β,γ 的权重分配表,实际应用中可以根据该表来实时地确定权重分配方案,见表 2-1。

表 2-1 无上游数据时权重系数分配

I	β	γ
<0.10	1.00	0
0.20	0.90	0.10
0.40	0.80	0.20
0.55	0.70	0.30
0.70	0.60	0.40
0.85	0.55	0.45
1.00	0.50	0.50
1.20	0.45	0.55

I	β	γ
1.50	0.40	0.60
2.00	0.30	0.70
2.50	0.20	0.80
5.00	0.10	0.90
>10.00	0	1.00

2. 有上游数据时的自适应权重模型

当隧道上游有车辆检测器监测数据时,那么需在上游监测数据、当前监测数据和历史数据三者之间进行权重自适应分配。考虑上游设置车辆检测器一处,且与隧道相聚在一个控制周期的车程范围内。假定 4 个时段的当前交通流监测数据为 $q(k),q(k-1),q(k-2),q(k-3)$,这 4 个时段对应的历史数据平均值为 $q_h(k),q_h(k-1),q_h(k-2),q_h(k-3)$,对应的上游数据为 $q_u(k),q_u(k-1),q_u(k-2),q_u(k-3)$。定义如下指标:

$$I=f_1/(f_1+f_2+f_3)$$
$$J=f_2/(f_1+f_2+f_3)$$
$$K=f_3/(f_1+f_2+f_3)$$
$$f_1=[\,|q(t)-q(t-1)|+|q(t-1)-q(t-2)|+|q(t-2)-q(t-3)|\,]/3$$
$$f_2=[\,|q(t)-q_h(t)|+|q(t-1)-q_h(t-1)|+|q(t-2)-q_h(t-2)|$$
$$+|q(t-3)-q_h(t-3)|\,]/4$$
$$f_3=[\,|q(t)-q_u(t)|+|q(t-1)-q_u(t-1)|+|q(t-2)-q_u(t-2)|$$
$$+|q(t-3)-q_u(t-3)|\,]/4$$

f_1 和 f_2 的意义同前,f_3 体现了上游数据和当前交通流的差异情况。根据前面的原理,可以列出由指标 I,J,K 来确定 α,β,γ 的权重分配。考虑到

$$\alpha+\beta+\gamma=1 \text{ 且 } I+J+K=1$$

故最简单的权重系数分配方式为

$$\alpha=\frac{1}{1+I/J+I/K}$$

$$\beta=\frac{1}{1+J/I+J/K}$$

$$\gamma=\frac{1}{1+K/I+K/J}$$

另外还有多种权重的分配方式,例如,根据数据间的方差来判定权重系数,以及综合数据的均值和方差来判定数据间的权重分配系数等,这些方法各有所长,在实际采用时应综合多方面因素考虑,力求简单、准确。

3. 基于神经网络的自适应权重模型[7,8]

如前所述,自适应权重模型的关键之处在于根据实时采集的反映当前交通流信息的监测数据来动态地改变各预测因子在权重模型中所占的比重,从而加强模型的"自适应"能力,以克服普通线性模型不能反映出交通流变化的非线性和不确定性的缺点。但是,这种方法在权重的选择上还存在不足。目前,权重的判断一般来说只是从理论上分析或凭经验推测各指标对权重的影响来实现的,缺乏更科学的选择机制。一个优秀的权重分配策略应该是来源于监测数据的实际状态,并进行不停地自我动态调整,而不是预先制定的。即权重系数的分配策略应是模型在实际监测中不断学习和反馈的结果,而神经网络具有这方面的优势,将两者结合起来具有较好的交通流预测效果。采用神经网络来决定模型各因素的权重无疑将进一步增强模型的"自适应"能力,将神经网络应用于权重预测模型的实现过程如图 2-16 所示。

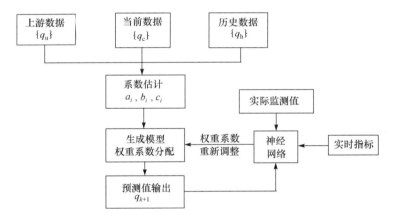

图 2-16　采用神经网络的自适应权重预测模型概念图

该预测概念模型是基于一般权重模型[式(2-18)]改进的,其中系数 a_i, b_i, c_i 的估计应预先确定,神经网络主要是针对模型中三类数据的权重分配系数 α, β, γ 进行的。神经网络的输入参数包括预测误差(预测值与实际监测值之差)和能够体现各数据权重的实时监测指标。神经网络本身也就是一个权重分配的自适应模型,因而该模型与下面介绍的基于神经网络的交通流预测有许多相似之处,这里不再赘述。

2.4 基于 BP 算法的神经网络预测模型

2.4.1 误差反向传播(BP)算法简介 [9,10]

人工神经网络(artificial neural network,ANN)是从微观结构和功能上对人脑神经系统的模拟而建立起来的一类模型,它反映了人脑功能的若干特性,具有模拟人的部分形象思维的能力,其主要特点是具有非线性特性、学习能力和自适应性,是模拟人的智能的一条重要途径。它是由简单信息处理单元(神经元)互连组成的网络,能接收并处理信息。但人工神经网络并非神经系统的逼真描述,而只是其简化、抽象和模拟。换言之,人工神经网络是一种抽象的数学模型。它不需要任何经验公式,就能从已有数据中自动归纳规则,获得这些数据的内在规律,即使不清楚预测问题的内部机理,只要有大量的输入、输出样本,经神经网络内部自动调整后,便可建立良好的输入、输出映射模型。正是由于神经网络具有深度综合和自学习能力的数据处理方法,能够学会如何对输入和输出方式进行分类和关联,具有独特的并行结构、自适应自组织、联想记忆、较强的容错性和鲁棒性等特点,神经网络被大量用于道路交通流预测领域。

神经网络模型也有其不足。首先是在训练过程中需要大量的原始数据,数据不足会导致不好的预测结果;其次训练完成的网络只适合于当前研究路段,当道路条件和交通状况改变时,训练完成的网络将不再适用,也不能用于其他路段,故推广能力差;再次,隐层神经元的数量需要由经验进行确定,没有统一的方法。隐层节点过多,会造成网络结构庞大,计算时间长,降低网络的推广能力;而隐层节点数过少,则难以保证所解决的问题的精度要求。

目前基于神经网络的交通流预测模型主要包括三种:单类神经网络模型[如误差反向传播(error back propagation,BP)神经网络、递归神经网络(recurrent neural network)、径向基(radial basis function,RBF)神经网络、多层反馈神经网络(multilayer feedforward neural networks)等]、多类神经网络的混合优化模型、神经网络与其他方法相结合的模型(如神经网络与遗传算法相结合、神经网络与模糊逻辑相结合、神经网络与时间序列相结合等)。本节主要针对 BP 神经网络建立交通流预测模型。BP 算法的基本思想为,学习过程由信号的正向传播和误差的反向传播两部分组成。正向传播时,输入样本从输入层传入,经过隐层处理后传向输出层,若输出层与期望的输出不符,则将输出误差通过隐层向输入层逐层反传,将误差分摊给各层所有单元,以此作为修正各单元权值的依据。

图 2-17 为单隐层的前馈神经网络,输入向量为 $X=(x_1,x_2,\cdots,x_n)'$,隐层输出向量为 $Y=(y_1,y_2,\cdots,y_m)'$,若加入 $x_0=0,y_0=0$ 可为输入层和隐层神经元引入阈值,输出向量为 $O=(o_1,o_2,\cdots,o_l)'$,期望输出为 $D=(d_1,d_2,\cdots,d_l)'$。输入层到隐层的权值矩阵用 V 表示,隐层到输出层之间的权值矩阵用 W 表示。

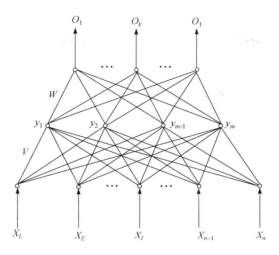

图 2-17　单隐层的前馈神经网络

对于输入层有

$$o_k = f(\mathrm{net}_k)，\quad k=1,2,\cdots,l$$

$$\mathrm{net}_k = \sum_{j=0}^{m} w_{jk} y_j，\quad k=1,2,\cdots,l \tag{2-19}$$

对于隐层有

$$y_j = f(\mathrm{net}_j)，\quad j=1,2,\cdots,m$$

$$\mathrm{net}_j = \sum_{i=0}^{n} v_{ij} x_i，\quad j=1,2,\cdots,m \tag{2-20}$$

式中，转移函数 $f(x)$ 均为单极 Sigmoid 函数：

$$f(x) = \frac{1}{1+\mathrm{e}^{-x}} \tag{2-21}$$

且有

$$f'(x) = f(x)[1-f(x)]$$

当网络输出与期望输出不等时，存在输出误差 E：

$$E = \frac{1}{2}(D-O)^2 = \frac{1}{2}\sum_{k=1}^{l}(d_k - o_k)^2 \tag{2-22}$$

将此误差展开到隐层有

$$E = \frac{1}{2}\sum_{k=1}^{l}\left[d_k - f(\mathrm{net}_k)\right]^2 = \frac{1}{2}\sum_{k=1}^{l}\left[d_k - f\left(\sum_{j=0}^{m} w_{jk} y_j\right)\right]^2 \tag{2-23}$$

进一步展开到输入层有

$$E = \frac{1}{2}\sum_{k=1}^{l}\left\{d_k - f\left[\sum_{j=0}^{m} w_{jk} f(\mathrm{net}_j)\right]\right\}^2 = \frac{1}{2}\sum_{k=1}^{l}\left\{d_k - f\left[\sum_{j=0}^{m} w_{jk} f\left(\sum_{i=0}^{n} v_{ij} x_i\right)\right]\right\}^2$$

$$\tag{2-24}$$

由式(2-24)可以看出,网络输入误差是各层权值 w_{jk}, v_{ij} 的函数,因此权值的调整可以改变误差 E。显然权值调整的原则是使误差不断减小,因此应使权值的调整量与误差的负梯度成正比,即

$$\Delta w_{jk} = -\eta \frac{\partial E}{\partial w_{jk}}, \quad j=0,1,2,\cdots,m; \quad k=1,2,\cdots,l$$

$$\Delta v_{ij} = -\eta \frac{\partial E}{\partial v_{ij}}, \quad i=0,1,2,\cdots,n; \quad j=1,2,\cdots,m \tag{2-25}$$

式中,常数 $\eta \in (0,1)$ 表示比例系数,在训练中反映了学习速率,经推导有

$$\Delta w_{jk} = \eta (d_k - o_k) o_k (1 - o_k) y_j$$

$$\Delta v_{ij} = \eta \left[\sum_{k=1}^{l} (d_k - o_k) o_k (1 - o_k) w_{jk} \right] y_j (1 - y_j) x_i \tag{2-26}$$

多隐层 BP 网络的误差传播公式推导与单隐层相同,具体过程可以参阅其他资料。

2.4.2　基于 BP 算法的交通流预测模型

在交通流预测模型中,由于众多因素的影响,使得已有数据与所预测的数据间有很强的非线性和不确定性。同时,所预测的数据是可以直接测得的,只是在时间上滞后了,但在 BP 算法中它可以作为教师信号反馈到权值系数的调整中来。本节将建立 BP 网络模型用来预测交通流量和交通组成,训练后的神经网络可以很好地映射已有数据和预测数据间的非线性关系。

通常可采用两种网络模型来预测交通流:一种是对于所有时段的预测均采用同一组权系数;另一种就是通过划分时间类别的方法,为每一个时段分配一组权系数。这两种模型的设计过程完全相同,在室内仿真测试时将对它们进行比较。

1. 输入输出数据及预处理

在自适应权重模型中将上游数据、当前数据和历史数据共同用来表达预测值。类似地,在 BP 网络中,也可以将这三类数据作为输入值,考虑到仿真中上游数据和当前数据的相关性难以确定,而且在多数情况下没有在隧道前方设置车辆检测器,故在设计网络时暂不考虑上游数据。

在进行 BP 网络设计之前,先对输入输出数据作如下假定:

(1) 输入数据共 4 组。

当前数据 3 组:隧道入口处车辆检测器测得的 t_k, t_{k-1}, t_{k-2} 时段的交通流数据。

历史数据 1 组:t_{k+1} 时段的交通流历史平均值。

输出数据 1 组:t_{k+1} 时段的交通流预测值。

(2) 对于交通流量预测,每组中只有交通流量一个数据;对于车型比预测,每

组中有两个数据:大车和小车所占比例。

由上面假设,对于交通流量预测,输入层节点设为 4 个,输出层节点为 1 个。由于输入层节点的输入数据为车辆数,输出层节点的输出数据为 0~1 的无量纲数,故为了消除输入输出数据间的物理意义和量纲上的不同,应将输入数据进行标准化处理,即转换到 0~1。另一方面,转移函数为单极 Sigmoid 函数,输出值也为 0~1,为了避免各分量间误差分配的失衡,也需对教师信号进行标准化处理。对于交通流量,采用的标准化变换式为

$$\bar{x_i} = \frac{x_i}{x_{\max}} \tag{2-27}$$

对于车型比预测,输入层节点为 10 个,输出层节点为 2 个,又因其本身就是一个 0~1 的无量纲数,故不需进行尺度变换。

2. 隐层数和隐层节点数的设计

理论分析证明,单隐层的前馈网络可以映射所有连续函数。通过划分时段与时间类别,可以大大降低交通流数据的不确定性,因而也可以采用单隐层前馈网络结构。若对所有时段均采用同一组权系数,则可以采用单隐层和双隐层两种方案。

隐层节点的作用是从样本中提取并存储其内在的规律,若隐层节点数太少,则不足以概括和体现训练集中的样本规律;相反,若过多又会把样本中非规律性的内容(如噪声)也学会,反而降低了泛化能力。确定最佳隐层节点数的常用方法为试凑法,先设置较少的隐节点训练网络,然后逐渐增加节点数,用同一样本进行训练,从而确定网络误差最小时的隐节点数。节点数初始值可根据下面的经验公式确定:

$$m = \sqrt{nl} \tag{2-28}$$

式中,n,l 为输入输出层节点数。对于交通流量预测,由于只有一个输出节点,m 的初值可设为 2,对车型比的预测,m 的初值设为 3。

3. 训练样本的确定及网络输出

由于缺乏现场实测数据,训练样本可根据交通流规律在室内进行模拟产生。由交通流理论可知,在高速公路上,由于车流密度较低,故在一段时间内通过某处的交通流量服从泊松分布,训练的样本也应服从泊松分布。训练样本的个数一般只能根据经验确定,可取总权数的 5~10 倍。

在训练样本时,需对网络权值赋初值,该初值决定了网络的训练从误差曲面的哪一点开始,因此初始化方法对缩短网络的训练时间至关重要。初始权值不能全部为 0,否则将出现隐层节点 j 对应的权值 v_{ij} 都相同的情况,通常做法是对权值赋一个 0~1 的随机数。

由式(2-19)、式(2-20)可知 BP 前馈网络的输出为

$$o_k = f\left[\sum_{j=0}^{m} w_{jk} f\left(\sum_{i=0}^{n} v_{ij} x_i\right)\right] \tag{2-29}$$

式中，i,j,k 取值同前。

2.4.3 预测模型的仿真测试

由交通流理论可知，一段时间内的交通流量服从泊松分布，故仿真中的样本全部服从泊松分布，测试样本数均取为 2000，下面分别对三种网络模型进行测试：单隐层不同权系数、单隐层相同权系数和双隐层相同权系数，以确定最优的网络模型参数。

因为交通流量具有周期相似性，可以将所有相同时段的数据归为一类，并为每一类数据都赋一个权系数矩阵。每个权系数矩阵代表一个神经网络模型，这样就可以使用 BP 网络模型来提取各类数据蕴涵的规律，并进行交通流量预测。该测试主要是为了确定相对较优的网络模型参数，为了减小计算工作量，在仿真测试中，将每天划分为 24 个时段，即对应 24 个不同的权系数矩阵，各个时段的交通流量服从期望值如图 2-18 所示的泊松分布。

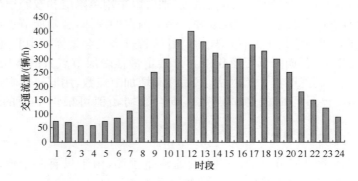

图 2-18　一天中交通流量变化图

仿真测试的主要目的是确定 BP 前馈网络模型的最佳学习效率、最佳隐层节点数及最佳训练样本容量。评价标准为：各个时段的平均相对误差 d_k 和所有样本的平均相对误差 t，分别定义如下：

$$d_k = \frac{1}{m} \sum_{i=1}^{m} \left| \frac{q_{ik} - q'_{ik}}{q_{ik}} \right| \tag{2-30}$$

和

$$t = \frac{1}{24} \sum_{k=1}^{24} d_k \tag{2-31}$$

式中，q_{ik}，q'_{ik} 分别为交通流量在 k 时段的实际值（随机产生）和预测值；m 为用于测试的样本数，相当于工程实际的天数，此处取 $m=2000$。

1. 单隐层且不同时段采用不同权系数

1）平均相对误差 t 与隐层节点数的关系

当训练样本容量为 500，学习效率为 0.2 时，通过设定不同的隐层节点数，可以得到平均相对误差 t 随隐层节点数的变化率，如图 2-19 所示。可以看出，当隐层节点数大于 7 后，预测值与实际值的平均相对误差变化不大，由于隐层节点增多会使计算量成倍增加，故可将预测模型中的预测节点数设为 7，此时的 t 值仅为 6.5%。

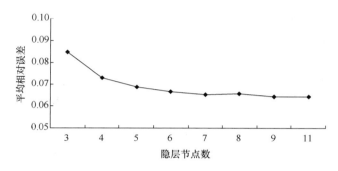

图 2-19　平均相对误差与隐层节点数的关系

2）平均相对误差 t 与学习效率的关系

类似地，将训练样本容量固定为 500，节点数固定为 7，通过改变学习效率值，可以得到平均相对误差 t 随学习效率的变化率，如图 2-20 所示。可以看出，当学习效率大于 0.2 后，t 值变化得很小了。考虑到学习效率越高，权系数改变得越快，不利于模型的稳定，因而预测模型中的学习效率可设定为 0.2，此时得 t 值为 6.5%。

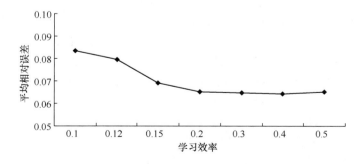

图 2-20　平均相对误差与学习效率的关系

3）平均相对误差 t 与训练样本容量的关系

　　将隐层节点数设为 7,学习效率设为 0.2,并固定不变后,通过改变样本容量,可以得到平均相对误差 t 与样本容量的关系,如图 2-21 所示,可以看出,当训练样本容量大于 400 后,误差 t 随训练样本容量的增大,其变化不再明显。从理论上讲,训练样本容量越大,训练后的神经网络就越能提取出样本中所蕴涵的规律,然而随着训练样本容量的增大,计算量越大,且将样本中的噪声信号也吸收进来,显然不利于预测,基于这两点考虑,该预测模型中的训练样本容量设定为 600,此时对应的 t 值为 6.54%。

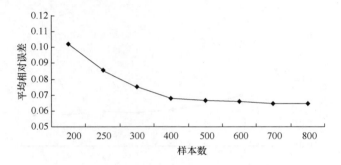

图 2-21　平均相对误差与训练样本数的关系

　　综合以上分析,可以确定在采用单隐层和不同权系数时,取隐层节点数为 7、学习效率为 0.2、训练样本数为 600 时具有较好的预测效果。

2. 单隐层且所有时段均采用相同权系数

　　该情况下所有时段都采用同一组权系数,因而所预测交通流的不确定性更大,网络模型中的隐层节点数、学习效率及训练样本数与前面有较大差异。下面仍然采用与前面相同的方法来确定网络模型的最佳参数。

　　1) 不同隐层节点数的预测误差与学习效率的关系

　　仿真时假定训练样本数为 800,通过测试得到不同隐层节点数下,网络预测的平均相对误差 t 随学习效率的关系曲线,如图 2-22 所示。由该图可以看出,当隐层节点数为 7、8、9 时,它们的关系曲线几近重合;当隐层节点数大于 6,且学习效率大于 0.6 后,它们的预测误差相差不明显。换句话说,隐层节点数大于 6,学习效率大于 0.6 是该神经网络取得良好预测精度的条件,综合考虑各种因素取隐层节点数为 7,学习效率为 0.8。

　　2) 不同隐层节点数的预测误差与训练样本数的关系

　　图 2-23 为不同隐层节点数的预测误差与训练样本数的关系曲线,其中学习效率假定为 0.8。由该图可以看出,在 0.8 的学习效率下,虽然隐层节点数不同,但预测误差随训练样本数的变化趋势却十分接近,且当训练样本数大于 800 后,预测误差变化不再有大幅波动,再综合考虑其他因素,取训练样本数为 800。

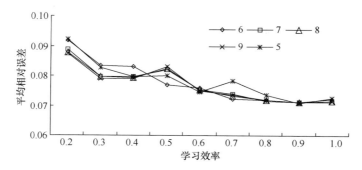

图 2-22　不同隐层节点数下的预测误差与学习效率的关系

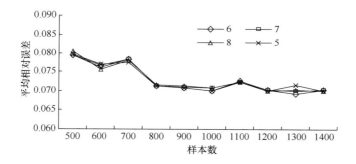

图 2-23　不同隐层节点数的预测误差与训练样本数的关系

综合前面的分析可知,在预测模型中采用相同权系数且为单隐层时,取预测节点数为 7、学习效率为 0.8、训练样本数为 800 时具有较好的预测效果。

3. 双隐层且所有时段均采用相同权系数

在建立双隐层前馈神经网络时,假定两个隐层具有相同节点数,双隐层网络的测试方法及所使用的样本均与前面相同。

1) 不同隐层节点数的预测误差与学习效率的关系

由于采用了双隐层,故蕴涵样本中规律所需的隐层节点数更少。仿真时假定训练样本数为 800,通过测试得到不同隐层节点数下,网络预测的平均相对误差 t 随学习效率的关系曲线,如图 2-24 所示,综合分析各种因素,取隐层节点数为 4,学习效率为 0.8。

2) 不同学习效率下预测误差与训练样本数的关系

图 2-25 为各隐层节点数均为 4 时,不同学习效率下预测误差与训练样本数的关系曲线,由该图可以看出,当学习效率大于 0.6 且训练样本大于 600 后,网络的预测误差开始稳定(7%～8%),综合考虑其他因素,取学习效率为 0.8 时的最佳训

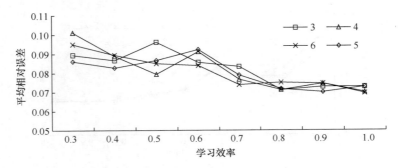

图 2-24　不同节点数的预测误差与学习效率关系

练样本数为 800。另外,图中在样本数为 800 和 1200 处预测误差有极值点,这主要是由于训练样本序列的差异造成,并不代表在该处为极好,其实,对于 0.8 的学习效率来说,可以认为当训练样本大于 600 后就达到了令人满意的训练效果。

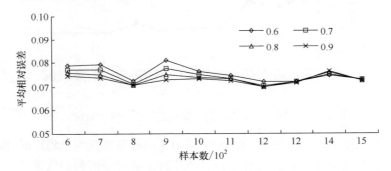

图 2-25　不同学习效率下预测误差与训练样本数的关系

4. 三种网络模型比较

按照前面测试得到的最佳隐层节点数、最佳学习效率和最佳训练样本容量设计好 BP 网络模型并经过训练后,就可以应用这三种模型进行预测了。通过对 2000 个测试样本的预测,得到三种网络模型下各个时段的平均相对误差 d_k,如图 2-26 所示。

可以看出,采用单隐层且不同权系数的网络模型预测精度最高,说明通过划分时段的方法可以降低预测交通流的不确定性,提高预测精度;采用双隐层且相同权系数的网络模型的预测精度最差;而采用单隐层且相同权系数的网络模型的预测精度处于前面两者之间,但由于该模型的复杂度和运算量最低,故在实时预测中,更倾向于此方法。

测试中样本服从期望值如图 2-18 所示的泊松分布,可以看出当交通流量的期望值较小时,预测的平均相对误差较大;而当交通流量的期望值较大时,预测的平

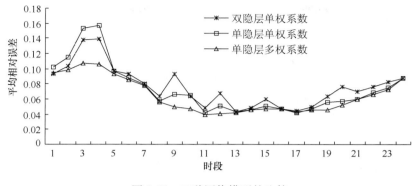

图 2-26　三种网络模型的比较

均相对误差则变小,如时段 12,期望交通流量为 400 辆/h,而该时段的平均相对误差仅为 4% 左右。

2.5　基于模糊逻辑的预测模型

2.5.1　交通流的模糊预测方法[11~14]

道路交通流中已测数据与预测数据间的非线性和不确定性也可以采用模糊逻辑推理的方法来预测。假定车辆检测器放置于隧道入口处,设车检器计数周期刚结束的这一时段为 $n-1$,要预测下一时段 n 的交通流。设 $n-1$ 时段车辆检测器测得的交通流为 $N_r(n-1)$,交通流模式中对应的 $n-1$ 时段的值为 $N_m(n-1)$,由式(2-32)计算当前交通流相对于模式交通流的变化系数 J:

$$J = \frac{N_r(n-1)}{N_m(n-1)} \tag{2-32}$$

而模式中的第 n 时段的交通流 $N_m(n)$ 则和 J 一起用来作为模糊推理的输入值,推理结果即为所预测的第 n 时段交通流 $N_f(n)$。也即是在获得当前交通流的变化趋势(变化系数 J)基础之上,并把交通流模式中的值作为参考值,运用模糊推理的方法来获取下一时段的交通流数据。模糊逻辑预测流程如图 2-27 所示。

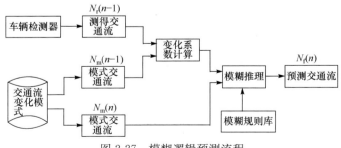

图 2-27　模糊逻辑预测流程

2.5.2　交通流模糊预测模型的建立

1. 输入变量和输出变量

输入变量。变化系数 J,由式(2-32)得到;模式中对应的交通流值为 $N_m(n)$。
输出变量。下一时段的交通流预测值为 $N_f(n)$。

2. 各变量隶属函数

变化系数 J 的真实论域为 $[0,2]$,设语言变量为 $A_i(x)$,$i=0,1,\cdots,4$,隶属函数如图 2-28 所示。

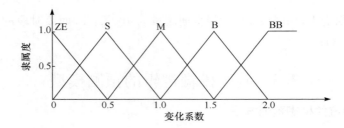

图 2-28　变化系数 J 的隶属函数

各语言变量的含义如下。
ZE:零 $(J<0.5)$,　S:小 $(0<J<1)$,　M:中 $(0.5<J<1.5)$,
B:大 $(1<J<2)$,　BB:很大 $(J>1.5)$

模式交通流量 N_m 和预测交通流量 N_f 具有相同的论域和相同的隶属函数,它们的真实论域与实测交通流量有关,预设为 $[0,500]$,在实际应用中需根据具体情况实时改变输出论域上限 Z_m,设它们对应的语言变量分别为 $B_i(y)$,$C_i(z)$,$i=0,1,\cdots,5$,隶属函数分别如图 2-29 和图 2-30 所示。

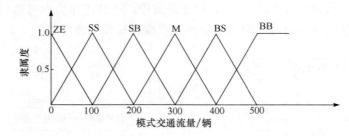

图 2-29　模式交通流量的隶属函数

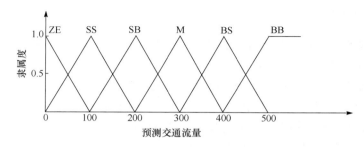

图 2-30　预测交通流量的隶属函数

各语言变量的含义如下。

ZE:零(N_m<100)，　　SS:很小(0<N_m<200)，　　SB:小(100<N_m<300)

M:中(200<N_m<400)，　　BS:大(300<N_m<500)，　　BB:很大(N_m>400)

3. 模糊规则与模糊关系

模糊推理规则主要根据下面三种情况来创建。

(1) 当 $N_m(n-1)$ 与 $N_r(n-1)$ 近似相等时,此时变化系数 J 约为 1.0,若模式中第 n 时段的交通流为 N,那么预测的交通流 $N_f(n)$ 也近似等于 N。

(2) 当 $N_m(n-1)$>$N_r(n-1)$ 时,此时变化系数 J<1.0,若模式中第 n 时段的交通流为 N,那么预测的交通流 $N_f(n)$<N。

(3) 当 $N_m(n-1)$<$N_r(n-1)$ 时,此时变化系数 J>1.0,若模式中第 n 时段的交通流为 N,那么预测的交通流 $N_f(n)$>N。

推理规则见表 2-2。

表 2-2　模糊推理规则

项目		J 变化系数($A_i(x)$)				
		ZE	S	M	B	BB
模式中交通流量($B_1(y)$)	ZE	ZE	ZE	ZE	SS	SS
	SS	ZE	ZE	SS	SS	SB
	SB	ZE	SS	SB	M	M
	M	SS	SS	M	BS	BB
	BS	SS	SB	BS	BB	BB
	BB	SB	SB	BB	BB	BB

4. 模糊推理

模糊推理算法和很多因素有关,如模糊蕴涵规则、推理合成规则、模糊条件语句连接词的不同定义等,本书采用 Mamdani 模糊推理算法。采用该推理方法时,若论域为离散情况,可用模糊矩阵表示模糊关系矩阵 R,然而对于交通流论域来说,可近似认为是连续的,因此模糊关系不能再用模糊矩阵来表示。此时,应根据具体情况推导出较简洁的算式,算式中一般不再显示计算模糊关系矩阵 R。对于模糊输入 A'、B',输出模糊变量的表达式为

$$C'_{\sim}(z) = \bigvee_{i=1,j=1}^{m\ n} \left[\alpha_{ij} \wedge C_{\sim ij}(z) \right] \tag{2-33}$$

式中

$$\alpha_{ij} = \prod (A'_{\sim} \mid A_{\sim i}) \wedge \prod (B'_{\sim} \mid B_{\sim j}) \tag{2-34}$$

称为匹配度,它反映了输入 $A'_{\sim}$ 且 $B'_{\sim}$ 和规则 $A'_{\sim}$ 且 $B'_{\sim} \rightarrow C'_{\sim ij}$ 的匹配程度。特别地,当对输入量采用单点模糊化策略时有

$$\alpha_{ij} = A_{\sim i}(x_0) \wedge B_{\sim j}(y_0) \tag{2-35}$$

这样就得到一个相当简洁的计算式,避开了模糊矩阵的运算,可以很好地应用于实时预测与控制,该推理过程可用图 2-31 来表示。

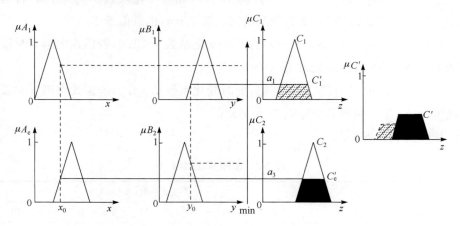

图 2-31　Mamdani 推理算法

在求得 $C'(z)$ 后,采用重心法对它进行解模糊,即可得到交通流量的预测值。

2.5.3　模糊逻辑预测的仿真测试

仿真测试的方法与前面对 BP 神经网络的测试相同,测试数据依然服从泊松分布,误差大小仍用式(2-30)和式(2-31)进行评价。根据经验可知,在输出论域采

用均匀划分的情况下,模糊预测的精度和输出论域的大小(上限)有关,测试中假定图 2-18 为模式交通流量变化图,实测交通流量期望值服从泊松分布,如图 2-18 所示。共取 2000 个样本点进行测试,结果如图 2-32 所示,该图横坐标为论域上限 Z_m 与实测交通量最大期望值 E_m 之比,本次测试中即为模式交通流中的最大值,可以发现当 Z_m 从 $E_m \sim 1.25E_m$,预测误差 t 变化平缓,超过 $1.25E_m$ 后,开始陡然增大,故建议输出论域上限 Z_m 取为 $E_m \sim 1.25E_m$。

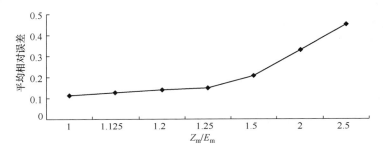

图 2-32　平均相对误差与论域大小的关系

图 2-33 显示了 Z_m/E_m 分别为 1 和 1.25 两种情况下各个时段的平均相对误差 d_k,从图中可以发现,当 Z_m/E_m 等于 1 时,1～7 时段的预测误差减小,但在预测交通流量高的时段时,如第 11～13 时段,此时模式交通流值位于"很大"范围内,预测误差增大,因而取 Z_m/E_m 为 1.25 更合理,这时该时段的模式交通流值只处于"大"范围之内。在预测第 1～7 时段时,存在较大的预测误差,因为在这些时段内,交通流值处于"零"范围之内。

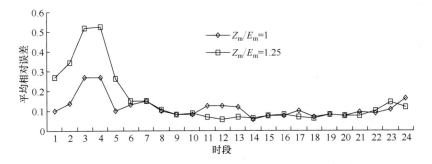

图 2-33　平均相对误差随时间的变化

综上所述,可以得出以下结论:当模式值(或实测值)处于"很大"或零"范围内时,采用模糊预测的方法存在很大误差,对于变化系数也一样,即当 J 的输入值处于"零"或"很大"范围时,预测误差将增大,在这种情况下最好采用其他的预测方法。

2.6　神经网络与模糊逻辑组合预测模型

2.6.1　两种模型的预测效果比较

1. 正常情况下各模型的预测精度比较

假定模式交通流如图 2-34 所示,仿真测试中按该期望值生成服从泊松分布的交通流数据,把它作为实测数据,分别用前面两种模型进行预测。

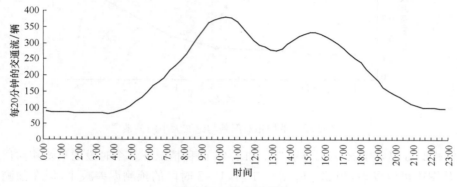

图 2-34　模式交通流

测试结果如图 2-35 所示,可以看出,对于严格服从泊松分布的交通流来说,神经网络预测模型的预测精度远远高于模糊预测模型。这是由神经网络的特点决定的,神经网络可以将数据样本中隐藏的规律反映到权系数中,因为该网络采用泊松分布的样本进行训练,故预测服从泊松分布的样本时具有最高的精度。对于两种预测模型来说,预测误差与该时段交通流的期望值成反比,故若进一步减小预测时间间隔,交通流的波动性更大,预测精度急剧降低,这也是交通流短时预测的难点所在。

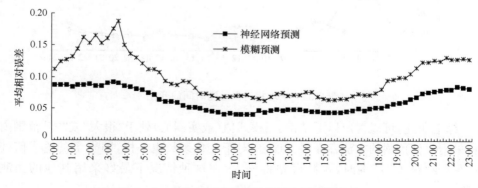

图 2-35　正常交通流时两种模型的预测精度对比

2. 交通异常情况下各模型的预测精度比较

图 2-34 的模式交通流只是理想交通流数据,实际中的交通流还受其他因素的影响。例如,天气突然变坏,实测的交通流必然低于模式交通流。又如,节假日的到来,实测交通流也必然大于模式交通流。此时的交通流可以认为是异常交通流,其特点是与模式交通流相差较大,但持续时间较短。在这种情况下,前面建立的模型的预测效果又如何呢? 下面分两种情况对三种预测模型进行仿真测试:实测交通流低于模式交通流和实测交通流高于模式交通流,测试结果如图 2-36 和图 2-37 所示。

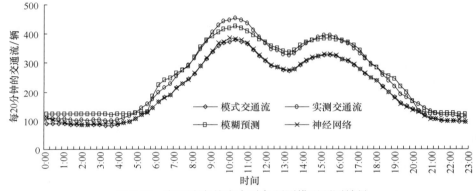

图 2-36　交通流突然变大时各预测模型预测效果

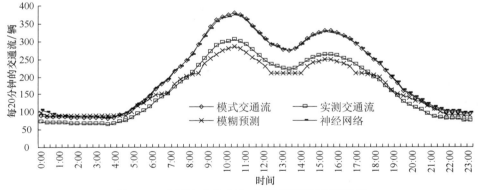

图 2-37　交通流突然变小时各预测模型预测效果

由该图可以看出,神经网络模型的预测误差较大,其结果更接近于模式交通流数据,这是由于神经网络模型是以模式交通流数据为样本进行训练的,而突然变化的交通流特征还没来得及反映到权系数中去,因而其预测值与实测值相差较大。不论实测交通流突然变小还是变大,模糊预测模型的预测效果都相对要好些。模糊预测模型在预测较高交通流数据时预测结果最接近实测交通流,但由于其预测精度还受其论域的影响,故在交通流低的情况下预测误差较大。不过此时一般是在夜晚,交通流太小,风机不用开启,故可以不用考虑。

2.6.2　组合预测模型

由前面的仿真测试可以发现,神经网络模型在预测正常交通流时具有绝对的优势,但遇到异常交通流时预测效果难以令人满意;而模糊预测模型虽在正常交通流下有较大误差,但预测异常交通流时又是最好的。因而可以建立一种模型使它们优势互补,在正常交通流时采用神经网络模型,而在异常交通流时采用模糊预测模型。

1. 异常交通流的判断

在异常情况下,实际交通流与期望交通流相差较大,因此可以假定异常交通流不服从泊松分布。根据概率论,小概率事件不会发生,取小概率为 0.05,对应的 k 值上下限分别为 $\pm l$,即 k 落入区间 $[m-l, m+l]$ 的概率为 0.95,其中 l 与 m 的关系如图 2-38 所示。将该曲线进行线性拟合,得

$$l = 28 + \frac{m - 180}{20} \tag{2-36}$$

即 k 落入区间 $\{k < m-l\text{ 或 }k > m+l\}$ 的概率仅为 0.05,可以认为当实测车辆数 k 落入该区间时,转为异常交通流。

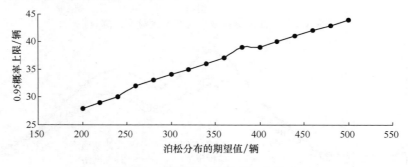

图 2-38　期望值 m 与上限 l 的关系

2. 组合预测模型的仿真测试

采用与前面相同的方法对该组合预测模型进行仿真测试,其预测效果如图 2-39 所示。其预测误差见表 2-3。

表 2-3　组合预测模型的预测误差

平均相对误差 d_k	平均值/%	标准差/%
凌晨 5:00 至晚上 22:00	7.59	2.54
上午 7:00 至下午 20:00	6.74	2.03

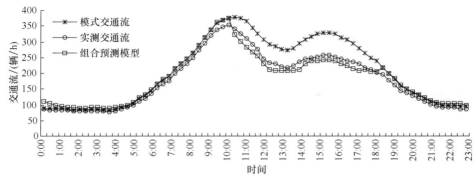

图 2-39　组合预测模型的预测效果

通过仿真测试发现,由神经网络模型和模糊预测模型构成的组合预测模型,既充分利用了各自的优势,又弥补了各自的不足。将交通流的预测结果用于公路隧道的前馈式通风控制系统中,可以获得更高的控制效果。

通过上述模型的建立和仿真测试,得出下面一些结论:

(1) 在正常交通流且车流密度低时,某时段内车辆的到达数服从泊松分布,此时采用神经网络预测模型可以获得较高的预测精度。

(2) 由于模糊预测模型比神经网络模型能更及时反映交通流的变化,故在异常交通流情况下模糊预测模型的预测精度好于神经网络预测模型。

(3) 为了充分利用两种预测模型的优势,同时避免其缺陷,建立了一种由神经网络模型和模糊预测模型共同构成的组合预测模型,该模型通过对正常或异常交通流的判断,再选用相应的预测方法,从而获得较高的预测精度。

总之,高精度的交通流预测数据对于公路隧道前馈式通风控制系统来说,具有相当重要的意义。

2.7　其他预测模型

1. 时间序列模型[15]

时间序列模型也是一种基于统计数据的预测模型,它是参数化模型处理动态随机数据的一种实用方法。通过对实测数据时间序列的统计处理,将它拟合成一个参数模型,再利用这个模型来分析研究实测数据时间序列内在的各种统计特性,从而可以按照它的统计规律,利用现在和过去的观测值来预测其未来值。时间序列模型主要有线性平稳模型和非线性平稳模型。线性平稳模型主要有:自回归模型(AR 模型)、滑动平均模型(MA 模型)、自回归-滑动平均混合模型(ARMA 模型);非线性平稳模型主要有:自回归求和滑动平均模型(ARIMA 模型)和 IMA 模型。时间序列模型建模简单,容易理解,在数据充分的情况下,有较高的预测精度,但同时也存在以下不足:

（1）此类模型是通过研究交通流系统过去的变化规律来推断或预测其未来值，只利用了交通流系统本身的历史数据，没有考虑其他影响因素（如上游路段等），所以当交通状态急剧变化时，预测结果与实际结果间存在明显的时间延迟。

（2）模型参数的求解过程是离线的，并且在预测的过程中模型的参数是固定的，不能移植，故该模型不能很好地适应公路隧道短时交通流动态预测的要求。

（3）该模型需要有大量不间断的交通流数据，但是实际的数据采集系统，由于各种各样的原因，如车辆检测器故障、通信障碍等，都会出现数据缺失的问题，影响交通流预测结果。

2. 卡尔曼滤波模型[16]

卡尔曼滤波理论是 Kalman 于 1960 年提出的，是一种被广泛采用的先进的时间序列方法，也是一种基于统计数据的预测模型。该模型采用由状态方程和观测方程组成的线性随机系统的状态空间模型来描述滤波器，并利用状态方程的递推性，按线性无偏最小均方误差估计准则，采用一套递推算法对该滤波器的状态变量作最佳估计，从而求得滤掉噪声的有用信号的最佳估计。卡尔曼滤波模型的输入参数为当前车辆检测器测得的交通流数据，输出下一时段的交通流预测量。

由于卡尔曼滤波采用较灵活的递推状态空间模型，因此卡尔曼滤波方法既适应于处理正常交通流下的平稳数据，又可用于处理异常交通流情况下的非平稳数据。模型通过对状态变量作不同的假设，可使其描述及处理不同类型的问题，并减少计算机存储量和计算时间。卡尔曼增益矩阵可在计算中自动改变，调节信息的修正作用，以保持滤波估计的最佳性，具有在线预测的功能。但总的看来，该模型为线性模型，所以在预测非线性、不确定性的交通流时，预测效果变差。而且在每次计算时都要调整权值，故计算量过大，时间延迟长，难以在公路隧道通风控制系统中做到实时预测。

3. 非参数回归模型[17]

非参数回归是近年来兴起的一种适合不确定的、非线性的动态系统的非参数建模方法。1991 年，Davis 和 Nihan 将其应用于交通流预测中；1995 年 Smith 又将之应用于单点短时交通流预测。非参数回归模型不需先验知识，只需足够的历史数据，寻找历史数据中与当前点相似的"近邻"，并用那些"近邻"预测下一时刻值。因此，特别是在有特殊事件发生时，预测结果要比参数建模精确。但因其搜索"近邻"点的速度太慢和试凑的参数调整方法而没有得到真正实用。后来人们又提出很多改进办法，如采取基于密度集 K 的变搜索算法、基于动态聚类和散列函数的历史数据组织方式。经过改进，可明显提高算法速度，但对于公路隧道前馈式通风控制系统的短时交通流预测而言仍然不太适用。

4. 交通组成的预测模型[18]

交通组成可以视为交通流中的相组成,故可以借用相图表示方法来预测交通组成,如图 2-40 所示。设大、中、小车所占比例分别为 x,y,z,故 $x+y+z=1$,在空间中,该方程为一个平面。建立如下坐标系。

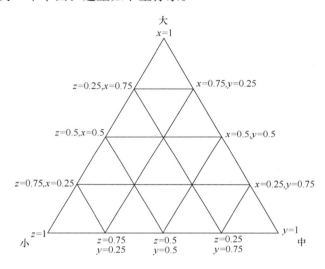

图 2-40　车型组成相图

一个数据记录中的车型分布数据对应于该相图中的一个点,相同时间类别和相同时段上的 n 组车型比例数据,就对应于该相图上的 n 个点。然后对这 n 个点进行分析,得出下一时段的车型分布。分析方法有多种,例如,可以采用搜索法,即给定一个小三角形,改变其大小和位置,使之包含较多的点,将此时该三角形形心处的值作为预测值。

2.8　本　章　小　结

本章针对前馈式智能通风控制系统中的交通流预测模型进行了研究,建立了相应的交通流预测模型,包括基于交通流特征的预测模型、自适应权重预测模型、神经网络预测模型、模糊预测模型等,这些模型各有其优缺点。

（1）基于交通流特征的预测模型虽然简单,但通过划分时段和时间类别的方法可以在一定程度上减少预测误差,该模型在交通流变化比较稳定时具有较高的预测精度。

（2）自适应权重模型认为下一时段的交通流数据与当前测得数据、历史数据和上游数据有关,通过定义可以实时检测到的指标来动态地分配这三类数据的权重系数,从而比固定权重模型有更好的预测精度。

(3)神经网络预测模型在预测规律性较强的交通流时具有较高的预测精度,但由于计算过程复杂,而且在交通流急剧变化时预测效果不如模糊逻辑预测理想,故在实际应用中,尤其是短时交通流的实时在线预测时较少采用。神经网络模型通常用于交通流的离线预测。

(4)模糊逻辑预测模型计算简单,在预测非正常交通流(突变)时具有较高的预测精度,因而其适应性更强,通常应用于短时交通流的实时在线预测。基于历史数据的模糊逻辑预测模型也正是前馈式智能模糊通风控制系统中最终采用的交通流预测模型。

参 考 文 献

[1] 徐吉谦. 交通工程总论. 北京:人民交通出版社,2002.

[2] 张起森,张亚平. 道路通行能力分析. 北京:人民交通出版社,2002.

[3] 方勇,何川,王明年,等. 高速公路隧道车辆到达的统计预测模型. 公路隧道,2004,2:1—4.

[4] 夏冰,董菁,张佐. 周相似特性下的交通流预测模型研究. 公路交通科技,2003,20(2):73—76.

[5] 贺国光,李宇,马寿峰. 基于数学模型的短时交通流预测方法探讨. 系统工程理论与实践,2002,12:51—56.

[6] Hobeika A G, Kim C K. Traffic-flow-prediction systems based on upstream traffic. Vehical Navigation & Information System Conference,1994.

[7] 朱中,杨兆升. 实时交通流量人工神经网络预测模型. 中国公路学报,1998,11(4):89—92.

[8] 刘洁,魏连雨,杨春风. 基于遗传-神经网络的交通量预测. 长安大学学报,2003,23(1):68—70.

[9] 韩力群. 人工神经网络理论、设计及应用. 北京:化学工业出版社,2002.

[10] 王洪元,史国栋. 人工神经网络技术及其应用. 北京:中国石化出版社,2002.

[11] Iokibe T, Mochizuki N, Kimura T. Traffic prediction method by fuzzy logic. Fuzzy Systems,1993,(2):673—678.

[12] 陈平. 一种改进的 RBP 神经网络及其在短期交通量预测中的应用. 电气自动化,2003,25(1):36—38.

[13] 杨兆升,谷远利. 实时动态交通流预测模型研究. 公路交通科技,1998,15(3):4—7.

[14] 张有为. 预测的数学方法. 北京:国防工业出版社,1991.

[15] van der Voort M, Dougherty M, Watson S. Combining kohonen maps with arima time series models to forecast traffic flow. Transportation Research Part C:Emerging Technologies,4:307—318.

[16] Okotani I, Stephanedes Y J. Dynamic prediction of traffic volume through Kalman filtering theory. Transportation Research B, 1984,1(8B):1—11.

[17] Smith B L, Demetsky M J. Short-term traffic flow prediction models—A comparison of neural network and nonparametric regression approaches. Transportation Research C,1996,4(5):307—318.

[18] 方勇. 公路隧道前馈式通风控制系统研究. 成都:西南交通大学硕士学位论文,2004.

第 3 章　公路隧道通风系统的空气动力学模型

本章研究的对象重点为隧道内的空气流动问题。隧道内气流流动的过程为黏性流体的三维紊流非定常流动,求解三维紊流非定常流动时普遍使用标准的紊流双方程模型(k-ε 模型)。该模型控制方程有连续方程、运动方程、紊流能量传递方程(k 方程)、紊流能量耗散传递方程(ε 方程)、能量方程(T 方程)、浓度方程(C 方程)。若按三维紊流非定常流动数学模型来进行求解的话,则需要联立求解这些控制方程组成的偏微分方程组,这样处理起来非常复杂。对于隧道这种细长结构物而言,横向尺寸与纵向尺寸相比微乎其微,虽然采用一维理论忽略了隧道横断面上的风流流动的不均匀性,但对于纵向问题而言,计算结果能够满足工程精度需求,故目前在公路隧道纵向通风设计计算中,通常采用一元流理论。

3.1　一元稳定流下的基本方程

3.1.1　基本假定

在建立空气流动的力学模型前,还需进行下面一些假定[1]。

1) 隧道内气体为理想气体

研究通风问题时往往涉及空气的物理状态,该状态常用密度 ρ、压强 p 和绝对温度 K 三个物理参数来表示。通风计算时假定隧道内的气流满足理想气体状态方程,即

$$\frac{p}{\rho T} = R$$

式中,R 为比气体常数。

2) 流体是不可压缩的

在隧道通风计算中,由于通风压力一般都在常压范围内,隧道内的温度和压力变化也不大,流体体积的变化不足以影响计算结果的精度,故为简化计算将隧道内的气体通常均假定为不可压缩体。

3) 流体的流动为稳定流

如果流体经过它所占据空间各点时的运动参数不随时间改变,这样的流动称为稳定流。反之,若运动参数随时间而改变,则称为非稳定流。在建立隧道内通风系统的力学方程时,为简化计算,通常假定在一个时间段(隧道通风系统的控制周期)内隧道内气流的流动为稳定流。即认为,在隧道通风系统的一个控制周期内,

隧道内的气流流动不随时间而变化。

4) 流体的流动服从连续性规律

气体分子之间是存在一定距离的,但该距离与气体的宏观运动尺度相比非常小。故在研究气体宏观运动时,一般假定气体是由无间隙的质点连续组成的,且该质点的物理参数如压强、速度等则是空间和时间的连续函数。在公路隧道通风工程领域,空气的密度和压强大多接近一个标准大气压,根据连续性假设获得的计算结果与实验相符。

3.1.2　气体流动的连续性方程

根据前面的气体流动连续性假定,空气在运动过程中应服从质量守恒定律。根据这一假定可以推导出气流在隧道内流动时密度和速度的变化规律,即连续性方程。

取长为 dx 的管段进行分析,如图 3-1 所示。在流入断面 I-I 处,过流面积、气流平均速度和密度分别为 A, v, ρ;在流出断面 II-II 处过流面积、气流速度和密度分别为 $A+\dfrac{\partial A}{\partial x}dx, v+\dfrac{\partial v}{\partial x}dx, \rho+\dfrac{\partial \rho}{\partial x}dx$。根据质量守恒定律,在时间微元 dt 内,管段内气流的质量变化量即为断面 I 和断面 II 处气流流入和流出的质量之差。即

$$\rho Av dt - \left(\rho + \frac{\partial \rho}{\partial x}dx\right)\left(A + \frac{\partial A}{\partial x}dx\right)\left(v + \frac{\partial v}{\partial x}dx\right)dt$$

$$= \frac{\partial}{\partial t}\left\{\frac{dx}{2}\left[\rho A + \left(\rho + \frac{\partial \rho}{\partial x}dx\right)\left(A + \frac{\partial A}{\partial x}dx\right)\right]\right\}dt \tag{3-1}$$

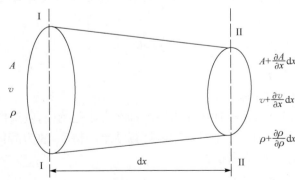

图 3-1　流体微元示意图

式(3-1)化简后,略去高阶微量,整理后有

$$\frac{\partial(\rho A)}{\partial t} + \frac{\partial(\rho v A)}{\partial x} = 0 \tag{3-2}$$

式(3-2)即为气体一元流动时的连续性方程。对于采用全射流通风隧道而言,可以认为沿长度方向的横断面面积是不变的,即 A 为常量,那么式(3-2)变为

$$\frac{\partial \rho}{\partial t}+v\,\frac{\partial \rho}{\partial x}+\rho\,\frac{\partial v}{\partial x}=0 \tag{3-3}$$

考虑公路隧道的特点,在隧道内空气虽受汽车排放废气污染,但它与洞外新鲜空气常混为一体,难以分开,因此可忽视空气性质的变化,而作为纯空气考虑。隧道内通风风速一般均在 30m/s 以下,因此可以不考虑空气压缩性影响,在隧道通风计算中可把空气作为不可压缩流体对待,则一维连续性方程(3-3)可以进一步简化为

$$\frac{\partial v}{\partial x}=0$$

即沿隧道纵向(x 方向)任意截面任何时刻的速度为定值。可见,隧道内的空气可作为不随时间变化的恒定流处理。

3.1.3　流体的流动遵守能量守恒定律

根据前面的假定,隧道内气流的流动为恒定流,且不可压缩,那么此时流场中同一流线上的 2 点满足能量守恒方程。

$$\frac{v_1^2}{2}+\frac{p_1}{\rho}+gz_1=\frac{v_2^2}{2}+\frac{p_2}{\rho}+gz_2+h_{fl-2} \tag{3-4}$$

式(3-4)即为恒定流沿流线的伯努利方程,适用于同一流线上的各点。式中,v 为流速;p 为压强;ρ 为气体密度;g 为重力加速度;z 为高程;$v^2/2$、p/ρ、gz 分别表示单位质量流体所具有的动能、压力能和位能;h_{fl-2} 为流体从点 1 到点 2 因克服阻力做功而引起的能量损失。

在同一过流断面上气流各点的流速、压强(静压)及位置高度(位能)各不相同,故对于各过流断面之间的能量关系需根据式(3-4)对过流断面进行积分,才能得出整个断面上单位质量气体所具有的平均能量。对于隧道通风系统而言,断面上各流线之间气体的静压和位能相差不大,故各流线上的压力能和位能可以代表整个断面的平均水平。但断面上各流线之间的速度相差是比较大的,在隧道中心部位具有最大的流速,而在隧道壁面处具有最小流速。因而,要体现隧道各断面间的能量守恒,需采用断面平均流速。过流断面的平均流速为

$$\bar{v}=\frac{Q}{A}=\frac{1}{A}\int_A v\,\mathrm{d}A \tag{3-5}$$

式中,Q 为断面流量;A 为断面面积。采用平均流速表示断面的平均动能如下:

$$\frac{1}{\rho Q}\int_A \frac{v^2}{2}\rho v\,\mathrm{d}A=\alpha\,\frac{\bar{v}^2}{2} \tag{3-6}$$

式中，α 为断面平均流速系数，计算式为

$$\alpha = \frac{1}{A}\int_A \left(\frac{v}{\bar{v}}\right)^3 \mathrm{d}A$$

采用平均流速表示的两个断面间的能量守恒方程为

$$\alpha_1\frac{v_1^2}{2}+\frac{p_1}{\rho}+gz_1 = \alpha_2\frac{v_2^2}{2}+\frac{p_2}{\rho}+gz_2+h_{\mathrm{fl}-2} \tag{3-7}$$

式(3-7)即为恒定流下断面间的能量守恒方程。应用该方程时首先要采用数值计算和现场测试的方法获取断面上的平均流速系数。

3.2　射流风机升压力的数值模拟

　　射流风机是一种特殊的轴流风机，一般悬挂在隧道顶部或两侧，不占用交通面积，不需另外修建风道，且容易安装，运行、维护简单，故广泛应用于公路隧道的营运通风中。射流风机运行时，将隧道内的一部分空气从风机的一端吸入，经叶轮加速后，由风机的另一端高速射出。高速射出的气流由于紊动作用会把周围速度相对小的流体卷吸到射流中，使射流微团产生横向脉动从而与隧道气流进行动量和能量交换，从而使射流范围扩展，速度减少，压力上升，直至射流发展完全，断面形成均匀速度分布，这就是射流的诱导效应[2]。射流风机的诱导效应和升压作用使气流在隧道内沿纵向流动，从而达到射流通风的目的。射流风机的结构主要由集流器、消声器、风机叶轮和电机等部分组成，如图 3-2 所示。

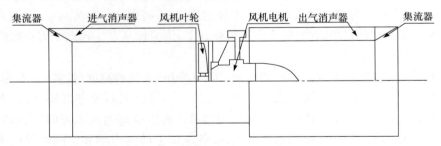

集流器　　进气消声器　　风机叶轮　　风机电机　出气消声器　　　集流器

图 3-2　射流风机主要结构示意图

　　射流风机的射流作用不仅与风机本身的性能有关，还与风机布置位置等外部条件有关。近年来通用 CFD 软件被广泛应用到公路隧道通风模拟中，取得了许多积极的成果。例如，温玉辉等[3]采用 CFD 研究确定了影响射流风机升压效率的主要因素并提出提高射流风机升压效率的措施。杨秀军等[4]采用 CFD 对射流风机最小纵向间距进行了验证。本节以高速公路隧道为例，采用 CFD 对射流风机的流场进行模拟，探讨风机布置的纵向和横向位置对升压效果的影响，根据模拟结果确

定风机的升压效率。

3.2.1　模型建立

　　某三车道公路隧道的内轮廓线如图 3-3 所示,隧道宽 15.35m,高 8.12m,内轮廓线断面面积为 101.8m²。射流风机按两台一组布置在隧道顶部,距隧道建筑限界为 0.38m 和 0.47m,风机轴线距隧道路面为 5.84m,轴线间距为 4m。风机型号为 SDS112K-4P-30,其参数如下:叶轮直径 112cm,转速 1170r/min,出口风速 32.8m/s,风量 32.4m³/s,轴向推力为 1148N。

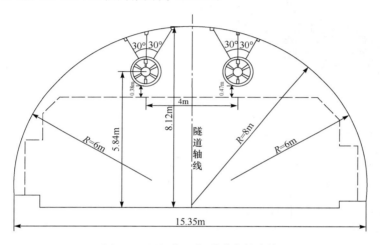

图 3-3　风机位置与隧道内轮廓线

　　建立三维数值分析模型时充分考虑到风机射流效应的影响范围。取模型纵向长 350m,其中射流风机前方(沿射流方向)长 300m,后方长 50m。沿纵向每 2m 划分一个单元,共 129150 个单元,如图 3-4 所示。

　　该模型的计算条件见表 3-1。

表 3-1　计算条件

项目	条件类型及取值
隧道入口	速度入口,$v=3$m/s
隧道出口	压力出口,相对压力 $p=0$
参考压力	1 个标准大气压
风机升压	1165Pa
壁面粗糙度	0.5
湍流模型	k-ε 黏性模型

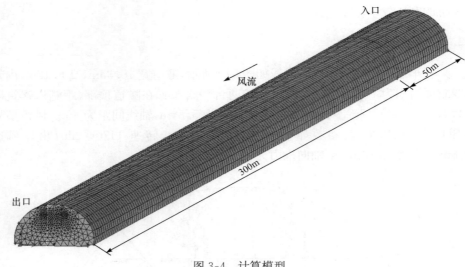

图 3-4　计算模型

3.2.2　射流风机的纵向间距

为了便于考察高速公路隧道内气流的速度和压力等沿隧道纵向上的分布情况,设置了四个监测位置。其中隧道中线上三处,即 $h=5.84\text{m}$, $h=3.88\text{m}$ 和 $h=1.80\text{m}$,用于考察隧道内气流的速度和压力分布情况,射流风机中心线一处,用于考察射流风机的升压作用,如图 3-5 所示。在表 3-1 所列的计算条件下,沿射流风机轴线的静、动压纵向分布如图 3-6 和图 3-7 所示。可以看出,在射流风机叶片前后存在一个静压和动压的压力跳跃,该压力跳跃值主要由射流风机的性能参数决定。在射流风机前方,动压迅速降低,在距风机出口 25m 后,动压变化逐渐变缓,而静压则逐渐增大。在距风机出口 100m 处,静压达到最大值,随后由于沿程摩阻损失,静压逐渐降低直到隧道出口。从这里可以看出,射流升压的形成过程实际上是一个动能向势能的转化过程。

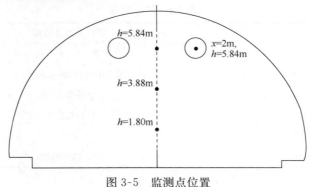

图 3-5　监测点位置

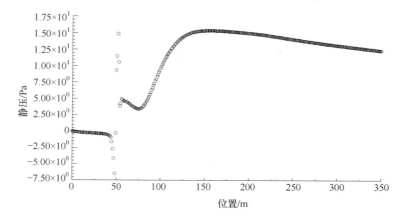

图 3-6　沿射流风机轴线的静压($x=2$m,$h=5.84$m)

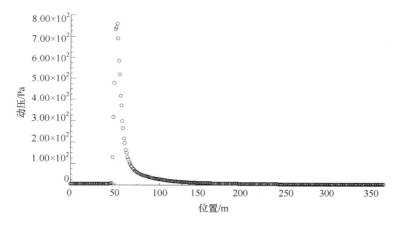

图 3-7　沿射流风机轴线的动压($x=2$m,$h=5.84$m)

隧道内的静压同样在风机出口 100m 左右达到最大值,随后由于沿程阻力的影响逐渐降低直到隧道出口。从空气静压的分布曲线(图 3-8)来看,在该公路隧道中,射流风机完全发挥升压效果的纵向距离约为 100m,从这个方面看,射流风机在纵向上的间距不应小于 100m。

在没有射流风机情况下,由于隧道壁面的摩阻力作用,横断面内的风速通常是中心大,壁面小。射流风机的作用破坏了横断面上的这种速度分布特征,使得射流风机后方 10m 至前方 175m 内的气流速度受到严重影响,如图 3-9 所示。同样,从隧道内气流的湍流强度分布来看,从射流风机处至前方 175m 的范围内,具有较大的湍流强度,如图 3-10 所示。故从气流速度和湍流强度来看,公路隧道中射流风机的影响应在前后 200m 范围以内。

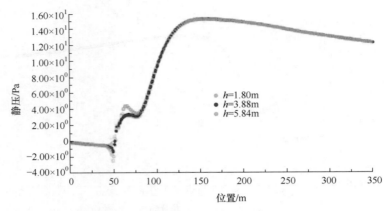

图 3-8　隧道内静压分布($x=0;h=1.80\text{m},3.88\text{m},5.84\text{m}$)

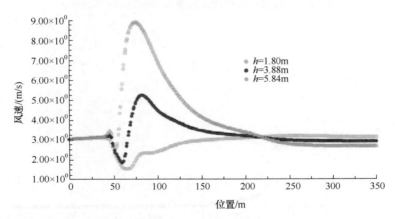

图 3-9　隧道内风速分布($x=0;h=1.80\text{m},3.88\text{m},5.84\text{m}$)

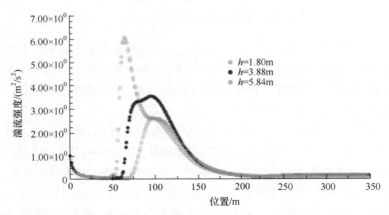

图 3-10　隧道内湍流强度分布($x=0;h=1.80\text{m},3.88\text{m},5.84\text{m}$)

3.2.3　射流风机的横向距离

高速公路隧道中,射流风机通常按两台一组布置,这样两台风机喷射出的气流会相互影响,其基本特征为:两股射流相互卷吸和干扰,并逐渐因相互吸引而合二为一,最终与隧道内的气流完全混合达到稳定状态。当两台射流风机距离较近(风机轴线距离为 1.5m)时,两股高速气流在风机出口前方不远处就汇聚成一股气流,如图 3-11 所示。

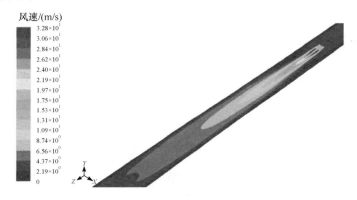

图 3-11　风机间距 1.5m 时速度等值线图($h=5.84$m)

此时射流风机对隧道风速的纵向影响范围减小为约 125m,如图 3-12 所示。当两台风机距离较远(风机轴线距离为 7.5m)时,两股高速气流在风机出口前方较远处才汇聚,如图 3-13 所示,此时射流风机对隧道风速的纵向影响范围较大,约为250m,如图 3-14 所示。

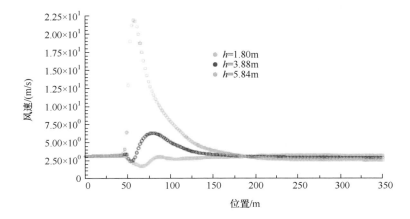

图 3-12　风机间距 1.5m 时隧道内风速分布($x=0;h=1.80$m,3.88m,5.84m)

　　为了减小两股射流之间的相互影响,通常要求两台风机之间有一定距离。同时,受隧道内空间的限制,若两台风机之间距离过大,则必然靠近隧道壁,同样会对射流升压效果产生影响。因而确定一个合理的风机位置可以提高风机的升压效果。采用前面相同的模型,保持风机高度不变(由建筑限界决定),设置不同的风机净距,通过计算得出隧道出口断面平均压力与风机净距的关系,如图 3-15 所示,其中 d 为风机直径。可以看出,当风机净距小于 $2d$ 后,随着距离的减小,风机的升压力开始显著降低,说明两台风机的射流相互影响严重。同样,当净距增大,风机离隧道壁的距离减小,射流升压力同样会将低。当风机净距在 $2d \sim 5d$ 时,射流风机的升压效果较好,而且升压力不随风机距离发生显著变化。

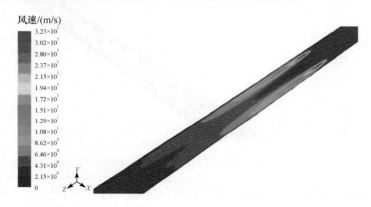

图 3-13　风机间距 7.5m 时速度等值线图($h=5.84$m)

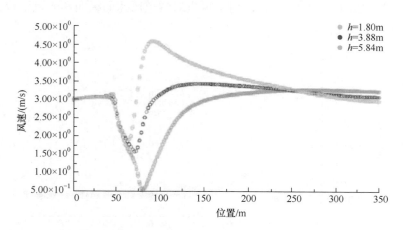

图 3-14　风机间距 7.5m 时隧道内风速分布($x=0$;$h=1.80$m,3.88m,5.84m)

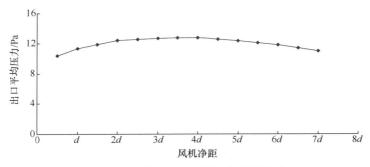

图 3-15　射流升压与风机净距的关系

本节采用 CFD 软件对公路隧道射流场特性进行模拟,研究表明:

(1) 为了获得理想的升压效果,公路隧道中射流风机在纵向上的间距不应小于 100m,而且射流风机对隧道内气流速度的影响应在前后 200m 范围以内,故对于公路隧道而言,射流风机纵向距离应该在 100~200m 范围内。

(2) 为了减小风机射流之间的相互影响及风机射流在隧道壁面的摩阻损失,一组中两台风机的净距应在 $2d$~$5d$(两台风机以隧道中线为对称线),最佳净距在 $3d$~$4d$。

3.3　隧道空气流动的力学平衡方程

作用在隧道内空气上的力主要有自然风压、交通通风力、射流风机的增压及各种通风阻力,这些力共同构成隧道通风系统的力学平衡方程。

3.3.1　自然风压

隧道内形成自然风流的因素有:隧道内外的温度差(热位差)、隧道两端洞口的水平气压差(大气压梯度)和隧道外大气自然风作用,如图 3-16 所示。

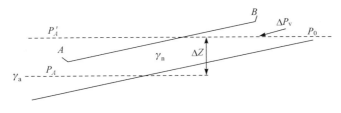

图 3-16　自然风压

1) 热位差

当隧道内外温度不同时,隧道内外空气的容重就不同,从而产生空气的流动,

用压差来表示,称为热位差。热位差压头计算式为

$$\Delta p_{\mathrm{t}} = (\gamma_{\mathrm{a}} - \gamma_{\mathrm{n}}) Z \tag{3-8}$$

式中,γ_{n} 为隧道内的空气容重,kg/m³;γ_{a} 为隧道外的空气容重,kg/m³;Z 为隧道两洞口间的高差,m。

2）大气压梯度

大范围的大气中,由于空气温度、湿度等的差别,同一水平面上的大气压力也有差别,这种差别在气象上以气压梯度来表示,气压梯度是指在每一个单位距离内气压变异的大小,其数值可从气象资料获得。

此外,隧道两洞口外温度和湿度等的差别,也会产生空气容重的差别,从而导致洞口间的水平压差,该压差也可说是隧道位置的局部气压梯度。

3）隧道外大气自然风

隧道外吹向隧道洞口的大气风,遇到山坡后,其动压头的一部分可转变为静压力,此部分动压头的计算方法,根据隧道外大气自然风的风向与风速按式(3-9)计算。

$$\Delta p_{\mathrm{v}} = \frac{\gamma_{\mathrm{a}}}{2g} (V_{\mathrm{a}} \cos\alpha)^2 \tag{3-9}$$

式中,V_{a} 为隧道外大气自然风速,m/s;α 为自然风向与隧道中线的夹角,(°)。

有的资料介绍按式(3-10)计算。

$$\Delta p_{\mathrm{v}} = \delta \frac{\gamma_{\mathrm{a}}}{2g} V_{\mathrm{a}}^2 \tag{3-10}$$

式中,δ 由风向、山坡倾斜度与表面形状、附近地形及洞口形状、尺寸而定。

4）自然风压差计算

隧道内自然风压差 Δp_{m} 即为前面三项形成隧道内自然风的压差之和,它作用在隧道两端洞口之间。若以洞口 A 为基准,如图 3-16 所示,则 BA 方向的自然风压差为

$$\Delta p_{\mathrm{m}} = p_{\mathrm{nBA}} = \Delta p_{\mathrm{v}} + (P_B - P_A') + (\gamma_{\mathrm{n}} - \gamma_{\mathrm{a}}) \Delta Z \tag{3-11}$$

当参数难以确定从而无法用式(3-11)计算时,可以通过量测在自然风压下隧道内的风速来确定自然风压。由能量守恒原理可得

$$\Delta p_{\mathrm{m}} = \left(1 + \xi_{\mathrm{e}} + \lambda_{\mathrm{r}} \frac{L}{D_{\mathrm{r}}}\right) \frac{\rho}{2} v_{\mathrm{n}}^2 \tag{3-12}$$

式中,ξ_{e},λ_{r} 分别为隧道入口损失系数和壁面摩阻损失系数;D_{r} 为隧道断面当量直径,m;v_{n} 为由自然风引起的洞内风速,m/s,一般根据现场测试测得,无测试数据时,一般可取 2～3m/s。

实际工程中,自然风压主要受天气、季节等因素的影响,有的情况下自然风与行车方向一致,则视其为通风动力,而在另一些情况下,自然风又与行车方向相反,此时就成为通风阻力。对于双洞单向行驶的高速公路隧道而言,必然会在一个隧

道中自然风为动力,而在另一个隧道中自然风为阻力。在通风设计中,把自然风压视为通风阻力是一种偏于安全的做法。

3.3.2　交通通风力

当车辆在隧道内行驶时,由于活塞效应,将会带动隧道内的空气沿车辆行驶方向流动。通常情况下交通通风力比自然风阻力大得多,交通通风力与隧道的长度、车速、车流量密切相关,充分利用交通通风力,有利于节省投资和提高公路隧道营运管理经济效益。

由车辆的活塞效应产生的通风力可按《公路隧道通风照明设计规范》(JTJ 026.1—1999)中的相关公式计算,如下所示:

$$\Delta p_{\mathrm{t}} = \frac{A_{\mathrm{m}}}{A_{\mathrm{r}}} \frac{\rho}{2} n_+ (v_{\mathrm{t}(+)} - v_{\mathrm{r}})^2 - \frac{A_{\mathrm{m}}}{A_{\mathrm{r}}} \frac{\rho}{2} n_- (v_{\mathrm{t}(-)} + v_{\mathrm{r}})^2 \qquad (3-13)$$

式中,Δp_{t} 为交通通风力,N/m²;n_+ 为隧道内与 v_{r} 同向的车辆数,辆,$n_+ = \dfrac{N_+ L}{3600 v_{\mathrm{t}(+)}}$;$n_-$ 为隧道内与 v_{r} 反向的车辆数,辆,$n_- = \dfrac{N_- L}{3600 v_{\mathrm{t}(-)}}$;$v_{\mathrm{r}}$ 为隧道设计风速,m/s,一般情况 $v_{\mathrm{r}} = \dfrac{Q_{\mathrm{req}}}{A_{\mathrm{r}}}$;$v_{\mathrm{t}(+)}$、$v_{\mathrm{t}(-)}$ 为与 v_{r} 同向和反向的各工况车速,m/s;N_+、N_- 为与 v_{r} 同向和反向的小时交通量,辆;A_{m} 为汽车等效阻抗面积,m²,可按式(3-14)计算。

$$A_{\mathrm{m}} = (1 - r_1) A_{\mathrm{cs}} \xi_{\mathrm{cs}} + r_1 A_{\mathrm{cl}} \xi_{\mathrm{cl}} \qquad (3-14)$$

式中,A_{cs} 为小型车正面投影面积,m²,可取 2.13m²;ξ_{cs} 为小型车空气阻力系数,可取 0.5;A_{cl} 为大型车正面投影面积,m²,可取 5.37m²;ξ_{cl} 为大型车空气阻力系数,可取 1.0;r_1 为大型车比例。

对于单向交通的隧道,当车辆速度大于隧道内风速时,交通流产生通风力为

$$\Delta p_{\mathrm{t}} = \frac{A_{\mathrm{m}}}{A_{\mathrm{r}}} \frac{\rho}{2} n (v_{\mathrm{t}} - v_{\mathrm{r}})^2 \qquad (3-15\mathrm{a})$$

若车辆速度小于隧道内风速时,交通通风力则为负,起阻碍作用。

$$\Delta p_{\mathrm{t}} = -\frac{A_{\mathrm{m}}}{A_{\mathrm{r}}} \frac{\rho}{2} n (v_{\mathrm{r}} - v_{\mathrm{t}})^2 \qquad (3-15\mathrm{b})$$

式(3-13)和式(3-15)为交通通风力的理论表达式,实际上车辆产生通风力还与车辆在隧道内的行驶状态、射流风机的运行情况等有关,鉴于它们之间的影响相当复杂,而且风机的影响仅为局部范围内,故仍然采用式(3-15)计算交通通风力。由式(3-15)可知,交通通风力与交通量、行车速度及隧道内风速密切相关,其随交通量和行车速度的增大而增大,随隧道内风速的增大而降低。当交通量较小时,隧道的行车速度较大,风速较小,交通通风力的产生效率较高。随着交通量的增加,

行车速度降低了,同时隧道内风速增加了,交通通风力的产生效率大大降低,反而会引起隧道内风速的降低,增加污染物浓度超标的可能性。

3.3.3　射流风机的增压

在隧道的通风系统中,射流风机根据其作用不同可以分为动力增压和阻力降压两种方式,本节只考虑动力升压作用。在隧道内将多组风机按一定间距串接,利用射流诱导效应和增压效应,在隧道中形成空气的纵向流动,满足隧道通风的要求即为动力增压。射流风机的理论升压为

$$\Delta p_{+jt} = \beta(1-\alpha)\frac{2-\beta(3-\alpha)}{(1-\beta)^2}\frac{1}{2}\rho v_j^2 \tag{3-16}$$

式中,α 为速度比,$\alpha = \dfrac{v_r}{v_j}$,$v_j$ 和 v_r 分别为射流出口速度和隧道通风速度;β 为面积比,$\beta = \dfrac{A_j}{A_r}$,A_j 和 A_r 分别为射流出口面积和隧道断面面积;ρ 为空气密度。

隧道中的风机射流是一种具有伴随流的、近壁、并列的复杂射流,由于流动之间的剧烈碰撞和掺混,壁面摩阻对高速射流的作用,以及涡流、湍流存在等原因,使射流必然产生不可逆的能量损失,这使得射流的实际升压比理论升压少。这种受限射流的流动情况非常复杂,理论研究尚未成熟,因此实际升压可采用根据实验数据整理的经验修正系数修正。修正后射流风机的实际增压力可表示为

$$\Delta p_{+ja} = K_{+j}\Delta p_{+jt} \tag{3-17}$$

式中,K_{+j} 为射流能量损失修正系数,取值范围为 0.831~0.952;Δp_{+ja} 为射流风机的实际增压。

根据前面射流风机流场的三维数值模拟结果,影响射流风机升压效率的因素很多,主要包括风机的安装高度、同组风机间的水平距离、一组风机的台数等,K_{+j} 值的确定除了采用前面的三维数值分析方法外,射流风机厂家还大量采用试验的方法来定量确定各因素对射流风机升压效率的影响。

此外,根据前面的数值分析,纵向射流通风效果还与纵向风机的位置有关。为了尽可能多地取得使用空间,风机通常安装于隧道的顶部,从风机出口喷出的高速气流是从顶部开始发展的。要取得好的通风效果,必须让射流充分发展,最好是充满整个隧道断面。因此,深入研究射流的发展规律,确定合理的机位间距就显得非常重要。与自由射流不同,隧道射流通风中的射流属有限空间射流。建筑通风模型实验表明,射流将在无因次距离 $x=0.6$ 处消失,在超过 0.6 的长度上将形成一个或多个涡流区,这是在封闭空间内的现象。而隧道的两端是敞开的,加之有交通风和自然风的联合作用,射流的发展过程更加复杂,影响因素更多,射流的长度不仅与风机的出口风速 v_j、交通风风速 v_t、自然风风速 v_m、隧道横断面尺度等有关,

而且与射流的消失长度和风机的口径也有关(与风机的流量有关)。射流长度目前尚无精确的计算方法,只能用数值模拟和模型实验来确定,文献[5]通过模型试验得出风机的射流长度为

$$l_s = \left(7.16 + 62.93\,\frac{v_j}{v_r} - 108.2\,\frac{A_j}{A_r}\right)d_e \tag{3-18}$$

式中,l_s 为风机射流长度;d_e 为隧道当量直径。那么两组风机间的距离为

$$l = l_s + l_m + l_j \tag{3-19}$$

式中,l_m 为风机吸入段长度,通常取 3m;l_j 为风机及消音器长度,若两组风机的设置距离小于 l,则风机的实际升压力还会降低。

若有 n 台风机开启时,它们产生的增压为

$$\sum \Delta p_{+ja} = n_+ \Delta p_{+ja} = n_+ K_{+j}\Delta p_{+jt} = \frac{1}{2}n_+ K_{+j}\beta(1-\alpha)\frac{2-\beta(3-\alpha)}{(1-\beta)^2}\rho v_j^2 \tag{3-20}$$

3.3.4　通风阻力

空气在隧道内流动时,所遇到的阻力为入口、出口处的局部压力损失阻力,以及全程的摩阻损失引起的通风阻力。其中,入口损失系数及壁面摩阻损失系数应根据隧道的断面当量直径和壁面粗糙率取值,出口处损失阻力一般可以近似认为取 1。这些阻力损失系数也可由现场测试确定,而且所得值更加准确,适用于营运期间的通风系统控制。隧道通风总的阻抗力为

$$\Delta p_r = \left(1 + \xi_e + \lambda_r\frac{L}{D_r}\right)\frac{\rho}{2}v_r^2 \tag{3-21}$$

式中,v_r 为隧道内风速,m/s;ξ_e 为入口阻力系数;λ_r 为隧道壁面摩阻损失系数;L 为隧道长度;D_r 为隧道断面的当量直径。

3.3.5　力学平衡方程

在只考虑一维流动的情况下,根据前面的空气不可压缩假定,设隧道内空气流速为 $v_r(t)$,即流速是时间的函数。作用在空气上的合力为

$$F = \sum \Delta p_{+ja} + \Delta p_t - \Delta p_m - \Delta p_r \tag{3-22}$$

由牛顿第二定律可以得到下面的等式:

$$\frac{dv_r(t)}{dt} = \frac{F}{M} \tag{3-23}$$

式中,M 为隧道内空气的质量,$M = \rho A_r L$,A_r 为隧道横断面面积。

在风机的一个控制周期内,可以认为隧道内的风速为定值,即 $dv_r(t)/dt = 0$,此时便有 $F = 0$,即

$$F = \sum \Delta p_{+ja} + \Delta p_t - \Delta p_m - \Delta p_r = 0 \tag{3-24}$$

式(3-24)即为隧道内空气流动的力学平衡方程。

3.4　需风量的计算

如第 2 章所述,公路隧道通风系统的主要作用之一是用新鲜空气稀释隧道中车辆排放的污染物,使其浓度保持在允许限度内。影响长大公路隧道需风量的因素很多,如隧道的长度、断面、纵坡、交通量及其交通组成等。隧道需风量主要以有害气体的排放量为依据,计算有害气体的排放量是一个重要环节,也是整个隧道通风系统设计的基本依据。而有害气体排放量计算中又以交通量 N 和有害气体基准排放量 q 为最主要参数。污染物排放量的计算需综合考虑这两个因素及它们之间的匹配关系。

3.4.1　稀释 CO 的需风量

《公路隧道通风照明设计规范》(JTJ 026.1—1999)规定,CO 的排放量为

$$Q_{CO} = \frac{1}{3.6 \times 10^6} q_{CO} f_a f_d f_h f_{iv} L \sum_{m=1}^{n} (N_m f_m) \tag{3-25}$$

式中,Q_{CO} 为隧道全长 CO 排放量,m^3/s;q_{CO} 为 CO 的基准排放量,$m^3/(辆·km)$,可取 $0.01m^3/(辆·km)$;f_a 为考虑 CO 的车况系数,对于高等级公路取值为 1.0;f_d 为车密度系数;f_h 为考虑 CO 的海拔高度系数;f_m 为考虑 CO 的车型系数;f_{iv} 为考虑 CO 的纵坡-车速系数;L 为隧道长度,m;n 为车型类别数,在第 2 章将车型分为大、中、小三类,故 n 取 3;N_m 为相应车型的设计交通量,辆/h。

以上各参数可参考《公路隧道通风照明设计规范》(JTJ 026.1—1999)取值[6],《公路隧道通风照明设计规范》(JTJ 026.1—1999)规定 CO 基准排放量 q_{CO}(以及后面的烟雾基准排放量)是以 1995 年为起点,并按每年 1%～2% 的递减率计算获得的排放量作为实际年限的基准排放量。20 世纪 50 年代以来,各国汽车制造业技术水平都在激烈的竞争中迅速提高。随着我国实行改革开放以来,德、法、日、美、意、韩等国已在我国合资建厂制造新型车辆,每年将有大量的新车走上公路,而且车辆的排放标准越来越高,这些因素都造成 q_{CO} 锐减。

从国内外汽车排放因子研究结果来看,我国汽车排放因子的基准排放量是国外同期水平的 8～10 倍,反映了我国汽车在未实行欧洲 I 号标准之前,其排放控制技术水平与国外相比具有明显的差距。因此,研究我国现行公路行驶汽车污染物排放因子的基准排放量及环境修正系数,对于我国道路汽车污染物排放量计算是十分重要的。在《公路隧道通风照明设计规范》(JTJ 026.1—1999)中,车速为 60km/h 时,CO 的基准排放量取值为 $0.01m^3/(辆·km)$,这一取值比日本 1985 年

版的隧道设计规范取值 $0.007m^3/$（辆·km）和瑞士 1987 年的取值 $0.0065m^3/$（辆·km）要高。国内也有学者对 CO 基准排放量进行研究,结果表明,公路隧道的 CO 基准排放量与汽车技术状况、发动机负荷、隧道所处的海拔高度等因素具有密切关系,而且《公路隧道通风照明设计规范》（JTJ 026.1—1999）中规定的基准排放量取值偏高。

在计算出 CO 的排放量后,可以根据式（3-26）计算稀释 CO 的需风量:

$$Q_{req(CO)} = \frac{Q_{CO}}{\delta} \frac{p_0}{p} \frac{T}{T_0} \times 10^6 \qquad (3-26)$$

式中,$Q_{req(CO)}$ 为隧道全长稀释 CO 的需风量,m^3/s;Q_{CO} 由式（3-25）计算求得;δ 为 CO 的设计浓度;p_0 为标准大气压,kN/m^2,取 $101.325kN/m^2$;p 为隧址设计气压,kN/m^2;T_0 为标准气温,K,取 273K;T 为隧道夏季的设计气温,K。

3.4.2　稀释烟雾的需风量

工程实践表明,在目前的规范规定的标准下,多数情况下长大公路隧道需风量,由稀释烟雾的需风量确定。每隔 4 年排放标准将进一步严格。由于烟雾基准排放量的折减系数对远期隧道需风量的影响很大,因此有必要对烟雾基准排放量的折减系数做一定的考虑,从而得出可靠、经济的烟雾基准排放量。柴油机车排放的高浓度黑烟,降低了能见度,影响视野,是烟雾污染物的主要来源,而汽油车的烟雾排放量只有柴油车的几十分之一,所以考虑烟雾排放一般只考虑柴油车。《公路隧道通风照明设计规范》（JTJ 026.1—1999）规定的烟雾排放基准也以中型柴油货车为例,其取值与 PI-ARC 近期推荐值一致。柴油汽车排放的尾气中主要污染有黑烟颗粒物,其成分主要为细微颗粒物（PM）、一氧化碳（CO）、氮氧化物 NO_x、碳氢化合物（HC）、二氧化硫（SO_2）等,其中影响基准排放量的最主要因素是 PM 的排放量,所以可以通过考虑柴油汽车 PM 量排放的变化趋势来考查柴油汽车基准排放量的变化。

《公路隧道通风照明设计规范》（JTJ 026.1—1999）给出的烟雾排放量按式（3-27）计算:

$$Q_{VI} = \frac{1}{3.6 \times 10^6} q_{VI} f_{a(VI)} f_d f_{h(VI)} f_{iv(VI)} L \sum_{m=1}^{n_D} (N_m f_{m(VI)}) \qquad (3-27)$$

式中,Q_{VI} 为隧道全长烟雾排放量,m^2/s;q_{VI} 为烟雾的基准排放量,$m^2/$（辆·km）,可取 $2.5m^2/$（辆·km）;$f_{a(VI)}$ 为考虑烟雾的车况系数,对于高等级公路取值为 1.0;$f_{h(VI)}$ 为考虑烟雾的海拔高度系数;$f_{iv(VI)}$ 为考虑烟雾的纵坡-车速系数;$f_{m(VI)}$ 为考虑烟雾的车型系数;n_D 为柴油车车型类别数,因分大、中、小三种车型故取 3。

对于烟雾基准排放量的年递减率往往还存在一些分歧,实际应用中对烟雾的排放递减率取值偏保守。我国包括柴油车在内的所有机动车辆的排放体系都是采用欧盟的排放标准,根据欧盟关于柴油车 PM 排放标准的实施进度,每隔 4 年将进行一次标准的修订,柴油汽车的 PM 排放量的快速降低使得烟雾基准排放量也呈快速下降趋势。我国实行改革开放以来,汽车发达国家已在我国合资建厂制造新型车辆,且已大量投入生产和使用。另外科技的进步也为柴油车烟雾排放的下降提供了有力的保证。综合考虑各型柴油车烟雾排放的下降比例,2000～2022 年,柴油车的烟雾排放将累计下降至少 76%,年平均 3.45%。基于以上认识,可以看出无论是从国内、国外的环保要求,还是从柴油机本身的性能提高及汽车工业的发展、技术的进步来看,都将使柴油车的烟雾排放量大幅降低,公路隧道 q_{vi} 的年折减系数按 1%～2% 取值,这个范围是合适的。

其次烟雾年折减系数在一个具体的公路隧道通风系统设计中如何取值,还应由设计人员根据隧道的长度、纵坡、交通量及其交通组成等因素综合考虑,使隧道需风量的大小在一个合理的水平,在满足隧道营运安全的前提下能够有效控制隧道通风系统规模,减少营运费用。

得到烟雾的排放量后,可以根据式(3-28)计算稀释烟雾的需风量

$$Q_{req(VI)} = \frac{Q_{VI}}{K} \tag{3-28}$$

式中,$Q_{req(VI)}$ 为隧道全长稀释烟雾的需风量,m^3/s;K 为烟雾设计浓度,m^{-1}。

参 考 文 献

[1] 金学易,陈文英. 隧道通风及隧道空气动力学. 北京:中国铁道出版社,1983.

[2] 董志勇. 射流力学. 北京:科学出版社,2005.

[3] 温玉辉,谢永利,李宁军. 射流风机升压影响的计算机辅助试验仿真分析. 地下空间与工程学报,2007,3(1):172—175.

[4] 杨秀军,王晓雯,陈建忠. 公路隧道通风中射流风机纵向最小间距研究. 重庆交通大学学报(自然科学版),2008,27(1):40—43.

[5] 杨中,徐永杰,柳爱群. 提高隧道纵向全射流通风效果的途径. 隧道机械与施工技术,2006,2:46—48.

[6] 交通部重庆公路科学研究所. JTJ 026.1—1999 公路隧道通风照明设计规范. 北京:人民交通出版社,2000.

第4章 公路隧道通风系统的污染物扩散研究

车辆排入隧道内的污染物会在隧道的横截面上快速扩散均匀,虽然污染物分布在隧道横断面的平面上,但它所代表的问题的性质和点源的一维扩散是相同的。因此,对于有一定长度的隧道而言,其内的污染物,无论是有毒气体还是悬浮物,都可以由一维扩散方程来描述。

4.1 公路隧道纵向通风污染物扩散模型

4.1.1 传热与流动的控制方程[1,2]

研究一个物理现象,必须对事物的传热和流体流动的过程机理有着深刻的认识,并建立相应的数学描述,即控制方程。这里简单列举有关传热和流体流动的控制方程[3~7]。

1)质量守恒方程

典型的质量守恒方程为

$$\frac{\partial \rho}{\partial t} + \mathrm{div}(\rho \cdot V) = C \tag{4-1}$$

式中,ρ 为密度;V 为速度矢量;C 为内部的质量源。对于无内部质量源的流体流动而言,$C=0$,此时式(4-1)就是式(3-2)的通用形式,故质量守恒方程也就是连续性方程。

2)能量方程

以最通用的形式表示的能量方程含有相当数量的各种不同的影响因素。对于一般的可以忽略黏性耗散作用的低速流,能量方程可以写成如下形式:

$$\mathrm{div}(\rho \cdot V \cdot h) = \mathrm{div}(k \cdot \mathrm{grad}T) + S_h \tag{4-2}$$

式中,h 为比焓;k 为导热系数;T 为温度;S_h 为容积发热率。

3)动量方程

以 x 方向为例:

$$\frac{\partial}{\partial t}(\rho \cdot u) + \mathrm{div}(\rho \cdot V \cdot u) = \mathrm{div}(\mu \cdot \mathrm{grad}u) - \frac{\partial P}{\partial x} + B_x + V_x \tag{4-3}$$

式中,u 为 x 方向的分速度;V 为速度矢量;μ 为黏度;P 为压力;B_x 为沿 x 方向的单位容积内的体积力;V_x 为除去 $\mathrm{div}(\mu \cdot \mathrm{grad}u)$ 所代表的黏性力项之外的其他所有黏性力项。

4) 紊流动能方程

现今普遍流行的紊流"双方程模型"把紊流脉动动能 k 的方程作为其中的方程之一,形式为

$$\frac{\partial}{\partial t}(\rho \cdot k) + \mathrm{div}(\rho \cdot V \cdot k) = \mathrm{div}(\Gamma_k \cdot \mathrm{grad}k) + G - \rho\varepsilon \tag{4-4}$$

式中,Γ_k 为 k 的扩散系数;G 为紊流能量的生成率;ε 为动能的耗散率。

ε 方程与方程(4-4)的形式相同。

5) 传热与流动的通用方程

由于以上各方程在形式上存在相似性,所有因变量都服从一个通用的守恒原理。因此,将以上方程归纳为一个通用的微分方程,即

$$\frac{\partial}{\partial t}(\rho \cdot \Phi) + \mathrm{div}(\rho \cdot V \cdot \Phi) = \mathrm{div}(\Gamma \cdot \mathrm{grad}\Phi) + S \tag{4-5a}$$

式中,Γ 为扩散系数;S 为源项:对于特定意义的因变量 Φ 有特定的 Γ 和 S。上述通用微分方程中的四项分别为不稳态项、对流项、扩散项和源项。

通用微分方程又可以用直角坐标系的张量表示:

$$\frac{\partial}{\partial t}(\rho \cdot \Phi) + \frac{\partial}{\partial x_j}(\rho \cdot u_j \cdot \Phi) = \frac{\partial}{\partial x_j}\left(\Gamma \cdot \frac{\partial \Phi}{\partial x_j}\right) + S \tag{4-5b}$$

建立通用微分方程对数值计算的意义是:编制计算程序时,不必针对某个具体的方程,而只需写一个求解通用程序即可,人们可以对不同的 Φ,重复使用该程序。

4.1.2 隧道内污染物扩散的一般形式

车辆在隧道内行驶过程中对隧道内空气的污染主要包括汽车扬起的灰尘、发动机排放的烟雾、碳氧化合物(主要是 CO)、碳氢化合物(HC)等,在通风计算中主要考虑的是 CO 和烟雾,而且两者通常独立考虑,故长隧道风流中的气体都可简化地归于污染物和空气二元混合气体(其实是多元体系)。车辆通过隧道时所排放的污染物首先与空气相混合,随后在与空气混合和流动的过程中不断运移和扩散。污染物运移过程是指污染物在风流中运动的过程,即污染物在隧道空气中的扩散运动或衰减转化;而污染物在隧道风流中的扩散运动十分复杂,它不仅决定于污染物和空气的物理力学性质,而且与隧道内空气流动状态、车辆运行速度、车辆数量等密切相关。隧道通风过程同时也是污染物在风流中的运移和扩散过程,其形式主要包括分子扩散、对流运移、紊流扩散、衰减转化等四种。在分析公路隧道风流中污染物浓度分布时,由于污染物在风流中的分子扩散和衰减相对于其他两项来说可以忽略,污染物在风流中的运移主要通过对流和紊流扩散的形式。

根据式(4-5)可以写出隧道内污染物扩散的一般形式如下[8]:

$$\frac{\partial c}{\partial t} = \frac{\partial}{\partial x_j}\left(K \frac{\partial c}{\partial x_j}\right) - \frac{\partial}{\partial x_j}(cv_j) + q_c \tag{4-6}$$

式中,c 为污染物的质量浓度,kg/m³;K 为扩散系数,m²/s;v_j 为气流在 x_j 方向的速度分量;q_c 为污染物产生率,kg/(m³·s)。

对于长隧道的通风而言,可以认为风流只在洞内做一维运移和扩散,并且根据不可压缩假定,气流速度沿隧道长度方向是不变的,故一维情况下的隧道内污染物的扩散方程可根据式(4-6)改写如下[9]:

$$\frac{\partial c(x,t)}{\partial t} = \frac{\partial}{\partial x}\left(K\frac{\partial c}{\partial x}\right) - v_r\frac{\partial c}{\partial x} + q - q_s \quad\quad (4\text{-}7a)$$

式中,v_r 为隧道内的气流速度;q 为由车辆引起的污染物产生率,kg/(m³·s);q_s 为由风机引起的污染物运移率,kg/(m³·s)。

对于长隧道而言,风机的影响只在局部范围内,故可取 $q_s = 0$,式(4-7a)变为

$$\frac{\partial c(x,t)}{\partial t} = \frac{\partial}{\partial x}\left(K\frac{\partial c}{\partial x}\right) - v_r\frac{\partial c}{\partial x} + q \quad\quad (4\text{-}7b)$$

式(4-7b)中左边项为污染物浓度的不稳定项,右边第一项为污染物扩散项,第二项为对流作用引起的污染物运移项。从物理过程来看,扩散作用与对流作用在传递信息或扰动方面的特性有很大的区别。扩散过程可以把发生在某一地点的扰动的影响向各个方向传递。对流是流体微团宏观的定向运动,带有强烈的方向性。在对流的作用下,发生在某一地点上的扰动只能向其下游方向传递而不会逆向传播。扩散与对流在传递扰动方面的这种区别,示意性地表达于图 4-1 中。其中 ε 表示对某一物理量的扰动,t_0 是初始时刻,t_1,t_2 表示相继时刻,虚线所示图形表示在扩散或对流作用下扰动的传递情形。

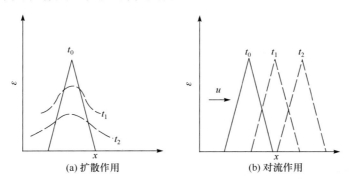

图 4-1 扩散与对流作用在传递扰动性能方面的差别

对流与扩散作用在物理本质上的这种差别,应在其各自的差分格式的特性中有相应的反映。如果对流项的某种差分格式仅能使扰动沿着流动方向传递,则此种格式称为具有迁移特性。

4.1.3　稳态扩散模型

　　按污染物浓度是否随时间(一个控制周期内)变化可以分为稳态模型和动态模型。在稳态扩散模型中,污染物浓度不随时间而改变,隧道通风系统的设计基本上都是基于稳态模型的。在隧道的通风控制中,在一个控制周期内,也可以认为污染源项是一个与时间和位置无关的常数,即在污染物模型中也不考虑污染物浓度随时间的变化。

　　在稳态模型中,污染物浓度分布不随时间而改变,即

$$\frac{\partial c(x,t)}{\partial t}=0 \tag{4-8}$$

同时假定扩散常数在隧道全长范围内保持恒定,此时方程(4-7b)简化为

$$K\frac{\partial^2 c}{\partial x^2}-v_r\frac{\partial c}{\partial x}+q=0 \tag{4-9}$$

　　该方程即为一个常微分方程。实际上车辆较多时,隧道内的风速通常大于3m/s,此时风速引起污染物运移的影响比扩散的影响大许多,即

$$K\frac{\partial^2 c}{\partial x^2}\ll v_r\frac{\partial c}{\partial x}$$

因此方程(4-9)可进一步简化为

$$\frac{\partial c}{\partial x}=\frac{q}{v_r}\quad \text{或}\quad c(x)=\frac{q}{v_r}x+c_0 \tag{4-10}$$

式中,c_0为隧道入口处污染物的初始浓度。式(4-10)表明,污染物浓度沿隧道呈线性分布,且在隧道出口处达最大值,如图4-2所示。

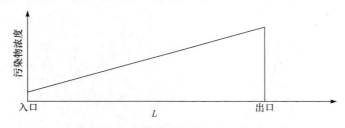

图4-2　稳态模型污染物浓度分布

4.1.4　动态扩散模型

　　稳态模型中假定在一段时间内污染物浓度分布是不变的,且在出口处达到最大。这与实际情况有很大出入,隧道内车辆是离散的,且不断有车入洞和出洞,它们的位置、速度、车型等都是瞬时变化的。这必然导致隧道内污染物浓度的分布是时刻变化着的,且某时刻的最大值也不一定在出洞的地方,因而若要更准确地计算

出隧道内的污染物浓度分布,必须考虑污染物浓度随时间的变化,即采用污染物的动态扩散模型。

在动态模型中有

$$\frac{\partial c(x,t)}{\partial t} \neq 0 \tag{4-11}$$

同时为了计算的准确性,还需考虑污染物的扩散影响,因而研究污染物在隧道内的动态分布就需要求解方程(4-7b)。

根据对污染物源项的处理方式不同,动态模型也分为两类。

1) 源项的大小和位置恒定

当源项的大小和位置恒定时,方程(4-7b)中 q 的大小为一常数,且 q 在隧道长度方向上的位置不改变。在该类模型中,隧道内污染物浓度的分布情况仅在开始的一段时间内动态变化,但当一段时间后(该时间受隧道风速大小控制)污染物浓度在洞内的分布就开始稳定了,因而该模型实际上不是一个完全的动态模型。此外在该模型中,若源项的大小不变,只改变源项的位置,那么由于污染物的总排放量是固定的,若不考虑隧道内风速的改变,出口处的污染物浓度最大值也是恒定的,只是污染物浓度在隧道内的分布形态不同。

2) 源项的大小和位置实时变化

实际上隧道内的真实情况是:由于车辆的连续行进及不同车辆的进洞和出洞,污染物源项的位置和大小都是不断变化的,方程(4-7b)中的 q 不再是一个常数,而为 $q = q(x,t)$,此时方程(4-7b)变为

$$\frac{\partial c(x,t)}{\partial t} = \frac{\partial}{\partial x}\left(K\frac{\partial c}{\partial x}\right) - v_r\frac{\partial c}{\partial x} + q(x,t) \tag{4-7c}$$

该方程不仅考虑了污染物浓度随时间的变化,也考虑了源项的大小和位置随时间的变化,因而是真正意义上的污染物动态扩散方程。

同时也可以看到,由于在该方程中源项的位置、大小、个数是随时间不断变化的,故一般只能采用数值解法求解,而且求解过程中源项的位置和大小的确定还需和交通流仿真技术结合起来。在 4.3 节和 4.4 节中将采用数值模拟与交通流仿真技术相结合的方法,对隧道内污染物浓度的动态分布进行详细讨论。

4.2　污染物扩散方程离散的控制容积法

4.2.1　CFD 理论简介

1. CFD 发展简介

1933 年,英国人 Thom 首次数值求解了二维黏性流体偏微分方程,计算流体动力学由此而生。Shortley 和 Weller 在 1938 年、Southwell 在 1946 年利用松弛

方法(relaxation method)求解了椭圆型微分方程,也即非黏性流体的偏微分方程组,使 CFD 逐渐成为一门学科而为广大学者、科学家和工程师所研究和认识。在随后短短的几十年内,由于计算机技术和数值计算技术的高速发展,CFD 技术也得到了长足的发展。尤其是其在工程领域内的应用更是越来越广泛。由于早年的计算机容量不够大且受湍流模型和数值计算技术的限制,利用 CFD 方法难以解决工程中遇到的复杂的实际问题,故那时 CFD 技术仅限于研究阶段。而 CFD 技术应用于工程中的流动问题始于 1970 年初。近年来,随着计算机容量的大大提高、先进的数值计算技术的出现及各种湍流模型的提出,CFD 技术已经广泛应用于暖通空调、环境水利工程、化工、热能动力、核能、大气流动等领域。

流体力学中的有限差分法是流体力学的新兴分支——计算流体力学的主要组成部分,是解决流体力学问题的一种重要数值方法,是数值求解微分问题的一种重要工具,很早就有研究人员在这方面做了一些基础性工作。但是在电子计算机问世以前,研究重点在于确定有限差分解的存在性和收敛性。随着计算机技术的发展,上述工作成了实际应用有限差分法的指南。

2. CFD 基本理论及应用特点

要解决流体流动问题,必须首先对事物的传热和流体流动的过程机理有深刻的认识,然后再用数字来加以衡量,这样才能真正解决实际工程问题。由于传热学与流体力学控制方程都是高度非线性化的微分方程,只有少数的简单情况下,才有可能得到它们的精确解;同时,基于相似理论所要求的完全模化又不易实现,并且实验测量也会遇到许多难以克服的困难。因此,对于许多实际工程中复杂的传热和流体流动问题,只有采用试验研究或近似解法——数值计算方法,才能得到数量上的衡量。数值计算的基本思想可归纳为:把原来在时间、空间上连续的物理量的场(如速度场、温度场、浓度场等),用有限个离散点上的值的集合来近似代替,根据所研究对象的控制方程,建立关于这些值的代数方程组,然后求解,得到物理场的近似解。由于针对实际问题的代数方程组的方程数量非常庞大,在高速计算机出现以前,解起来十分困难。从 20 世纪 60 年代末开始,随着计算机技术的逐渐应用,数值计算方法开始有了较快的发展,特别是 70 年代以来,有限差分、有限元、边界元方法及紊流模型逐渐成熟,数值计算方法很快成为解决实际问题的一种重要工具。数值计算方法解决问题的基本步骤如图 4-3 所示。

运用 CFD 技术具有以下特点:

(1)成本低。与常用的模型实验相比,计算机运算的成本要低好几个数量级,而且与大多数物品价格不断上涨的趋势相反,计算机计算的成本将不断下降。

(2)速度快。应用计算机,利用已有的软件,一个工程师可以在几个小时内研究数种不同的方案。如果用模型实验将需要非常长的周期。

(3)资料完备。CFD 计算能够提供整个研究区域内所有物理变量的值,几乎没有达不到的位置，而且，不受测量仪器的影响。

（4）模拟真实条件的能力强。不论研究对象尺寸的大小、温度的高低，也不论过程进行的快慢，用理论计算不会有任何困难。

（5）模拟理想条件的能力强。理论计算可以人为地去掉次要因素，集中精力研究几个基本参数。这一点是实验难以达到的。

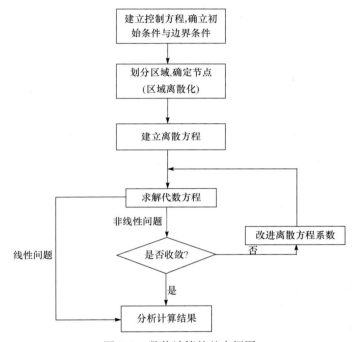

图 4-3　数值计算的基本框图

因此，随着 CFD 技术的发展，理论计算在实际工程中的应用前景十分光明。当然，由于理论计算还未完全成熟，它的各个方面都还需不断完善，目前都还不能全部取代实验。实验研究无疑仍是研究传热和流体流动的最基本方法。因为任何一种传热和流体流动现象的基本数据都必须通过实验加以测定；数值计算中采用的数学模型，只有通过实验才能正确建立；数值计算结果的准确性也往往通过实验结果的比较来加以确定。但是，实验研究的局限性也是显而易见的。

总之，由于现阶段的实验研究和数值计算方法各有其适宜的应用范围，把它们有机地结合起来是明智的选择，这样可以起到相互补充，相得益彰的效果。

4.2.2　推导方法

有了控制方程，要进行计算分析，就需要对控制方程进行离散，方程组的离散是整个数值计算至关重要的环节，离散化方程的不同形式起因于分布假设及推导的不同。目前有很多推导离散方程的方法,如有限元法、有限差分法、有限体积法、控制容积法等,本节仅对有限差分法和控制容积法进行介绍。

控制容积法(control volumn method,CVM)是以有限差分法为基础的,该方法不仅具有有限差分的外形,而且还采用了许多典型的有限元方法论的思想。CVM 法是以加权余数这个概念为基础的。其微分方程由下式表示:

$$L(\Phi)=0$$

然后假设一个包含若干未知参数的近似解,以一维形式为例:

$$\Phi=a_0+a_1x+a_2x^2+\cdots+a_mx^m$$

式中,$a_i(i=1,2,\cdots,m)$ 为参数。将 Φ 代入微分方程得到一个余数 R,即 $R=L(\Phi)$。当然希望 R 越小越好,于是假设 $\int WR\mathrm{d}x=0$,其中 W 是加权函数。积分在整个区域内进行,通过选择一系列的加权函数就可以得到计算参数所需要数量的方程,从而可以得到微分方程的近似解。

CVM 法就是将计算区域分成许多子域(即控制容积)来构成一系列的加权余数方程,其中每一次令加权函数在一个子域为 1,而所有其他的子域内为 0。CVM 法其实就是加权余数法的一种特殊形式。把计算区域分成许多互不重叠的控制容积,并使每一网格节点都由一个控制容积所包围。然后对每一个控制容积积分的微分方程,应用表示网格节点之间变化的分段分布关系来计算所要求的积分。CVM 法最大的特征是:不管网格粗细,也不管是任何一个控制容积,或是整个计算域,物理量的积分守恒都可以精确地得到满足。

在此用一个简单的例子来说明控制容积法离散方程的过程。讨论受下列方程控制的一维稳态热传导问题:

$$\frac{\mathrm{d}}{\mathrm{d}x}\left(k\frac{\mathrm{d}T}{\mathrm{d}x}\right)+s=0 \tag{4-12}$$

式中,k 为导热系数;T 为温度;s 为单位容积的发热率。

为了推导离散化方程,将使用图 4-4 所表示的网格节点群。它包括网格节点 P 及两个邻点 E、W(E 表示东侧,W 表示西侧),虚线表示控制容积面,用字母 e,w 代表。假设 y,z 方向为单位厚度,则图示的控制容积为 $\Delta x\times1\times1$,在整个控制容积内积分得

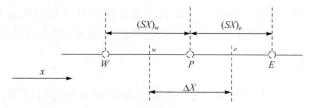

图 4-4　一维情况的网格节点群

$$\left(k\frac{\mathrm{d}T}{\mathrm{d}x}\right)_e - \left(k\frac{\mathrm{d}T}{\mathrm{d}x}\right)_w + \int_w^e s\,\mathrm{d}x = 0 \tag{4-13}$$

然后假设一个分布,如采用图 4-5 所示的分段线性分布。

式(4-13)变为

$$\frac{k_e(T_E-T_P)}{(\delta x)_e} + \frac{k_w(T_P-T_W)}{(\delta x)_w} + \bar{s}\Delta x = 0 \tag{4-14}$$

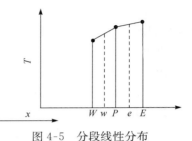

式中,$\bar{s}$ 为 s 在整个控制容积内的平均值。于是,离散化方程可写成下面的形式:

$$a_P T_P = a_E T_E + a_W T_W + b \tag{4-15}$$

图 4-5　分段线性分布

式中

$$a_E = \frac{k_e}{(\delta x)_e}, \quad a_W = \frac{k_w}{(\delta x)_w}$$

$$a_P = a_E + a_W, \quad b = \bar{s}\Delta x$$

同理,对于二维与三维的情况,相邻节点的数目增加,可表示为

$$a_P T_P = \sum a_{\mathrm{nb}} T_{\mathrm{nb}} + b \tag{4-16}$$

式中,下标 nb 表示相邻节点。

4.2.3　分布假设

分布假设的形式有很多。例如,在 4.2.2 节的例子中采用了分段线性的分布。在实际的应用中,针对不同的情况和解决问题的难易,采用相应的假设。常见的分布假设有:阶梯分布、分段线性分布、迎风方案、指数方案、混合方案及幂指数方案等。有一点必须注意,没有必要对所有的量都采用同样的分布函数,只要满足以下四项基本法则即可,具体如下:

法则 1　在控制容积面上的连续性。

当一个面作为两个相邻控制容积的公共面时,在这两个控制容积的离散方程必须用相同的表达式来表示通过该面的质量流量和动量通量。

法则 2　正系数。

某个网格节点处的因变量值只是通过对流及扩散的过程才受到相邻网格节点上的值的影响。因此,在其他条件不变的情况下,一个网格节点因变量值的增加会导致相邻节点上该值的增加。因此,通用的离散方程的各个系数的符号必须相同,不妨规定为正。如果离散方程存在负相邻节点系数就可能导致这样的情况,一个边界温度的增加会引起相邻节点温度的降低,显然与实际不符。正系数法则是保

证解满足物理真实性的必要条件。

法则 3　源项的负斜率线性化。

当把源项处理成线性,求解将更方便。例如,将方程(3-3)中的源项线性化为 $\bar{s}=s_c+s_P T_P$,其中,s_P 必须是小于或等于 0。若 s_P 为正,当 T_P 增加时,源项也随之增加,如系统没有散热机构,将进一步导致 T_P 增加,如此反复进行,造成系统内温度一直上升,变得不稳定。为使计算成功,负 s_P 的原则是必不可少的。

法则 4　相邻节点系数之和。

控制微分方程往往只包含因变量的导数项。因此,满足要求的因变量加任意的常数仍是方程的解。微分方程的这个特性也必然反映到对应的离散方程中。由此,可以得到这样的结论,以式(4-16)为例,a_P 之和必须等于所有相邻节点的系数之和,写为

$$a_P = \sum a_{\mathrm{np}}$$

本法则表明,中心节点值 T_P 是各相邻节点值 T_{nb} 的加权平均值。

4.2.4　网格划分

区域中网格划分至关重要,划分的好坏可以直接影响程序的运行和收敛的速度。常见的网格取法有两种,称为方案 1 与方案 2。下面以二维情况为例来加以说明。

方案 1　先确定网格节点,再画网格面,网格界面在两个网格点之间的中点上,而其中的网格节点就是要计算的点的位置,如图 4-6 所示。

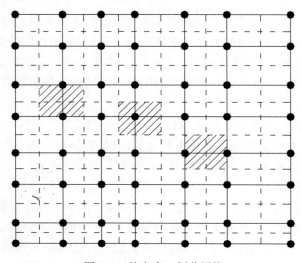

图 4-6　按方案 1 划分网格

对于多重网格的计算就是在同一种网格划分中,对不同的控制方程,采用相应的控制容积,如图 4-6 所示。因此,对于不同控制方程的控制容积,网格节点要么落在控制容积的中心上,要么落在控制界面的节点中心上,但对于同一控制方程,不同的控制容积的性质则是一致的。

方案 2　先画网格面,然后把网格节点放在网格面之间的中线上。网格节点处就是最终所要计算的点的位置,如图 4-7 所示。

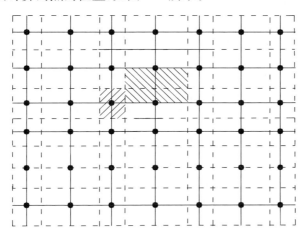

图 4-7　按方案 2 划分网格

同理,对于多重网格技术,在计算区域内同一种网格划分中,对不同的控制方程采用不同的控制容积,如图 4-7 所示。

显然,对于不同方程的控制容积,控制容积中所要计算的点的位置,要么处于节点处,要么处于节点之间的中线上。因此采用何种方式控制容积应根据具体情况而定。

对于不连续的边界条件如图 4-8 所示,可以直接将控制容积面放在发生不连续的地方,采用方案 2 划分网格比较好。这样边界上的点可以不作处理,只计算节点处物理量的值。

关于这两种方法,需要注意以下几点:

(1) 对于均匀网格两种方法的划分结果是一致的。因此,这两种方法对非均匀网格才有意义。

(2) 方案 1 把控制容积面放在两个网格点之间的中点,为计算通过该面的通量提供了较高的精度。

(3) 另一方面,方案 1 中,网格节点不落在控制容积的几何中心是它的缺点。让该节点的物理量代表整个控制容积的物理量,难免会存在较大的偏差。方法 2 克服了这一缺点。

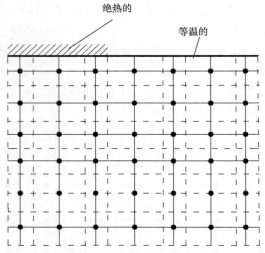

图 4-8　边界面上不连续边界条件下网格的划分

（4）方案 2 的另一优点是它的方便性。例如，在不连续的边界条件，可以直接把控制容积面放在发生不连续的地方。方案 1 必须先规定网格点的位置，造成控制容积面布置在所希望的位置就很困难。

（5）方案 2 可以有效地避免在边界网格点周围造成"半"控制容积。根据实际情况权衡利弊，在具体的划分网格时可以先用较粗网格来求解，了解变量在各个区域的变化趋势，采用不均匀网格，在变化快的区域取得细些，在变化慢的区域则采用粗网格。

4.3　源项恒定时的污染物浓度分布

4.3.1　一维对流扩散方程的离散格式

对于源项恒定情况，采用控制容积法对一维对流扩散方程进行离散。

1. 一维对流-扩散方程离散

对一维对流-扩散方程（4-7b）：

$$\frac{\partial c(x,t)}{\partial t} = \frac{\partial}{\partial x}\left(K\frac{\partial c}{\partial x}\right) - v_r\frac{\partial c}{\partial x} + q$$

在控制容积内积分，采用二阶迎风差分格式有

$$\frac{C_P^{t+\Delta} - C_P^t}{\Delta t} + \frac{v_r}{2\Delta x}(3C_P^{t+\Delta} - 4C_W^{t+\Delta} + C_{WW}^{t+\Delta}) = K\frac{C_E^{t+\Delta} - 2C_P^{t+\Delta} + C_W^{t+\Delta}}{\Delta x^2} + q^t$$

整理得

$$\left(\frac{\Delta x}{\Delta t}+\frac{3u}{2}+\frac{2K}{\Delta x}\right)C_P^{t+\Delta t}=\frac{K}{\Delta x}C_E^{t+\Delta t}+\left(\frac{K}{\Delta x}+2v_r\right)C_{WW}^{t+\Delta t}+q^t\Delta x+\frac{\Delta x}{\Delta t}C_P^t \qquad (4-17)$$

式(4-17)即为采用控制容积法得到的一维对流扩散方程的离散格式,要对其进行求解还需知道污染物源项的大小和位置、方程的边界条件和初始条件。

2. 污染源项的确定

求解差分方程(4-17)的关键在于确定源项 $q(n,j)$ 的大小和在节点上的分布,源项实际上就是单个行驶车辆的污染物排放率,主要是 CO 排放率 Q_{CO} 和烟雾排放率 Q_{VI}。影响它们大小的因素有很多,如车速、车况、车型、海拔和车密度等,由《公路隧道通风照明设计规范》(JTJ 026.1—1999)中公路隧道 CO 排放量的计算公式[式(3-25)]可以推得单个车辆 CO 排放率的计算式如下:

$$Q_{CO}=\frac{1}{1000}q_{CO}f_a f_d f_h f_{iv} v f_m \qquad (4-18)$$

式中,Q_{CO} 为单个车辆的 CO 排放率,m³/s;q_{CO} 为 CO 的基准排放量,m³/(辆・km),可取 0.01m³/(辆・km);f_a 为考虑 CO 的车况系数,对于高等级公路取值为 1.0;f_d 为车密度系数;f_h 为考虑 CO 的海拔高度系数;f_m 为考虑 CO 的车型系数;f_{iv} 为考虑 CO 的纵坡-车速系数;v 为车速,m/s。

同样也可以根据式(3-27)推得单个车辆烟雾排放率的计算式:

$$Q_{VI}=\frac{1}{1000}q_{VI}f_{a(VI)} f_d f_{h(VI)} f_{iv(VI)} v f_{m(VI)} \qquad (4-19)$$

式中,Q_{VI} 为隧道全长烟雾排放量,m²/s;q_{VI} 为烟雾的基准排放量,m²/(辆・km),可取 2.5m²/(辆・km);$f_{a(VI)}$ 为考虑烟雾的车况系数,对于高等级公路取值为 1.0;$f_{h(VI)}$ 为考虑烟雾的海拔高度系数;$f_{iv(VI)}$ 为考虑烟雾的纵坡-车速系数;$f_{m(VI)}$ 为考虑烟雾的车型系数。

以上各参数可参考《公路隧道通风照明设计规范》(JTJ 026.1—1999)取值。在源项恒定的情况下,其在隧道内的位置(或分布)通常为预先假定的,在计算过程中不会发生改变。

3. 边界和初始条件

设沿隧道轴线方向共划分 $n-1$ 个网格,相应的节点编号为 $1,2,\cdots,n$。边界的处理采用虚拟节点法,即在节点 1 左侧增加虚拟节点 0,在节点 n 右侧增加虚拟节点 $n+1$,且令 $C_0=C_1$,$C_{n+1}=C_n$。

差分方程的初始条件即为初始时刻($t=0$)隧道内的污染物浓度,即当地浓度。

初始条件通常有两种：一种假设初始浓度为 0，一种假设污染物沿隧道为三角形分布，即入口处值为 0，出口处值为最大值。初始条件通常预先假定好，再由程序输入确定。

4. 线性代数方程组的解法

线性代数方程组的解法分直接解法与间接方法两大类。单用直接方法来解大型线性方程组是非常复杂的，并且需要相当长的运算时间，因此，迭代法在数值计算领域有着广泛的应用。目前常见的有牛顿迭代法，Gauss-Seidel 迭代法、松弛法等。

5. 算例概况及网格划分

下面以某隧道为例来研究源项恒定时污染物浓度在隧道内的分布情况。该隧道全长 2.0km，隧道纵坡为 1%，海拔 400m，隧道净空面积 60m²，当量直径为 8.38m。该处采用"先节点后网格"的方法均匀划分网格，等分数 20000，共 20001 个节点，时间步长取 0.01s。由于 CO 的扩散计算与烟雾的扩散计算相同，故算例中仅对 CO 的扩散进行研究。

4.3.2　初始浓度对隧道污染物浓度分布的影响

1. 隧道内无车辆时

假设 $t=0$ 时刻隧道出口 CO 浓度为 400ppm[①]，且设初始时刻 CO 浓度按三角形分布，当隧道空气速度为 5m/s 和 8m/s 时，不同时刻隧道纵向 CO 浓度值分别见表 4-1 和表 4-2。

表 4-1　隧道纵向 CO 浓度与时间的关系（$v_r=5$m/s）　　（单位：ppm）

t/s ＼ $x/10^2$m	0	1	2	3	4	5	6	7	8	9	10	11	12	13	14	15	16	17	18	19	20
0	0	20	40	60	80	100	120	140	160	180	200	220	240	260	280	300	320	340	360	380	400
50	0	0	0	10	30	50	70	90	111	131	151	171	191	211	231	251	271	291	311	331	351
100	0	0	0	0	0	4	21	41	61	81	101	121	141	161	181	201	221	241	261	281	301
150	0	0	0	0	0	0	1	12	31	51	71	91	111	131	151	171	191	211	231	251	
250	0	0	0	0	0	0	0	0	0	0	2	13	32	52	72	92	112	132	152		
300	0	0	0	0	0	0	0	0	0	0	0	0	0	1	7	22	42	62	82	102	
400	0	0	0	0	0	0	0	0	0	0	0	0	0	0	0	0	0	0	0	1	9
500	0	0	0	0	0	0	0	0	0	0	0	0	0	0	0	0	0	0	0	0	0

---

① 1ppm=$1×10^{-6}$，下同。

表 4-1 数据在坐标系中表示如图 4-9 所示。

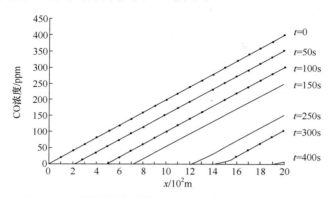

图 4-9　不同时刻隧道纵向 CO 浓度分布图(v_r＝5m/s)

表 4-2　不同时刻隧道纵向 CO 浓度值(v_r＝8m/s)　　　（单位:ppm）

$x/10^2$m t/s	0	1	2	3	4	5	6	7	8	9	10	11	12	13	14	15	16	17	18	19	20
0	0	20	40	60	80	100	120	140	160	180	200	220	240	260	280	300	320	340	360	380	400
50	0	0	0	0	3	21	41	61	81	101	121	141	161	181	201	221	241	261	281	301	321
100	0	0	0	0	0	0	0	4	21	41	61	81	101	121	141	161	181	201	221	241
150	0	0	0	4	0	0	0	0	4	0	5	22	42	62	82	102	122	142	162
250	0	0	0	0	4	0	0	0	0	0	0	4	0	0	0	0	0	0	1	6
300	0	0	0	0	4	0	0	0	0	0	0	4	0	0	0	0	0	0	0	0

表 4-2 数据在坐标系中表示如图 4-10 所示。

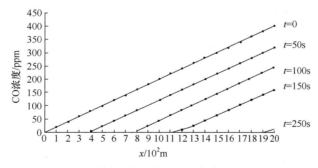

图 4-10　不同时刻隧道纵向 CO 浓度分布图(v_r＝8m/s)

2. 隧道内有车辆时

设在该隧道内每隔 50m 一辆小客车,一共 41 辆,且空气速度为 5m/s。当 t＝0

时刻 CO 的最大浓度为 0,不同时刻隧道纵向 CO 浓度值,见表 4-3。当 $t=0$ 时刻 CO 的最大浓度为 400ppm,不同时刻隧道纵向 CO 浓度值,见表 4-4。

表 4-3　不同时刻隧道纵向 CO 浓度值　　　　　（单位:ppm）

$x/10^2$m　　　t/s	0	1	2	3	4	5	6	7	8	9	10	11	12	13	14	15	16	17	18	19	20
0	0	0	0	0	0	0	0	0	0	0	0	0	0	0	0	0	0	0	0	0	0
50	0	1	2	3	3	3	3	3	3	3	3	3	3	3	3	3	3	3	3	3	3
100	0	1	2	4	5	5	5	5	5	5	5	5	5	5	5	5	5	5	5	5	5
150	0	1	2	4	5	6	7	8	8	8	8	8	8	8	8	8	8	8	8	8	8
250	0	1	2	4	5	6	7	8	10	11	12	13	13	13	13	13	13	13	13	13	13
300	0	1	2	4	5	6	7	8	10	11	12	14	15	15	16	16	16	16	16	16	16
400	0	1	2	4	5	6	7	8	10	11	12	14	15	16	17	18	19	20	21	22
500	0	1	2	4	5	6	7	8	10	11	12	14	15	16	17	18	19	20	21	22

表 4-3 数据在坐标系中表示如图 4-11 所示。

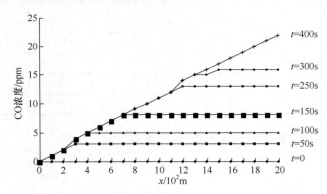

图 4-11　不同时刻隧道纵向 CO 浓度分布图

表 4-4　不同时刻隧道纵向 CO 浓度值　　　　　（单位:ppm）

$x/10^2$m　　　t/s	0	1	2	3	4	5	6	7	8	9	10	11	12	13	14	15	16	17	18	19	20
0	0	20	40	60	80	100	120	140	160	180	200	220	240	260	280	300	320	340	360	380	400
50	0	1	3	15	39	63	88	112	136	160	184	208	232	256	280	304	328	352	376	400	424
100	0	1	2	4	5	10	31	55	79	103	127	151	175	199	223	247	271	295	319	343	367
150	0	1	2	4	5	6	7	9	22	46	70	94	118	142	166	190	214	238	262	286	310
250	0	1	2	4	5	6	7	8	9	10	11	13	16	29	52	76	100	124	148	172	196
300	0	1	2	4	5	6	7	8	9	10	11	12	14	15	17	25	43	67	91	115	139

续表

$x/10^2$m t/s	0	1	2	3	4	5	6	7	8	9	10	11	12	13	14	15	16	17	18	19	20
400	0	1	2	4	5	6	7	8	9	10	11	12	14	15	16	17	18	19	20	23	23
500	0	1	2	4	5	6	7	8	9	10	11	12	14	15	16	17	18	19	20	21	22
600	0	1	2	4	5	6	7	8	9	10	11	12	14	15	16	17	18	19	20	21	22

表 4-4 数据在坐标系中表示如图 4-12 所示。

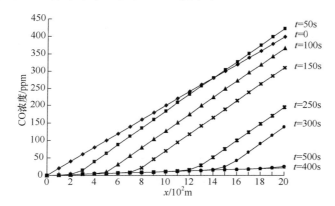

图 4-12　不同时刻隧道纵向 CO 浓度分布图

从图 4-9 可知,当空气流速为 5m/s 时,经过 400s,剩余 CO 浓度最大值为 9ppm;从图 4-10 可知,当空气流速为 8m/s 时,经过 250s,剩余 CO 浓度最大值为 6ppm,因此 CO 排空的时间接近 $t=L/v_r$,且当扩散系数一定时,空气流速越大,扩散作用相对于对流作用就越弱。从图 4-11 和图 4-12 可见,当有车辆且 0 时刻 CO 的最大浓度为 0 时,经过 400s 后,CO 的最大浓度达到稳定值 22ppm;当 0 时刻 CO 的最大浓度为 400ppm 时,经过 400s 后,CO 的最大浓度几乎达到稳定值 22ppm。因此初始 CO 浓度只影响初始时刻 L/v_r 时间内隧道污染物分布,对此之后无影响。其中 L 为隧道长度,v_r 为空气流速。

4.3.3　污染物浓度分布与车辆在隧道内的位置关系

假设车辆数一定,共 15 辆,其中小客车和柴油车共 7 辆,大型车 2 辆,中型车 2 辆,旅行车 4 辆,隧道空气流速为 5m/s。且任何一时刻隧道内车辆数及车辆组成比例不变;它们初始位置分以下几种情况:

(1) 假设车辆起始位置为任意,见表 4-5,不同时刻隧道纵向 CO 浓度值,见表 4-6。

表 4-5　初始时刻车辆位置

位置/m	0	10	60	100	230	500	650	880	1000	1350	1540	1650	1780	1900	1950
类型	大	旅行	小	中	小	大	旅行	小	中	小	旅行	小	小	小	旅行

表 4-6　不同时刻隧道纵向 CO 浓度值　（单位：ppm）

$x/10^2$m ＼ t/s	0	1	2	3	4	5	6	7	8	9	10	11	12	13	14	15	16	17	18	19	20
0	0	0	0	0	0	0	0	0	0	0	0	0	0	0	0	0	0	0	0	0	0
50	1	5	5	3	0	3	3	4	1	3	3	2	0	0	0	0	0	0	1	1	2
100	1	5	5	6	6	6	4	5	4	5	4	3	3	3	3	1	0	1	1	1	3
150	1	5	5	6	4	6	5	6	5	6	5	4	3	3	3	3	2	1	2	2	3
250	1	5	5	6	6	9	9	10	10	11	13	13	10	8	8	8	7	6	5	5	6
300	1	5	5	6	6	9	9	10	10	11	13	13	13	12	9	8	8	8	7	7	7
400	1	5	5	6	6	9	9	10	10	11	13	13	13	13	13	13	14	14	14	12	11
500	1	5	5	6	6	9	9	10	10	11	13	13	13	13	13	13	14	14	14	14	16
600	1	5	5	6	6	9	9	10	10	11	13	13	13	13	13	13	14	14	14	14	16

表 4-6 数据在坐标系中表示如图 4-13 所示。

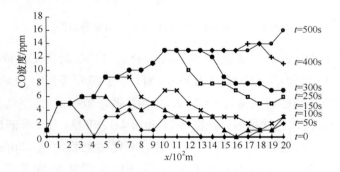

图 4-13　不同时刻隧道纵向 CO 浓度分布图

（2）假设车辆起始位置集中于入口处，见表 4-7，不同时刻隧道纵向 CO 浓度值，见表 4-8。

表 4-7　初始时刻车辆位置

位置/m	0	10	20	30	40	50	60	70	80	90	100	110	120	130	140
类型	大	旅行	小	中	小	大	旅行	小	中	小	旅行	小	小	小	旅行

表 4-8　不同时刻隧道纵向 CO 浓度值　　　　　　（单位：ppm）

t/s＼x/10²m	0	1	2	3	4	5	6	7	8	9	10	11	12	13	14	15	16	17	18	19	20
0	0	0	0	0	0	0	0	0	0	0	0	0	0	0	0	0	0	0	0	0	0
50	1	13	16	6	0	0	0	0	0	0	0	0	0	0	0	0	0	0	0	0	0
100	1	13	16	16	16	16	10	1	0	0	0	0	0	0	0	0	0	0	0	0	0
150	1	13	16	16	16	16	16	13	3	0	0	0	0	0	0	0	0	0	0	0	0
250	1	13	16	16	16	16	16	16	16	16	15	9	2	0	0	0	0	0	0	0	0
300	1	13	16	16	16	16	16	16	16	16	16	15	11	4	0	0	0	0	0	0	0
400	1	13	16	16	16	16	16	16	16	16	16	16	16	16	16	16	16	16	14	8	2
500	1	13	16	16	16	16	16	16	16	16	16	16	16	16	16	16	16	16	16	16	16
600	1	13	16	16	16	16	16	16	16	16	16	16	16	16	16	16	16	16	16	16	16

表 4-8 数据在坐标系中表示如图 4-14 所示。

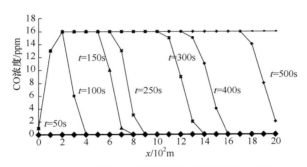

图 4-14　不同时刻隧道纵向 CO 浓度分布图

（3）假设车辆起始均匀分布于全隧道，见表 4-9，不同时刻隧道纵向 CO 浓度值，见表 4-10。

表 4-9　初始时刻车辆位置

位置/m	6	148	290	432	574	716	858	1000	1142	1284	1426	1568	1710	1852	1994
类型	大	旅行	小	中	小	大	旅行	小	中	小	旅行	小	小	小	旅行

表 4-10　不同时刻隧道纵向 CO 浓度值

t/s＼x/10²m	0	1	2	3	4	5	6	7	8	9	10	11	12	13	14	15	16	17	18	19	20
0	0	0	0	0	0	0	0	0	0	0	0	0	0	0	0	0	0	0	0	0	0
50	0	3	4	2	1	3	3	1	4	1	2	3	3	1	0	0	0	0	1	1	2
100	0	3	4	5	5	5	3	6	6	5	4	3	3	2	1	1	1	1	1	1	2

续表

$x/10^2$m t/s	0	1	2	3	4	5	6	7	8	9	10	11	12	13	14	15	16	17	18	19	20
150	0	3	4	5	5	7	7	6	7	8	8	7	8	8	6	4	4	3	3	2	3
250	0	3	4	5	5	7	8	8	11	12	12	12	12	12	11	10	10	9	8	7	7
300	0	3	4	5	5	7	8	8	12	12	12	14	14	13	12	12	11	10	10	10	10
400	0	3	4	5	5	7	8	8	12	12	12	14	14	14	14	15	14	15	14	13	13
500	0	3	4	5	5	7	8	8	12	12	12	14	14	14	14	15	15	15	16	16	16
600	0	3	4	5	5	7	8	8	12	12	12	14	14	14	14	15	15	15	16	16	16

表4-10数据在坐标系中表示如图4-15所示。

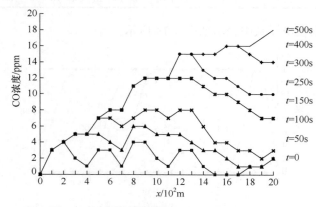

图4-15　不同时刻隧道纵向CO浓度分布图

从图4-13～图4-15可知,各图CO浓度恒定值的最大值都为16ppm,因此,恒定后CO浓度最大值只取决于隧道内车辆数及车辆组成,且与车辆在隧道内的具体分布无关。

4.3.4 污染物浓度分布与隧道内平均车辆数的关系

(1)每时刻车辆数不变时,假设每时刻都为40辆,且车辆组成不变,均匀分布于隧道中;空气速度为8m/s;不同时刻隧道纵向CO浓度值见表4-11。

表4-11　不同时刻隧道纵向CO浓度值

$x/10^2$m t/s	0	1	2	3	4	5	6	7	8	9	10	11	12	13	14	15	16	17	18	19	20
0	0	0	0	0	0	0	0	0	0	0	0	0	0	0	0	0	0	0	0	0	0
50	0	1	1	2	2	2	2	2	2	2	2	2	2	2	2	2	2	2	2	2	2

续表

$x/10^2m$ t/s	0	1	2	3	4	5	6	7	8	9	10	11	12	13	14	15	16	17	18	19	20
100	0	1	1	2	2	3	3	4	4	4	4	4	4	4	4	4	4	4	4	4	4
150	0	1	1	2	2	3	3	4	5	5	6	6	6	6	6	6	6	6	6	6	6
250	0	1	1	2	2	3	3	4	5	5	6	7	8	8	9	9	10	10	11	11	11
300	0	1	1	2	2	3	4	4	5	6	6	7	8	8	9	9	10	10	11	11	12
400	0	1	1	2	2	3	3	4	5	5	6	6	7	8	8	9	9	10	10	11	12

表 4-11 数据在坐标系中表示如图 4-16 所示。

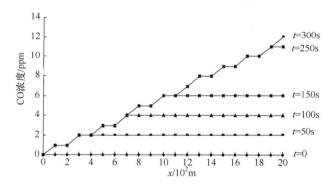

图 4-16　不同时刻隧道纵向 CO 浓度分布图

（2）隧道内车辆数每时刻都在变化,但期望值 40 辆及车辆组成不变。由交通流模型可知,隧道内车辆数服从泊松分布。设车辆均匀分布于隧道中;空气速度为 8m/s;不同时刻隧道纵向 CO 浓度值见表 4-12。

表 4-12　不同时刻隧道纵向 CO 浓度值

$x/10^2m$ t/s	0	1	2	3	4	5	6	7	8	9	10	11	12	13	14	15	16	17	18	19	20
0	0	0	0	0	0	0	0	0	0	0	0	0	0	0	0	0	0	0	0	0	0
50	0	1	1	2	2	2	2	2	2	2	2	2	2	2	2	2	2	2	2	2	2
100	0	1	1	2	3	3	4	4	5	5	5	5	5	5	5	5	5	5	5	5	5
150	0	1	1	2	3	3	4	4	5	6	6	7	7	7	7	7	7	7	7	7	7
250	0	1	1	2	3	3	4	5	6	6	7	8	8	9	9	10	10	11	11	12	12
300	0	1	1	2	3	3	4	5	6	6	7	8	9	9	10	10	11	11	12	12	12

表 4-12 数据在坐标系中表示如图 4-17 所示。

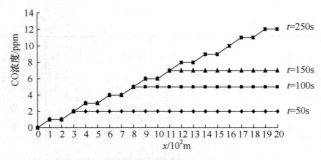

图 4-17　不同时刻隧道纵向 CO 浓度分布图

（3）当车辆数（或期望值）为 60 辆时，上面（1）（2）其他条件不变，不同时刻隧道纵向 CO 浓度值分别见表 4-13 和表 4-14。

表 4-13　不同时刻隧道纵向 CO 浓度值

$x/10^2$m ＼ $t/$s	0	1	2	3	4	5	6	7	8	9	10	11	12	13	14	15	16	17	18	19	20
0	0	0	0	0	0	0	0	0	0	0	0	0	0	0	0	0	0	0	0	0	0
50	0	1	2	3	3	3	3	3	3	3	3	3	3	3	3	3	3	3	3	3	3
100	0	1	2	3	3	4	5	6	6	6	6	6	6	6	6	6	6	6	6	6	6
150	0	1	2	3	3	4	5	6	7	8	9	10	10	10	10	10	10	10	10	10	10
250	0	1	2	3	3	4	5	6	7	8	9	10	10	11	12	13	14	15	16	16	16
300	0	1	2	3	3	4	5	6	7	8	9	10	10	11	12	13	14	15	16	17	17
400	0	1	2	3	3	4	5	6	7	8	9	10	10	11	12	13	14	15	16	17	17

表 4-13 数据在坐标系中表示如图 4-18 所示。

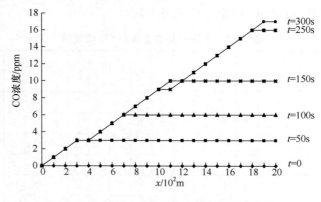

图 4-18　不同时刻隧道纵向 CO 浓度分布图

表 4-14　不同时刻隧道纵向 CO 浓度值

$x/10^2$ m t/s	0	1	2	3	4	5	6	7	8	9	10	11	12	13	14	15	16	17	18	19	20
0	0	0	0	0	0	0	0	0	0	0	0	0	0	0	0	0	0	0	0	0	0
50	0	1	2	3	4	4	4	4	4	4	4	4	4	4	4	4	4	4	4	4	4
100	0	1	2	2	3	4	5	6	7	7	7	7	7	7	7	7	7	7	7	7	7
150	0	1	2	3	4	5	6	7	8	9	10	10	10	10	10	10	10	10	10	10	10
250	0	1	2	2	3	4	5	6	7	8	9	10	11	12	12	13	14	15	16	16	16
300	0	1	2	2	3	4	5	6	7	8	9	10	11	12	12	13	14	15	16	16	17
400	0	1	2	2	3	4	5	6	7	8	9	10	11	12	13	14	15	15	16	16	17

表 4-14 数据在坐标系中表示如图 4-19 所示。

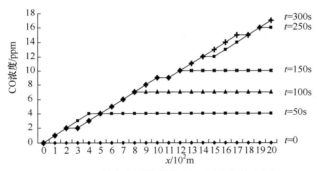

图 4-19　不同时刻隧道纵向 CO 浓度分布图

从图 4-16、图 4-17 可知,当隧道内车辆数恒为 40 辆或期望值为 40 辆时,CO 浓度达到恒定时,最大值都为 12ppm;从图 4-18、图 4-19 知,当隧道内车辆数恒为 60 辆或期望值为 60 辆时,恒定时的 CO 浓度最大值都为 17ppm;可见当车辆随时间不恒定时,CO 浓度最大值只与此期间内车辆数的期望值有关。且从图 4-9～图 4-19 知,CO 浓度分布达到稳定时间约为 L/v_r。

由于烟雾等其他气体都服从气体对流-扩散方程,因而计算出的结果与 CO 一样。通过前面的分析可发现,在源项恒定的情况下,隧道纵向污染物浓度分布有如下规律:

(1) 污染物浓度分布大致经过时间 L/v_r 达到稳定,其中 L 为隧道长度,v_r 为空气流速。

(2) 隧道内污染物排空时间接近 $t=L/v_r$,初始时刻污染物浓度基本只影响 $t=0$ 时刻开始 L/v_r 时间内隧道污染物分布,对其之后几乎无影响。

(3) 对于特定隧道,当车速和空气流速一定时,污染物浓度分布达到恒定后的最大值只取决于某时间段内车辆数量期望值及车辆组成,与任意瞬时隧道内车辆数及车辆在隧道内具体分布无关,但污染物沿隧道长度方向的分布则与源项的位置分布有关。

4.4　源项动态变化时的污染物浓度分布

前面采用的是控制容积法来研究源项恒定时的污染物浓度分布,并得出一些很有意义的结论。但现实中隧道内的车辆是不断运动的,而且伴随着不同车辆的驶入和驶出,计算中的源项不仅位置在发生变化,而且大小也在发生改变。下面将采用基于网格节点的离散方法来建立一维对流扩散的差分方程,并与交通流仿真技术相结合,研究污染源项动态变化时隧道内的污染物浓度分布情况。

为了更准确地模拟实际,污染物浓度分布的计算中必须获得各个时刻污染源项的大小及在隧道内的分布情况,因而必须确切地知道各个时刻车辆在隧道内的位置。交通流微观仿真技术可以获得不同时刻隧道内各车辆的运行动态,故将交通流仿真与差分方程求解相结合即可求得污染物浓度的动态分布情况。

4.4.1　初始条件和边界条件

与控制容积法类似,求解一维对流扩散方程[式(4-7b)]时需知道初始条件和边界条件。

1) 初始条件

假定在 $t=0$ 时刻,隧道内污染物浓度沿长度方向的分布是已知的,即

$$C(x,t)\big|_{t=0}=f(x) \tag{4-20}$$

2) 边界条件

由于隧道入口处的污染物浓度为大气背景浓度,为已知值,通常假定等于 0,即

$$C(x,t)\big|_{x=0}=0 \tag{4-21}$$

在隧道出口处,为了创造边界条件,便于差分方程的求解,人为地多添加一段虚拟的隧道,该虚拟的隧道内没有源项,且污染物浓度与隧道实际出口段的污染物浓度相同,即污染物浓度对位置的偏导数在该处为 0,数学表达式为

$$\frac{\partial C(x,t)}{\partial x}\bigg|_{x=L}=0 \tag{4-22}$$

4.4.2　基于网格节点的差分离散格式

建立一维对流扩散方程的差分格式时,考虑到数值计算的稳定性,时间项采用全隐格式;由于扰动仅能沿流动方向传播,故对流项采用迎风差分格式;由于扩散项具有把扰动向四周传递的特性,采用中心差分格式较好,但考虑到一阶迎风格式具有守恒性,而且绝对稳定,故也采用迎风差分格式[10~12]。为了便于求解方便,长

度方向的网格和时间方向的网格都采用均匀划分,划分好的差分网格如图 4-20 所示。在长度方向离散为 N 个节点,步长为 h;在时间方向离散为 M 个节点,步长为 t,节点 (n,j) 处源项为 $q(n,j)$。

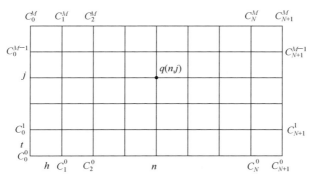

图 4-20　差分网格

对于初始条件而言,可以为预先假定的输入值,也可以为上次计算的结果,即污染物的当地浓度。对于入口的边界而言[式(4-21)],为了便于差分方程的建立,需建立一个虚拟节点 0,使得

$$C_0^j = C_1^j$$

同样在出口边界,也建立一个虚拟节点 $N+1$,使得

$$C_N^j = C_{N+1}^j$$

建立的扩散方程的差分格式和离散型的初始条件及边界条件如下:

$$\begin{cases} \dfrac{C_n^j - C_n^{j-1}}{t} = k\,\dfrac{C_{n-1}^j + C_{n+1}^j - 2C_n^j}{h^2} - v\,\dfrac{C_n^j - C_{n-1}^j}{h} + q(n,j), \\ \qquad\qquad\qquad\qquad\qquad\qquad\qquad\qquad\qquad 1 \leqslant j \leqslant M, 1 \leqslant n \leqslant N \\ C_n^0 = C_n^0, \\ C_0^j = 0, \quad C_N^j = C_{N+1}^j, \end{cases}$$

$$(4\text{-}23)$$

式中,$h = L/N$;$t = T/M$;C_n^0 为已知的初始值。节点 $N+1$ 代表的是多添加的那段隧道,该节点本身无实际意义,只是为了方便求出节点 N 在长度方向的二阶差商,因为采用的向后差分,故求二阶差商时只需添加一个节点。

当在时间方向上只有一个步长时,网格如图 4-21 所示。

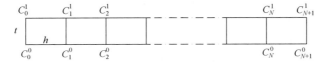

图 4-21　一个时间步长的差分网格

由差分方程(4-23)可以写出该条件下的矩阵表达式如下:

$$\begin{bmatrix} b & c & & & & \\ a & b & c & & & \\ & \ddots & \ddots & \ddots & & \\ & & & a & b & c \\ & & & & a & b+c \end{bmatrix} \begin{bmatrix} C_1^1 \\ C_2^1 \\ \vdots \\ C_{N-1}^1 \\ C_N^1 \end{bmatrix} = \begin{bmatrix} d_1 \\ d_2 \\ \vdots \\ d_{N-1} \\ d_N \end{bmatrix} \qquad (4\text{-}24)$$

式中

$$a = \frac{tk}{h^2} + \frac{vt}{h}, \quad b = -1 - \frac{2tk}{h^2} - \frac{vt}{h}, \quad c = \frac{tk}{h^2};$$

$$d_1 = -\left(C_1^0 + \frac{tk}{h^2} C_0^1 + \frac{vt}{h} C_0^1 + q_1 t \right)$$

$$d_j = -(C_j^0 + q_j t), \quad 1 < j \leqslant N$$

该系数矩阵为三对角矩阵,可用追赶法求解出 C_j^1($1 \leqslant j \leqslant N$)。在求解图 4-20 的差分网格时,求出 C_j^1 后将其作为初值,继而可以按式(4-24)求出 $C_j^2, C_j^3, \cdots, C_j^M$($1 \leqslant j \leqslant N$)。

4.4.3　污染源项的计算

污染源项的计算包括源项的大小和位置,污染源项的大小可以根据车辆随机产生的特性参数采用式(4-18)和式(4-19)实时计算,源项的位置在于确定其在差分网格中所贡献的节点。仿真程序得到的是任意时刻车辆在隧道内的位置分布,为了求解差分方程,还需将每个源项的位置和对应的时刻转换成网格节点的坐标 (n,j),结合前面的工作就得到差分方程中的源项 $q(n,j)$。但由于计算中不可能所有的源项都恰好位于网格节点上,事实上大部分的源项都是跳跃着行进的(交通流仿真的局限性),源项很难恰好与网格节点重合。但为了简便起见,这里假定由源项的最终位置确定其贡献的节点。

正因为仿真结果是求解差分方程的基础,故它也影响着差分方程求解结果的精度。在划分差分网格时必须做到以下两点:

(1) 时间方向的步长 t 不得小于仿真程序中的时间扫描步长。

由于在交通流的仿真程序中采用的是时间扫描法,车辆位置的改变以扫描时间步长为基准,因此在小于该时间步长的时段内,车位置不会发生改变。若 t 小于扫描时间步长,则差分网格上将会出现两相邻时刻源项完全相同的情况。

(2) 长度方向的步长 h 不得小于在 t 时刻内源项位置改变的最大值。

因为每个源项只能贡献到一个节点上,为了提高计算精度,必须使它影响的节点越少越好。实际上,源项在移动时至少影响了 2 个节点(两节点间移动,不经过节点)或 3 个节点(经过一个节点),也就是说,在源项位置发生改变时,必须保证它最多只能经过一个节点。

4.4.4　污染物浓度的动态分布

在隧道通风设计中,通常假定污染物浓度呈三角形分布,出洞处浓度最大,且是稳定的,而在对仿真程序的测试中发现上述假定与实际情况有些出入,现将仿真的结果总结如下。

(1) 隧道内污染物浓度的分布严重受交通流的影响。

因为交通流是随机的,故浓度分布曲线也是不规则的,从入口到出口方向,污染物浓度不是一直变大,而是起伏着的,不过总的来看还是呈上升趋势,如图 4-22 所示。当然,由于隧道内交通流时刻都在变化,浓度分布曲线也在时刻变化着。

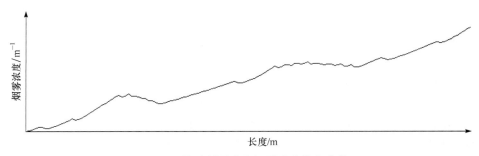

图 4-22　某时刻隧道内烟雾浓度分布曲线

(2) 三角形分布只出现在均匀流的情况下。

当隧道内的车辆全是小车,且沿隧道均匀分布时,CO 浓度的分布图就接近三角形分布,如图 4-23 所示。若将隧道内的车辆全部设定为大车,仍然沿隧道均匀分布,对应的烟雾浓度分布也类似三角形分布,如图 4-24 所示。

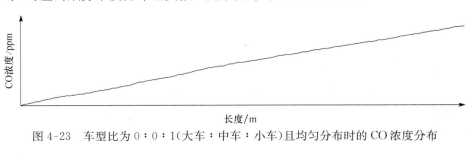

图 4-23　车型比为 0 : 0 : 1(大车 : 中车 : 小车)且均匀分布时的 CO 浓度分布

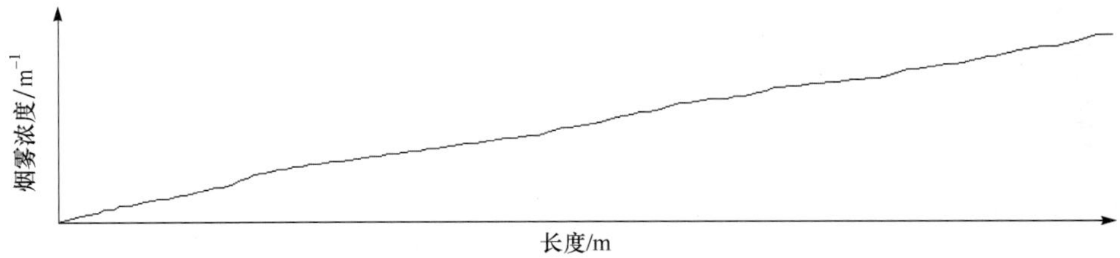

图 4-24　车型比为 1 : 0 : 0(大车 : 中车 : 小车)且均匀分布时的烟雾浓度分布

（3）在某一时刻隧道内污染物浓度的最大值不一定出现在出洞处。

对于隧道内的气体而言，从它们进洞到出洞的过程中，不断有车辆穿过并排出污染物，同时又与外界没有质量交换，这就使得污染物越积越多，到出口时，达到最大值。但是，在某一时刻来看，污染物浓度最大处并不一定是在出口，如图4-25所示，甚至在隧道中部就成为最大值了。当然，随着车辆的行进，该峰值的位置也会移动，并且浓度值继续增大，在出洞口时达到其本身的最大值。

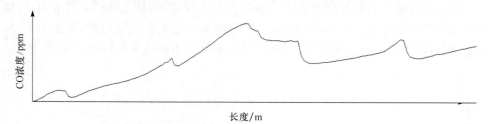

图4-25　车型比为0.2∶0.3∶0.5(大车∶中车∶小车)某时刻的CO浓度分布

（4）沿隧道长度方向污染物浓度可能有多处峰值。

由于隧道内不允许超车，故一些车辆处于跟驰行驶状态，再加上车辆入洞的随机性，使得洞内一些地方车辆密度大，一些地方车少甚至没有车。车辆密度大的地方污染物排放量也高，容易形成峰值，若车辆密集的地方不止一处，那么污染物浓度就可能形成多处峰值，如图4-26所示。

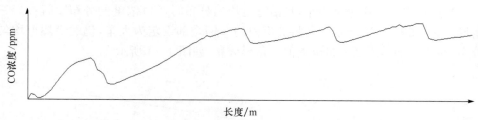

图4-26　车型比为0.5∶0.3∶0.2(大车∶中车∶小车)某时刻的CO浓度分布

（5）当车辆在隧道内行进时，因为车辆后方的污染物浓度大于车辆前方，在CO或烟雾浓度的动态分布曲线上表现为一个个"波浪"向前推进，"波峰"的大小即代表源项的大小，如图4-27所示。

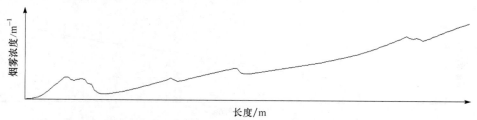

图4-27　车型比为0.5∶0.3∶0.2(大车∶中车∶小车)某时刻的烟雾浓度分布

4.5 本 章 小 结

本章对公路隧道纵向通风系统中的污染物浓度分布进行了研究,并采用数值计算的方法对一维对流扩散方程进行了求解,获得了隧道内污染物浓度在隧道纵向上的分布。

（1）在研究源项稳定对污染物浓度分布的影响时,采用控制容积法对一维对流扩散方程进行离散,并计算不同情况下隧道内的污染物浓度分布。通过计算发现,在源项的大小及位置恒定的情况下:

① 污染物浓度分布大致经过时间 L/v_r 达到稳定,其中 L 为隧道长度,v_r 为空气流速。

② 隧道内污染物排空时间接近 $t=L/v_r$,初始时刻污染物浓度基本只影响 0 时刻开始 L/v_r 时间内隧道污染物分布,对其之后几乎无影响。

③ 对于特定隧道,当车速和空气流速一定时,污染物浓度分布达到恒定后的最大值只取决于某时间段内车辆数量期望值及车辆组成,与任意瞬时隧道内车辆数及车辆在隧道内具体分布无关。但污染物浓度沿隧道纵向上的分布则与源项的位置及分布有关。

（2）在研究源项非稳定(动态变化)情况下污染物浓度分布问题时,采用了隧道内交通流仿真技术与有限差分数值方法相结合的综合研究手段。通过对隧道内交通流的微观仿真,获得隧道内所有车辆个体的行进动态,从而获得一维对流扩散方程中的污染源项动态(位置及大小)。同时,采用有限差分的方法对一维对流扩散方程进行离散,结合交通流微观仿真获得污染物源项数据,实时求解对流扩散差分方程,得到污染物浓度在隧道纵向上的动态分布。

通过对污染物浓度动态分布的分析可以发现:

① 隧道内污染物浓度的分布严重受交通流的影响,三角形分布只出现在均匀流的情况下。

② 在某一时刻隧道内污染物浓度的最大值不一定出现在出洞处,沿隧道长度方向污染物浓度可能有多处峰值,这是由于车辆的跟驰行驶造成的。

③ 当车辆在隧道内行进时,因为车辆后方的污染物浓度大于车辆前方,在一氧化碳(CO)浓度或烟雾浓度(VI)动态分布曲线上表现为一个个的"波浪"向前推进,"波峰"的大小即代表源项的大小。

参 考 文 献

[1] 陶文铨. 数值传热学. 西安:西安交通大学出版社,1995.

[2] 张也影. 流体力学. 北京:高等教育出版社,1998.

［3］周光坰. 流体力学. 北京：高等教育出版社，1993.

［4］孙祥海，等. 计算流体力学导论. 上海：上海交通大学出版社，1986.

［5］周谟仁. 流体力学泵与风机. 北京：中国建筑工业出版社，1994.

［6］刘光宗. 流体力学原理与分析方法. 北京：高等教育出版社，1992.

［7］冯炼，等. 地铁阻塞通风的数值模拟. 中国铁道科学，2002，23(3)：120－121.

［8］范厚彬，樊志华，董明刚. 公路长隧道污染物的运移机理及一维解析分析. 交通运输工程学报，2002，2(3)：57－59.

［9］Chen P H，Lai J H，Lin C T. Application of fuzzy control to a road tunnel ventilation system. Fuzzy Sets and Systems，1998，(100)：11－12.

［10］何世龙. 公路长隧道前馈式通风控制系统原理与方法研究. 成都：西南交通大学硕士学位论文，2004.

［11］李祖伟，何川，方勇，等. 公路隧道污染物纵向分布的数值模拟. 现代隧道技术，2005，4(42)：68－72.

［12］顾尔祚. 流体力学有限差分法基础. 上海：上海交通大学出版社，1988.

第5章 单体公路隧道通风系统的前馈式智能模糊控制

从隧道营运通风控制的角度看,可以将公路隧道分为以下三种类型:单体隧道、隧道群及毗邻隧道。其中单体隧道的特点是隧道之间相距很远,隧道之间交通流影响也很小,各隧道的通风系统及营运控制需独立考虑。隧道群的特点是隧道之间相距较远,隧道之间交通流有一定影响,各隧道通风系统营运控制需要彼此间的交通流相关关系。毗邻隧道作为隧道群的一种特殊形式,其特点是隧道之间距离很近,不仅隧道之间交通流有严重影响,而且上下游隧道洞口间的污染物窜流相互影响严重,此时各隧道的通风系统营运控制彼此不独立,必须考虑隧道间的相互影响。本章首先以单体公路隧道为对象进行前馈式智能通风控制系统研究与设计。

5.1 模糊控制简介

5.1.1 模糊控制的基本思想

控制理论的发展与数学有着密切的关系,尤其是现代控制理论的发展,这种关系就更为密切。无论是采用经典控制理论还是采用现代控制理论来设计一个自动控制系统,都需要事先建立被控对象的数学模型,需要知道模型的结构、阶次、参数等。在此基础之上合理地选择控制策略,进行控制器的设计。然而大量的实践告诉我们,在许多情况下,被控制对象由于其过程复杂、机理有不明之处、缺乏必要的检测手段或者测试装置不能进入被测试区域等各种原因,致使无法建立被控过程的数学模型。有人称这种对象为"黑盒子"、"灰盒子"。

模糊控制的基本思想就是避开复杂数学模型的建立,利用计算机来实现人的控制经验,而人的控制经验一般是用语言来表达的,这些语言表达的控制规则又带有相当的模糊性。如人工控制水槽水位的经验可以表达为

(1)若水槽无水或水较少时,则开大水阀。

(2)若水位和要求的水位相差不太大,则把水阀关小。

(3)若水位快接近要求的水位时,则把阀门关得很小。

这些经验规则中,"较少"、"不太大"、"接近"、"开大"、"关小"、"关得很小"这些表示水位状态和控制阀门动作的概念都带有模糊性,这些规则的形式正是模糊条件语句的形式,可以使用模糊数学的方法来描述过程变量和控制作用的这些模糊概念及它们之间的关系,又可以根据这些模糊关系及某时刻过程变量的检测值(需

化成模糊量)用模糊逻辑推理的方法得出此时刻的控制量。这正是模糊控制的基本思路。

　　由于模糊控制器的模型不是由数学公式表达的数学模型,而是由一组模糊条件语句构成的语言形式,因此从这个角度上讲,模糊控制器又称为模糊语言控制器。也由于模糊控制器的模型是由带模糊性的有关控制人员和专家的控制经验及知识组成的知识模型,是基于知识的控制,因此模糊控制属于智能控制的范畴。因此,模糊控制是以人的控制经验作为控制的知识模型,以模糊结合、模糊语言变量及模糊逻辑推理作为控制算法的数学工具,用计算机来实现的一种智能控制[1,2]。

　　近30年来,模糊控制从理论和技术上都得到了长足的发展,成为自动控制领域内一个非常活跃的分支。从20世纪70年代末期开始,我国学者也在模糊控制理论及应用方面积极展开研究工作,并取得了丰硕的成果[3,4]。

5.1.2　前馈通风系统引入模糊控制的必要性

　　在前馈控制法中,前馈信号不是一个精确信息,它是由交通流预测模型、空气动力学模型和污染物扩散模型确定的,而这三类模型都有各自的缺陷或不足。在交通流预测模型中,预测车型比时误差较大,更无法区分汽油车和柴油车;在空气动力学模型中,没有考虑自然风压的变化,计算车辆活塞风时对车型的划分过于笼统,射流风机的能量损失系数也因影响因素复杂而难以准确计算;在污染物扩散模型中,没有考虑射流风机及源项本身的扰动对污染物分布的影响,也忽略了污染物在横向上的扩散。另外前馈式通风系统中,输入信号包括前馈信号和后馈信号。后馈信号中的 CO/VI 计检测值为点浓度,而前馈信号中的 CO/VI 值则为一段时间内的平均浓度,二者之间的关系也是模糊的。

　　由于上面这些因素,在通风系统中,被控对象(下一时段隧道内的 CO、VI 值)与控制器输入量(CO/VI 计检测值与预测值)之间难以建立精确的数学模型,有必要采用智能模糊控制器。

5.1.3　模糊控制系统的组成

　　模糊控制系统的结构与一般的数字控制系统基本类似,只不过它的控制器为模糊控制器(fuzzy logic controller,FLC)。它也是一个计算机数字控制系统,控制器由计算机实现,需要模数(A/D)、数模(D/A)转换接口,以实现计算机与模拟环节的连接。一个典型的模糊控制系统的框图如图 5-1 所示。

　　由图 5-1 可见,模糊控制系统也是一个闭环后馈控制系统,被控制量要后馈到控制器,与设定值相比较,根据误差信号进行控制。模糊控制系统由以下几个部分组成:模糊控制器、输入输出接口、检测装置、执行元件和被控对象。

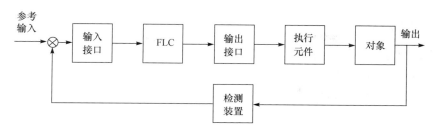

图 5-1　模糊控制系统构成

1）被控对象

被控对象是一种设备或装置或是若干个装置或设备组成的群体，它在一定的约束条件下实现人们的某种目的。在隧道通风的模糊控制系统中，被控对象即为隧道内空气中的污染物浓度。

2）检测装置

检测装置一般包括传感器和变送装置，用于检测各种非电量如温度、速度、压力、浓度、成分等并变换放大为标准的电信号，包括模拟或数字等形式。在隧道通风的模糊控制系统中，检测装置主要为车辆检测器（TC）、CO 计、VI 计、风速检测器（TW）四种，它们为模糊控制器提供数据的实时在线检测。一般检测装置的精度级别应该高于系统的精度控制指标，但是，在通常认为以高精度为控制目标的控制系统中不宜采用模糊控制方案，因此在模糊控制系统中检测装置的精度应视具体的控制指标要求来确定。

3）执行元件

执行元件是模糊控制器向被控对象施加控制作用的装置，其实现的控制作用常表现为使角度、位置发生变化，如工业过程控制中应用最普遍的各种调节阀。在通风控制系统中，执行元件即为射流风机。

4）输入输出接口

输入输出接口是实现模糊控制算法的计算机与控制系统连接的桥梁。从图 5-1 可以看出，输入接口主要与检测装置连接，把检测信号转换为计算机能识别处理的数字信号并输入计算机，输出接口把计算机输出的数字信号转换为执行元件所要求的信号，输出给执行元件对被控对象施加控制作用。通风控制系统中，各种检测装置和执行元件的信号都是模拟信号，因此输入输出接口为模数转换电路（A/D）和数模转换电路（D/A）。

5）模糊控制器

模糊控制器是模糊控制系统的核心，也是模糊控制系统区别于其他自动控制系统的主要标志。在通风的模糊控制系统中，模糊控制器由计算机实现，用计算机程序和硬件实现模糊控制算法，程序设计语言采用 C＋＋语言。

5.1.4　模糊控制器的结构

模糊控制器又称为模糊逻辑控制器,因为模糊规则是用模糊条件语句来描述的,是一种语言型控制器,故也称为模糊语言控制器。模糊控制器的结构如图 5-2 所示,其主要由四个部分组成:模糊化接口、规则库、推理机及反模糊化接口[5]。

图 5-2　模糊控制器结构

1) 模糊化、反模糊化接口

计算机仿照人的思维进行模糊控制,模糊控制器由输入通道得到的采样值是精确量,而推理机进行的模糊推理也是运用输入量的模糊值和输入输出间的模糊关系进行模糊推理,因此需要一个把输入量由精确量转换为模糊子集的过程,即模糊化过程。同样推理机的输出为模糊量,而执行元件的输入值为精确量,因此也需要一个把模糊量转换为精确量的过程,即反模糊化过程。

模糊化接口的功能包括两方面:量程转换和模糊化。量程转换是把输入信号的数值映射到相应的输入论域上,模糊化则是在输入信号映射到相应论域上的一个点后把它转换为该论域上的一个模糊子集。反模糊化接口功能也包括两方面:量程转换和反模糊。量程转换是把输出作用的论域转换为输出物理量的变化范围。

2) 规则库

规则库一方面存放模糊控制规则,另一方面还包含规则库里所需的定义。例如,所有输入、输出变量所对应的论域及这些论域上所定义的规则库中所使用的全部模糊子集的定义等。模糊控制规则是基于手动操作人员长期积累的控制经验和领域专家的有关知识,它是对被控对象进行控制的一个知识模型,该模型的正确性将决定控制器性能的好坏。控制规则的表达形式如下:

若 x 是 A1 且 y 是 B1 则 z 是 C1 否则

……

3) 推理机

推理机采用某种推理方法,由每个采样时刻的输入,依据模糊控制规则导出控制作用,而模糊控制规则这一组模糊条件语句可以导出一个输入输出空间上的模糊关系,推理机按模糊推理的合成规则进行运算从而求得控制作用。

5.2　单体隧道前馈式智能模糊通风控制的系统构成

5.2.1　工程对象

以渝武(胜)高速公路北碚隧道为工程对象,进行单体隧道前馈式智能模糊通风控制系统的设计。北碚隧道位于重庆市北碚区内,自东向西横穿中梁山山脉。左线隧道长 4025.549m(ZK18+711.080～ZK22+736.629),右线隧道长 4045m(YK18+720～YK22+765),隧道左右线设计纵坡为-1.0%,隧道全线海拔高程处于 240～300m,隧道净空面积为 63m²,水力直径为 6.9m,隧道内设计车速为 60km/h,2010 年的单向高峰小时交通量为 1608 辆/h。

5.2.2　控制目标

根据工程设计文件及《公路隧道通风照明设计规范》(JTJ 026.1—1999),同时考虑安全系数,制定了在正常情况下隧道内空气污染的控制目标如下。

烟尘允许浓度:烟尘允许浓度与隧道内的行车速度有关,当隧道内行车速度为 60km/h 时,$k=0.0075\text{m}^{-1}$;当隧道内行车速度为 80km/h 时,$k=0.0070\text{m}^{-1}$;当隧道内行车速度为 100km/h 时,$k=0.0065\text{m}^{-1}$。

CO 允许浓度:150ppm。

隧道内风速:$v_r \leqslant 10\text{m/s}$。

前馈式智能模糊通风控制系统的作用:将隧道内的污染物浓度水平控制在以上目标附近,使最大污染物浓度不超过规范规定值。

5.2.3　控制周期

控制周期将影响隧道内的通风效果和风机寿命,从理论上讲,控制周期越短,控制精度越高,但实际上,控制周期越短,风机开启/关闭越频繁,将会缩短风机寿命,且从风机开启/关闭后到形成稳定气流还有一段迟滞时间。鉴于此,本节取前馈式通风系统中的控制周期 10 分钟。

5.2.4　设备配置

前馈式智能模糊控制系统的硬件设备主要包括以下几种。

1) CO/VI 检测器

公路隧道工程中,通常采用一体式的 AQM 型 CO/VI 检测器,它能自动检测隧道内的 CO 浓度值及烟雾透过率。该 CO/VI 测量仪由发射/接收头和反射头组成,通过测量特定红外波和光波的衰减分别测量 CO 浓度和能见度值。在默认情况下,CO 检测器的测量范围为 0～300ppm,精度为±1ppm;VI 检测器的测量范围为

$0\sim0.015m^{-1}$，精度为$\pm0.0002m^{-1}$。隧道内 CO/VI 检测器一般按三个断面布设，即进口 $100\sim200m$、隧中和距出口 $100\sim200m$ 处，且布设在行车方向右侧壁人行道上方 3.5m 处，检测头收、发之间的间距为 10m。对于长度在 3000m 以下的隧道中，只需在出口布置一处即可；对于长度大于 3000m 的特长隧道宜在出口和中间各布置一处；对于分段纵向式通风的隧道，宜在各段的结束处布置；对于毗邻隧道中的下游隧道而言，宜在入口处另外布置一处，同时检测进入下游隧道的初始污染物浓度。

2）风速检测器

风速检测器用于自动检测隧道内的风向、风速，以公路隧道工程通常采用的 CODEL 公司 AFM 型风速测试仪为例，它采用超声波技术来测量空气流速，测量范围为 $-20\sim+20m/s$，精度为 $\pm0.1m/s$。该设备也安装于隧道侧壁上，并具有防水、防潮、防尘功能。对于全射流通风的隧道而言，只需在中间布置一处即可；对于分段纵向通风的隧道而言，每段均需布置。

3）车辆检测器

车辆检测器用于检测常规交通数据，它的每一个通道可以检测出二轮大型摩托车以上的所有类型的机动车，并提供以下交通参数（每车道的小型车、中型车、大型车分别计数）：每一车道的车辆数、车辆平均速度和车辆占有率。目前的车辆检测器主要包括电磁感应线圈车辆检测器和微波车辆检测器两种，都具有采集当前数据、保存历史数据、设置采样周期等功能，且具有较高的检测精度。

4）射流风机（JF）

对隧道通风控制而言，射流风机属于通风控制系统的最终执行元件，用于将控制对象（隧道内的污染物浓度）控制在运行的营运水平范围内。在火灾情况下，隧道内的射流风机也用于控制烟雾的蔓延。

5.2.5　前馈式智能模糊控制系统

前馈式智能模糊控制系统构成如图 5-3 所示，其由六个子系统组成：交通流预测模型、污染物扩散模型、模糊控制器（FLC）、检测元件、执行元件和控制对象。

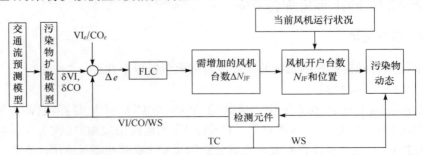

图 5-3　前馈式智能模糊控制系统构成

首先由 TC 计测得数据,利用交通流预测模型得到下一个控制周期的交通流数据,并结合检测计测得的 VI、CO、WS 值,通过污染物扩散模型计算出下一个周期的污染物浓度增量 δVI、δCO;然后,由污染物的后馈量、预测增量和控制目标量三者确定 FLC 的控制偏差 Δe,经过模糊推理后得到风机的变化量;最后,结合风机当前的运行状况确定风机开启/关闭的台数和位置,从而得到新的污染物动态。

5.3 前馈式智能模糊控制器设计

为了节约电能并延长风机寿命,射流风机的控制不是连续的,而是基于一段时间隧道内污染水平的改变,这也是将模糊逻辑应用于通风系统控制的另一个重要原因。

5.3.1 FLC 输入量的确定

FLC 有三个输入量:控制目标量、预测增量和后馈量。控制目标量是隧道内 VI 浓度、CO 浓度的期望值,预测增量是由交通流预测模型和污染物扩散模型计算出的 VI 浓度、CO 浓度的增加值即前馈信号,后馈量是由 VI/CO 检测器测得的隧道内 VI、CO 的当前浓度值。FLC 的输出量为增加/减少风机的台数 ΔN_{JF}。VI/CO 的控制偏差可由式(5-1)得到[6]:

$$\Delta VI = (VI_B + VI_I) - VI_E$$
$$\Delta CO = (CO_B + CO_I) - CO_E \tag{5-1}$$

式中,VI_B、CO_B 为后馈值;VI_I、CO_I 为预测增量值;VI_E、CO_E 为期望值,分别取 $0.0075m^{-1}$ 和 200ppm。

1. 后馈值的确定

由于后馈值由 VI、CO 检测计测得,它们为某时刻的点浓度,而 FLC 的输入量应代表该段时间内的污染物浓度水平,故应将当前时段内 VI、CO 计测得的所有数据进行统计分析,以处理后的数据作为后馈信号 VI_B、CO_B。

2. 前馈信号的计算

前馈信号即为污染物浓度的预测增量 VI_I、CO_I,由预测的交通流计算得到。在当前时段交通流(已测得)作用下的理论污染浓度为 VI_n^t、CO_n^t,实测的污染浓度为 VI_B、CO_B,下一时段交通流作用下的理论污染物浓度为 VI_{n+1}^t、CO_{n+1}^t,那么 VI_I、CO_I 可由式(5-2)计算:

$$VI_I = \frac{VI_B(VI_{n+1}^t - VI_n^t)}{VI_n^t}$$
$$CO_I = \frac{CO_B(CO_{n+1}^t - CO_n^t)}{CO_n^t} \tag{5-2}$$

在计算 VI_{n+1}^{t}、CO_{n+1}^{t} 时,通常假定隧道内风速与当前时段相同,该风速由风速检测器测得。

3. 表征风速参量的确定

由式(3-28)可知,在 n 时段,有

$$Q_{VI}^{n} = Q_{req(VI)}^{n} K \tag{5-3}$$

式中,K 为烟雾浓度。假定在 $n+1$ 时段(预测时段)风速与 n 时段相同,且存在控制偏差 ΔVI 时,则 $n+1$ 时段的烟雾排放量为

$$Q_{VI}^{n+1} = Q_{req(VI)}^{n} (K + \Delta VI) \tag{5-4}$$

因而 $n+1$ 时段的需风量为

$$Q_{req(VI)}^{n+1} = \frac{Q_{VI}^{n+1}}{K} = Q_{req(VI)}^{n} \left(1 + \frac{\Delta VI}{K}\right) \tag{5-5}$$

隧道横断面积恒定,那么有

$$v_r^{n+1} = v_r^{n} \left(1 + \frac{\Delta VI}{K}\right) \tag{5-6}$$

式中,v_r^{n} 和 v_r^{n+1} 分别为当前时段和下一时段的隧道平均风速。所增加的通风阻抗力为

$$\delta p_r = C_r \rho (v_r^n)^2 \left[\frac{\Delta VI}{K} + \frac{1}{2}\left(\frac{\Delta VI}{K}\right)^2\right]$$

$$\approx C_r \rho (v_r^n)^2 \left(\frac{\Delta VI}{K}\right) \tag{5-7}$$

式中,ρ 为气流密度;$C_r = 1 + \xi_e + \lambda_r L / D_r$,$\xi_e$ 为入口阻力系数,λ_r 为隧道壁面摩阻损失系数,L 为隧道长度,D_r 为隧道断面的当量直径。对于某个隧道而言 C_r 为常数。同时假定自然风阻力和交通通风力不变,这样增加的阻力就只能由增加风机的升压力平衡,故需增加的风机台数为

$$\Delta N_{JF} = \frac{\delta p_r}{\Delta p_j} \tag{5-8}$$

式中,Δp_j 为单台射流风机的升压力。对于一定的风机型号而言,其升压 Δp_j 近似为定值,因此由 ΔVI 引起的风机变化不仅和 ΔVI 有关,还与上一时段风速 v_r^n 有关。

对于 ΔCO 可得出类似关系式。由此可见,ΔN_{JF} 与 ΔVI、ΔCO 和上一时段隧道内风速(用 WS 表示)有关,由它们共同确定 ΔN_{JF},WS 由风速检测器测得。FLC 的控制目标就是将 VI、CO 的浓度控制在规范规定的水平上。

5.3.2 隶属函数的设定

正确设定隶属函数是解决模糊控制问题的关键,在设计一个语言变量的隶属函数时,所需考虑的因素有:隶属函数的形状、位置分布和相互重叠程度等[2,3]。

隶属函数的形状对控制性能影响不大,一般取三角形状的隶属函数即可。只是当需要在某一量值范围内控制器响应灵敏时,那么相应位置的三角形隶属函数曲线的斜率可取大些,反之,此处的曲线则变化平缓,甚至成水平线状。隶属函数总体的位置分布与一个模糊控制器的非线性性能密切相关,隶属函数在整个论域可以均匀对称分布,也可以非均匀或不对称分布,因而,一般做法是将三角形模糊子集"零"固定在"工作点"上,其他模糊子集则向"零"靠拢,这样有助于提高系统的控制精度。隶属函数之间的重叠程度直接影响控制系统的性能,选择合适的重叠,正是一个模糊控制器相对于参数变化时具有鲁棒性的原因所在,而隶属函数之间不恰当的重叠,就可能导致模糊控制系统产生随意的混乱行为,因而重叠率一般在 0.2～0.6 取值。初始隶属函数的设定直接借鉴文献的研究成果,全部模糊变量取五级,即"正大、正中、零、负中、负大",隶属函数曲线选取灵敏性较好的三角形状函数[7]。

1. ΔVI 的隶属函数

根据对北碚隧道和中梁山隧道通风系统的实测表明,对于没有吸尘器的长大公路隧道而言,若采用全射流纵向式通风,隧道内的烟雾浓度将是通风控制的最主要因素,而 CO 浓度不起决定性作用。取 ΔVI 的真实论域为 $\{-0.0015\ 0.0015\}$,离散论域取 $\{-6,-5,-4,-3,-2,-1,0,1,2,3,4,5,6\}$。模糊语言变量的各值定义如下:

NB=负大($\leqslant-0.001$)

NM=负中($-0.0015\sim-0.005$)

NS=负小($-0.001\sim0$)

Z=零($-0.0005\sim0.0005$)

PS=正小($0\sim0.001$)

PM=正中($0.0005\sim0.0015$)

PB=正大($\geqslant0.001$)

用 A 表示该语言变量,$A_i(i=1,2,\cdots,7)$ 代表其取值。用 X 表示离散论域,那么 $X=\{x_i\,|\,i=1,2,\cdots,13\}$。$\Delta VI$ 的隶属函数如图 5-4 所示。

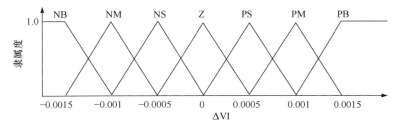

图 5-4　ΔVI 的隶属函数

2. WS 的隶属函数

取 WS 的真实论域为{0 8},离散论域为{0,1,2,3,4,5,6,7,8},用 Y 表示,即 $Y=\{x_i|i=1,2,\cdots,9\}$。模糊语言变量取值为 Z、S、M、SB、BB,用 $B_i(i=1,2,\cdots,5)$ 表示。WS 的隶属函数如图 5-5 所示。

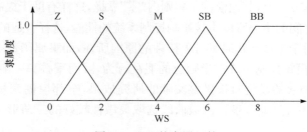

图 5-5　WS 的隶属函数

3. ΔCO 的隶属函数

由于 CO 浓度在通风控制中不起主要作用,故在模糊推理时为考虑的次要因素。因而,对 ΔCO 隶属函数的划分可粗糙一些。取 ΔCO 的真实论域为{-50 50},离散论域为{-3,-2,-1,0,1,2,3},用 Z 表示,即 $Z=\{z_i|i=1,2,\cdots,7\}$。模糊语言变量取值为 NB、Z 和 PB,用 $C_i(i=1,2,3)$ 表示。ΔCO 的隶属函数如图 5-6所示。

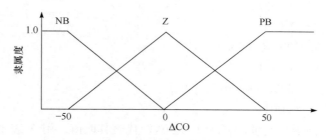

图 5-6　ΔCO 的隶属函数

4. ΔN_{JF} 的隶属函数

ΔN_{JF}真实论域和离散论域主要考虑隧道风机总台数的影响,一般而言,隧道越长,风机总台数越多,那么 ΔN_{JF}论域越大。例如,对风机台数较少的隧道而言,ΔN_{JF}真实论域可取为{-2 2},对于风机台数较多的特长隧道,ΔN_{JF}真实论域可取为{-8 8},如万开高速公路南山隧道、铁峰山 2♯隧道等。这里以 ΔN_{JF}真实论域{-8 8}为例进行说明,其对应的离散论域为{-8,-7,-6,-5,-4,-3,-2,-1,

$0,1,2,3,4,5,6,7,8\}$,并用 P 表示,即 $P=\{p_i|i=1,2,\cdots,17\}$。模糊语言变量取值为 NB、NM、NS、Z、PS、PM 和 PB,用 $D_i(i=1,2,\cdots,7)$ 表示。ΔN_{JF} 的隶属函数如图 5-7 所示。

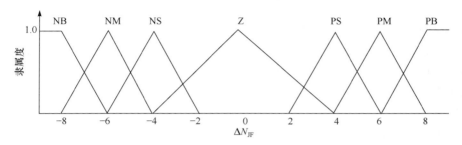

图 5-7　ΔN_{JF} 的隶属函数

5.3.3　FLC 模糊推理

1. 模糊规则及其制定方法

隧道通风系统的控制模型是一个多输入单输出系统。因为 CO 的污染浓度水平不是通风控制的主要影响因素,故在一些情况下,可以不考虑 CO 的污染浓度水平。

表 5-1 列出了 FLC 的全部 105 条规则,现列举规则 R1 和 R2 来说明 FLC 的推理过程。

R1:IF ΔVI is PB and WS is BB and ΔCO is PB THEN ΔNJF is PB

R2:IF ΔVI is NB and WS is PB and ΔCO is NB THEN ΔNJF is NB

表 5-1　FLC 控制规则

ΔVI	WS				
	Z	S	M	BS	BB
NB	Z,Z,PS	NS,Z,Z	NM,NS,Z	NB,NS,Z	NB,NM,Z
NM	Z,Z,PS	NS,Z,Z	NM,NS,Z	NM,NS,Z	NB,NS,Z
NS	Z,Z,PS	Z	Z	NS,NS,Z	NM,NS,Z
Z	Z,Z,PS	Z	Z	Z	Z
PS	Z,Z,PS	Z,Z,PS	Z,Z,PS	Z,Z,PS	Z,PS,PS
PM	PS	PS	PS	PS,PS,PM	PS,PM,PM
PB	PS	PS,PS,PM	PS,PM,PM	PM,PM,PB	PM,PB,PB

注:从左至右分别为 ΔCO is NB, ΔCO is Z, ΔCO is PB。

模糊规则是前馈式智能模糊通风控制系统的核心组成部分,它与通风控制系统的控制效果密切相关。模糊规则的制定大致分为以下三步:

（1）首先根据经验初步确定模糊控制规则。该经验主要是指通风专家或具有丰富经验的风机监控人员的经验，实施时采用问卷的方法向有关专家调查不同情况下的风机开启/关闭规则。

（2）然后采用室内仿真的手段对其控制效果进行测试，仿真测试方法见 5.4 节，然后根据测试的结果对模糊控制规则进行调整，直到满足要求为止。

（3）最后通风控制系统在依托工程中实施后，根据隧道自身的实际情况，或风机开停中出现的一些具体问题，进一步对模糊控制规则进行修正。甚至在将来，根据中期或远期交通流的实际情况，还可以对模糊控制规则做进一步调整，以满足实际需求。

此外，模糊规则也不是唯一的，它还与使用者的要求有关。以前面的规则 R1 为例，若使用者更在乎隧道内的环境情况，那么直接采用目前的 R1 规则即可；若使用者更在乎节能和省电，对隧道内的污染状况要求较低，那么，规则 R1 可改为

R1：IF ΔVI is PB and WS is BB and ΔCO is PB THEN ΔNJF is PM

可以看出，模糊控制规则的制定既不是唯一的，更不是一成不变的，它应随着人们的需求、隧道交通流的实际情况等因素的改变而不断地被修正，即一个合理的模糊控制规则应该具有"与时俱进"的功能。

2．模糊推理[8~10]

1）输入变量为离散论域

由于控制输出为离散论域，故可将输入变量的论域也进行离散，得到其离散论域，如前面所述。在离散论域情况下进行推理时，可用矩阵来表示模糊关系。这样由规则库中的控制规则得到输入和输出之间的模糊关系矩阵，再根据每个采样时刻的输入，依据模糊关系进行推理得到控制作用。

（1）模糊关系矩阵 R。

设模糊关系 $\underset{\sim}{R}_{ijk}$ 为

$$\underset{\sim}{R}_{ijk}=\underset{\sim}{R}_{ijk}((A_i)\mathrm{and}(B_j)\mathrm{and}(C_k)\longrightarrow(D_{ijk}))$$
$$=\underset{\sim}{R}_{ijk}(A_i,B_j,C_k;D_{ijk}) \tag{5-9}$$

若采用 Max-Min 推理有

$$\underset{\sim}{R}_{ijk}=\mu_{\underset{\sim}{A}_i(x)}\wedge\mu_{\underset{\sim}{B}_j(y)}\wedge\mu_{\underset{\sim}{C}_k(z)}\wedge\mu_{\underset{\sim}{D}_{ijk}(p)}$$
$$\forall x\in X,\quad \forall y\in Y,\quad \forall z\in Z,\quad \forall p\in P \tag{5-10}$$

式中，$\mu_{A_i(x)}$，$\mu_{B_j(y)}$，$\mu_{C_k(z)}$，$\mu_{D_{ijk}(p)}$ 分别为模糊语言变量值 A_i，B_j，C_k，D_{ijk} 在各自论域上的隶属度，因本节 X,Y,Z,P 为离散的有限论域，故它们为一个向量，且模糊关系 R_{ijk} 可用模糊矩阵来表示：

$$R_{ijk} = [r_{ijk}]_{q \times r \times s \times t} \tag{5-11}$$

式中，q, r, s, t 表示 X, Y, Z, P 离散论域所含元素的个数，分别取 13、13、7、17。

总的模糊关系为

$$R = \bigcup_{i=1, j=1, k=1}^{l, m, n} R_{ijk}(A_i, B_j, C_k; D_{ijk}) \tag{5-12}$$

式中，l, m, n 为语言变量 A, B, C 所含值的个数，分别取 7、5、3。

（2）输入信号的模糊化及控制输出。

因为 FLC 的输入信号为精确量，还不能直接用于 FLC 推理，需将其模糊化。在离散论域情况下通常采用单点模糊化方法，将论域中的某一精确点模糊化为离散论域上的一个模糊单点（fuzzy singleton）。模糊单点实际上为一种模糊子集，该点对它的隶属度为 1，而论域中其余所有点对它的隶属度均为 0。

设某一时刻的输入经过量程转换后为 e_1, e_2, e_3，模糊化为模糊单点集 A'、B' 和 C'，有

$$A'(x) = \begin{cases} 1, & x = e_1 \\ 0, & x \neq e_1 \end{cases}$$

$$B'(y) = \begin{cases} 1, & y = e_2 \\ 0, & y \neq e_2 \end{cases} \tag{5-13}$$

$$C'(Z) = \begin{cases} 1, & z = e_3 \\ 0, & z \neq e_3 \end{cases}$$

由推理合成规则输出控制作用 D' 为

$$D'(p) = \bigvee_{x \in X, y \in Y, z \in Z} (A'(x) \wedge B'(y) \wedge C'(z) \wedge R) \tag{5-14}$$

2）输入变量为连续论域

在连续论域情况下，模糊关系不能再用矩阵来表示，此时应根据具体情况推导出较为简洁的算式，算式中一般不再显示计算模糊关系矩阵 R。与第 2 章中模糊预测交通流的方法类似，对于模糊输入 A^1, B^1, C^1，输出模糊变量的表达式为

$$D'(z) = \bigvee_{i=1, j=1, k=1}^{l, m, n} [\alpha_{ijk} \wedge D_{ijk}(z)] \tag{5-15}$$

式中

$$\alpha_{ijk} = \prod(A' \mid A_i) \wedge \prod(B' \mid B_j) \wedge \prod(C' \mid C_k) \tag{5-16}$$

称为匹配度，它反映了输入 A' 且 B' 且 C' 和规则 A' 且 B' 且 $C' \rightarrow D'_{ijk}$ 的匹配程度。特别地，当对输入量采用单点模糊化策略时有

$$\alpha_{ijk} = A_i(x_0) \wedge B_j(y_0) C_k(z_0) \tag{5-17}$$

这样就得到了一个相当简洁的计算式，避开了模糊矩阵的运算，可以很好地应用于实时控制，该推理过程如图 5-8 所示[11]。

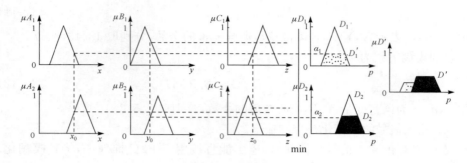

图 5-8　Mamdani 模糊逻辑推理过程

3. 解模糊

控制作用$\underset{\sim}{D'}$是一个模糊解,在转换为执行机构所能接受的精确量之前需进行解模糊。常用的解模糊方法有最大隶属度法、平均最大隶属度法和重心法(或称加权平均法),本节采用重心法进行解模糊运算。

将控制作用论域上的点 $p \in P$ 对控制作用模糊集的隶属度$\underset{\sim}{D'}(p_i)$作为权系数进行加权平均而求得解模糊结果。在离散论域情况下,因 $P = \{p_i \mid i = 1, 2, \cdots, 17\}$,故精确解为

$$p_0 = \frac{\sum\limits_{i=1}^{17} \underset{\sim}{D'}(p_i) p_i}{\sum\limits_{i=1}^{17} \underset{\sim}{D'}(p_i)} \tag{5-18}$$

连续论域时

$$p_0 = \frac{\int_D \underset{\sim}{D'}(p) p \, \mathrm{d}p}{\int_D \underset{\sim}{D'}(p) \, \mathrm{d}p} \tag{5-19}$$

将 p_0 转换为真实论域上的值,并对该值按 2 的倍数取整(因风机为两台一组),最后就得到风机的变化量 ΔN_{JF}:

$$\Delta N_{\mathrm{JF}} = 2\mathrm{int}\left(\frac{p_0 + 1}{2}\right) \tag{5-20}$$

5.3.4　FLC 控制效果

使用 MATLAB 模糊逻辑工具箱对前面设计的 FLC 进行仿真,可以得到控制曲面。由于本节的 FLC 有三个输入参数,加上输出参数共四个变量,下面仅列出当 ΔCO 分别为 50ppm、0 和 -50ppm 时的控制输出曲面(图 5-9～图 5-11)。

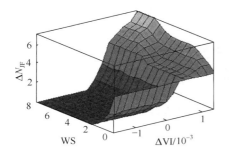
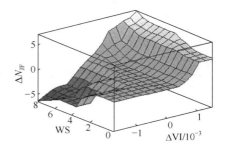

图 5-9　ΔCO 为 50ppm 时的控制曲面　　　图 5-10　ΔCO 为 0 时的控制曲面

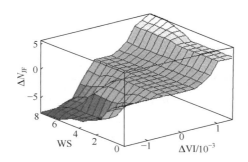

图 5-11　CO 为 −50ppm 时的控制曲面

5.4　前馈式智能模糊控制的室内仿真测试

前面章节中基于前馈式智能模糊通风控制系统原型,建立了针对单体公路隧道的前馈式智能模糊通风控制系统核心模型:隧道空气动力学模型、污染物扩散模型、交通流预测模型和前馈式智能模糊控制器模型,并开发出相应的核心代码。下面利用计算机仿真技术,针对前馈式智能模糊通风控制系统和普通后馈系统进行仿真测评,通过仿真比较两种系统的通风控制效果。

5.4.1　隧道通风控制系统的性能评价指标

评价隧道通风控制系统的性能,应考虑隧道通风控制效果,风机能耗、开停频度等因素的影响,下面建立用于评价前馈式智能模糊控制系统性能的评价指标。

1) 表征风机耗电量的指标 W

$$W = \sum_{n=1}^{N} N_{\mathrm{JF}_n} \times t \tag{5-21}$$

式中,N_{JF_n} 为第 n 时段开启的风机台数;N 为一天中的总时段数;t 为各个时段风机开启的时间,即控制周期。

2）表征风机开停频度的指标 P

$$P = \sum_{n=1}^{N} |\Delta N_{\mathrm{JF}_n}| \tag{5-22}$$

式中，$|\Delta N_{\mathrm{JF}_n}|$ 为第 n 时段风机变化的台数；P 为一天内风机变化的总台数。

3）表征污染水平的指标

该指标为统计指标，分别为污染物浓度的均值 E 和标准偏差 S，计算式如下：

$$E_{\mathrm{VI}} = \frac{1}{N}\sum_{n=1}^{N} \mathrm{VI}_n, \quad E_{\mathrm{CO}} = \frac{1}{N}\sum_{n=1}^{N} \mathrm{CO}_n \tag{5-23}$$

$$S_{\mathrm{VI}} = \sqrt{\frac{N\sum_{n=1}^{N} \mathrm{VI}_n^2 - \left(\sum_{n=1}^{N} \mathrm{VI}_n\right)^2}{N(N-1)}}, \quad S_{\mathrm{CO}} = \sqrt{\frac{N\sum_{n=1}^{N} \mathrm{CO}_n^2 - \left(\sum_{n=1}^{N} \mathrm{CO}_n\right)^2}{N(N-1)}} \tag{5-24}$$

5.4.2 仿真测试的基本流程

本节以北碚隧道左线为例进行前馈式智能模糊控制系统的仿真测试，仿真中的计算参数均按《公路隧道通风照明设计规范》(JTJ 026.1—1999)取值，仿真中首先对各种检测信号进行模拟：实测交通流、CO/VI 测得值、WS（风速）测得值，然后按本节设计的模糊控制器进行前馈式智能模糊控制，并由新的污染状态得到下一时段的后馈信号。基本流程如图 5-12 所示。

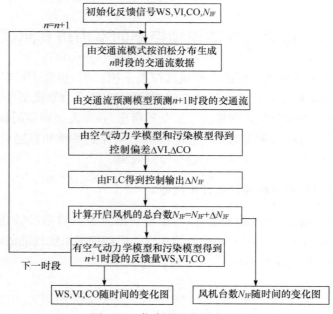

图 5-12　仿真测试的基本流程

5.4.3　仿真结果

根据上面的基本流程及前面几章建立的各种数学模型编写仿真测试程序。在进行仿真前做如下假定：

（1）交通流采样周期（风机控制周期）取为 10 分钟，且交通流量服从泊松分布。

（2）汽油车、柴油车比例为一定值，大、中、小车型比为当前北碚隧道的车型比。

（3）将自然风视为阻力且为一定值。

将仿真中的交通流（10 分钟的交通量）换算成小时交通量，如图 5-13 所示。

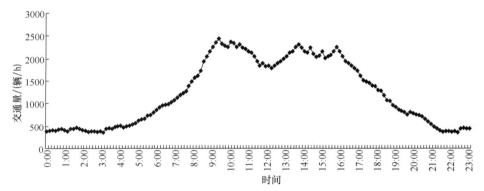

图 5-13　一天中交通流变化

在图 5-13 的交通流情况下，前馈式智能模糊控制模式及普通后馈控制模式在仿真中得到的风机开启总台数随时间的变化如图 5-14 所示。

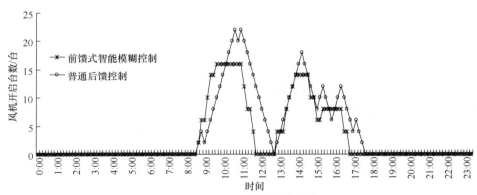

图 5-14　风机开启总台数变化

两种控制模式下 VI 的时变曲线如图 5-15 所示。

两种控制模式下 CO 浓度的时变曲线如图 5-16 所示。

两种控制模式下风速的时变曲线如图 5-17 所示。

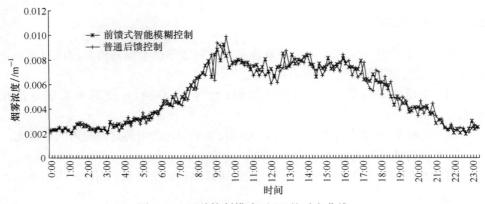

图 5-15　两种控制模式下 VI 的时变曲线

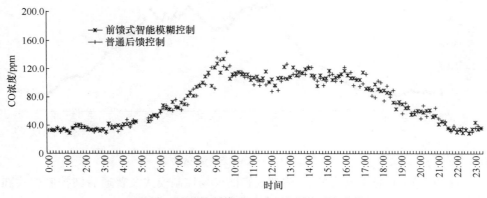

图 5-16　两种控制模式下 CO 浓度的时变曲线

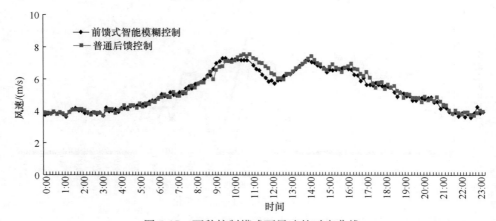

图 5-17　两种控制模式下风速的时变曲线

　　由图 5-14 可知,在车流量很小时,无需开启风机,为了便于与其他控制方法比较(普通后馈控制法),现仅选取有风机运行的时段来计算评价该系统性能的各项指标值,计算结果见表 5-2。

表 5-2　前馈式智能模糊控制与后馈控制的性能比较

指　标	W	P	E_{VI}/m^{-1}	S_{VI}/m^{-1}	$E_{CO}/10^{-6}$	$S_{CO}/10^{-6}$
后馈控制	556	112	0.007494	0.000837	108.28	12.10
前馈式智能模糊控制	436	64	0.007597	0.000591	109.65	8.54
变化百分比	↓21.6%	↓42.8%	↑1.37%	↓29.39%	↑1.27%	↓29.42%

由表 5-2 可以看出,在其他情况完全相同时,与普通后馈控制法相比,采用前馈式智能模糊控制可节约能耗约 21.6%,降低风机开停频度约 42.8%。在有风机开启的时段内,采用前馈式智能模糊控制时得到的烟雾平均浓度为 0.007597m^{-1},比普通后馈控制法略有增加;标准偏差为 0.000591m^{-1},降低了 29.39%;CO 的平均浓度为 109.65ppm;标准偏差为 8.54ppm,降低了 29.42%。因而采用前馈式智能模糊控制的通风系统能够将隧道内的污染物水平控制在一个允许范围内,并防止出现太大波动。

在测试中还发现目前的汽油车、柴油车比例和交通组成条件下,对于长大公路隧道而言,决定风机开/停的污染物是烟雾浓度(VI 值)而非 CO 浓度,即在以 VI 为控制对象时,隧道内的 CO 浓度还远远低于控制目标(200ppm)。

5.5　通风控制策略及优化

5.5.1　通风系统分级控制策略

对于公路隧道群和毗邻隧道通风系统而言,前馈式智能模糊控制并不是唯一方法,其他的通风控制方法还包括后馈式模糊控制、普通后馈式控制、时序控制等。实际上正常情况下采用前馈式智能模糊控制时需要较多的输入参数,这些都对环境及车辆检测设备提出了较高要求,一旦某种设备出现故障,则预期效果难以达到;而后其他控制方法对设备的依赖相对较少,如后馈式控制方法只需输入出口污染物浓度检测值即可;甚至完全不依赖检测设备,如时序控制方法。故对于单体特长隧道、公路隧道群及毗邻隧道而言,有必要采用分级式控制方法。第一级控制,即最优先考虑的控制方案,为前馈式智能模糊控制;第二级控制为后馈式智能模糊控制方案,在交通流数据不能正常获取时采用该方案;第三级控制为普通后馈控制方案,作为后馈式智能模糊控制的一个补充;第四级为时序控制方案,在以上控制方案完全失效的情况下采用,如设备全部故障、采用换气频率控制等。

1)前馈式智能模糊控制

当采用前馈式智能模糊控制时,系统可以根据当前交通状况和隧道内的污染

水平,通过模糊推理得到下一控制周期内风机变化数量。当隧道通风系统采用前馈式智能模糊控制时,其基本控制方法如下:

(1) 根据 CO/VI 检测仪、风速检测仪获取当前隧道内的污染状况。

(2) 由车辆检测器测得当前的交通流状况及其变化率。

(3) 由 CO、VI、WS 值及当前的交通流数据,前馈式智能模糊控制器推理得到风机变化台数。

(4) 最后结合当前风机的运行状况确定需要开启或关闭风机的台数和位置。

2) 后馈式智能模糊控制

当采用后馈式智能模糊控制时,系统根据当前隧道内的污染水平,通过模糊推理得到下一控制周期内风机变化数量。后馈控制不需要交通流检测数据,在无法正常获得道路交通流信息时可以采用该控制方法,其基本流程如下:

(1) CO/VI 检测仪、风速检测器获取当前隧道内的污染状况。

(2) 根据 CO、VI 及风速检测值,控制器通过智能模糊推理得到风机变化台数。

(3) 最后结合当前风机的运行状况确定需要开启或关闭风机的台数和位置。

3) 普通后馈式控制

普通后馈式控制不需要模糊推理,系统根据当前隧道内的污染水平,与预先设定的控制阈值进行比较,以确定风机是否开启或关闭,其基本控制方法如下:

(1) CO/VI 检测仪获取当前隧道内的污染状况。

(2) 当 CO 的反馈值高于阈值(如 150ppm)或 VI 的反馈值高于阈值(如 $0.006m^{-1}$)时,在现有风机的基础上开启一组风机;当 CO 的反馈值低于阈值且 VI 的反馈值低于阈值时,在现有风机的基础上关闭一组风机。

(3) 最后结合当前风机的运行状况确定需要开启或关闭风机的位置。

普通反馈控制规则(以控制目标为阈值)见表 5-3。

表 5-3 普通后馈控制规则

正常情况	CO>150ppm 或 VI>$0.006m^{-1}$	在已有风机基础上,增开一组风机
	CO<150ppm 且 VI<$0.006m^{-1}$	在已有风机基础上,关闭一组风机

对于单向行驶的隧道,当风速超过 10m/s 后,不能再继续启动风机,按污染物浓度严重超标时的控制方法进行控制。

4) 时序控制

根据规范要求,从洞内舒适性出发,需保证隧道内一定的换气频率,若洞内风速过小,则达不到该换气频率。而这种情况下往往交通量也很小,此时洞内污染物水平远远低于控制目标值,前馈式智能模糊控制及后馈式智能模糊控制均不会开启风机。在这种情况下,需采用时序控制方法对隧道内风机进行强制开启。

另外,当隧道内的各种环境检测设备均失效时,采用前馈式智能模糊控制及后馈式智能模糊控制均不能获得预期效果,此时也需采用时序控制对隧道内的风机进行开启或关闭。

5.5.2　降低设备依赖性策略

对于公路隧道群及毗邻隧道的前馈式智能模糊通风控制系统而言,其输入参数是依靠各种环境检测设备获得的,这些参数包括:隧道风速、交通量及构成、出口污染物浓度水平、入口污染物浓度水平(毗邻隧道)、上游隧道交通量等,一旦某个设备出现故障,不能正常获得相关数据,就会影响到控制结果。而隧道营运者期望的是,即使在设备出现故障时,隧道通风控制系统也能给出合理的控制效果。对此,提出降低设备依赖性策略,即充分利用各参数之间的相关性,来实现不同数据间的相互补充,如图 5-18 所示。

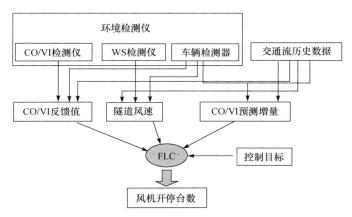

图 5-18　降低设备依赖性示意图

5.5.3　风量分担及风机保护

1) 分量分担策略

虽然通风采用了前馈式智能模糊控制,但控制周期短,对交通流的敏感性强,极易导致风机的开停频繁。因而,在获得预测时段的风机开停台数后,有必要对下下时段的交通流状态、隧道内污染物浓度的分布和隧道风速等参数进行预测,进而对下下个时段的风机开停台数进行二次预测。将两次预测的结果进行优化组合分析,获得最终的风机开停台数,即进行邻近控制时段的风量分担。

基本的优化措施有下面两点:

(1) 若预测 $n+1$ 时段的风机台数的变化为正(开启),且在此基础上预测 $n+2$ 时段的风机变化台数为负(关闭),则适当减少 $n+1$ 时段开启风机的台数。

（2）若预测 $n+1$ 时段风机台数的变化为负（关闭），且在此基础上预测 $n+2$ 时段的风机变化台数为正（开启），则适当减少 $n+1$ 时段关闭风机的台数。

2）风机保护策略

对于射流风机而言，累计使用时间和开停频度是两个决定风机剩余寿命的重要参数。由于采用了前馈式智能模糊控制系统，隧道所有风机总的使用时间和总的开停频度得到了降低，但并不能保证每台风机的使用时间和开停频度都降低。实际上，在随机进行风机开停时，各台风机的使用时间和开停频度相差很大。设计一个良好的风机保护策略可以使所有风机具有相近的累计使用时间和开停频度。

最简单的风机保护策略如下：

（1）优先开启使用时间最短且开停频度最小的那组风机。

（2）优先关闭使用时间最长的那组风机。

5.6　本章小结

本章对单体公路隧道前馈式智能模糊通风控制系统中的核心部分——前馈式智能模糊控制器，进行了深入的研究和详细的设计，并采用室内仿真测试的手段对其通风控制效果进行了仿真测试。通过本章的研究得出下面一些结论：

（1）提出前馈式智能模糊通风控制系统由六个子系统构成，即：交通流预测模型、污染物扩散模型、模糊控制器（FLC）、检测元件（CO/VI、风速检测器）、执行元件（射流风机）和控制对象（隧道内的 CO/VI 浓度指标）。

（2）提出前馈式智能模糊控制器输入变量（控制偏差 ΔVI、ΔCO）的计算方法。通过推导发现下一时段风机增开台数不仅与预测偏差 ΔVI、ΔCO 有关，还与当前时刻隧道内风速 WS 有关，从而为选择模糊控制器的输入变量提供理论依据，也为确定输入、输出变量的论域提供了参考。

（3）前馈式智能模糊控制方法中，通过对下一个控制周期内的交通流、污染物浓度进行预测，将此作为前馈信号传递给通风控制主程序，使其做到"要来多少车就送多少风"，这样从根本上解决了传统控制法中所不能解决的时滞性问题。

（4）通过设计的前馈式智能模糊控制器的仿真测试发现：

① 本章模糊控制器能将隧道内的污染物水平控制在一个允许范围内，并防止出现太大波动。

② 在目前的汽油车、柴油车比例和交通组成条件下，对长大公路隧道而言，决定风机开/停的污染物是烟雾浓度（VI 值）而非 CO 浓度，即在以 VI 为控制对象时，隧道内的 CO 浓度还远远低于控制目标（200ppm），这与实测结果是一致的。

③ 通过引入模糊推理方法，采用人的经验对风机进行控制，在一定程度上提高了抵抗噪声干扰的能力，缓解了传统控制法中的风机开/关频繁问题，比普通后

馈控制法降低了约 40% 的开停频度。

④ 采用前馈式智能模糊控制的公路隧道通风系统比普通后馈控制法可节省约 20% 的能耗,并可获得更加良好的行车环境。

(5) 采用风量分担策略可以降低风机的开停频度,减小风机运行的波动;采用风机保护策略可以使所有风机具有相近的累计使用时间和开停频度,从而使所有风机的使用寿命趋于一致,减少维修次数。

参 考 文 献

[1] 韩峻峰,李玉惠,等. 模糊控制技术. 重庆:重庆大学出版社,2003.

[2] 汤兵勇,路林吉,王文杰. 模糊控制理论与应用技术. 北京:清华大学出版社,2002.

[3] 张化光,何稀勤,等. 模糊自适应控制理论及其应用. 北京:北京航空航天大学出版社,2002.

[4] 颜文俊,陈素琴,林峰,等. 模糊控制理论 CAI 教程. 北京:科学出版社,2002.

[5] 张曾科. 模糊数学在自动化技术中的应用. 北京:清华大学出版社,1997.

[6] Chen P H,Lai J H,Lin C T. Application of fuzzy control to a road tunnel ventilation system. Fuzzy Sets and Systems,1998,(100):11—12.

[7] 孙巧雁,杜爱月,苏诗琳. 基于模糊控制的公路隧道通风系统. 长安大学学报,2003,23(4):51—53.

[8] Mandani E H. Application of fuzzy algorithms for the control of a dynamic plant. Institute of Electrical and Electronics Engineers,1974,121(12):1585—1588.

[9] Zadeh L A. Fuzzy sets. Information and Control,1965,8:338—353.

[10] Zadeh L A. Fuzzy algorithms. Information and Control,1968,12:94—102.

[11] 何川,李祖伟,方勇,等. 公路隧道通风系统的前馈式智能模糊控制. 西南交通大学学报,2005,40(5):575—579.

第6章　公路隧道群上下游交通流相关关系研究

在我国开始进行大规模高速公路建设之前,公路隧道群及毗邻隧道的数量和规模均较小,并没有对其通风及控制进行深入而系统研究。随着高速公路建设规模的不断扩大,尤其是在西部山区高速公路的建设,涌现出许多隧道群和毗邻隧道,而且这些隧道的规模较大,多由长及特长隧道构成。以重庆市为例,重庆市境内近年来已建及在建的高速公路包括:渝遂(宁)高速公路,渝武(胜)高速公路,万州—开县公路,兰州—杭州公路(巫溪—奉节、奉节—云阳、云阳—万州),渝湘公路(洪安—酉阳、酉阳—黔江、黔江—彭水、彭水—武隆、武隆—水江、水江—界石),沪蓉国道支线(石柱—忠县、忠县—垫江),绕城高速等。这些高速公路中特长隧道数量大,而且隧道间进出口距离较近,构成了公路隧道群。由于高速公路行驶的封闭性,隧道群中先行隧道的交通流数量及其特性在一段时间内同样会再现到后行隧道中,从而为后行隧道交通流预测创造条件,并对后行隧道通风控制有较大影响性。相对于单体隧道而言,公路隧道群的智能通风控制的主要区别在于考虑了上下游隧道的交通流相关关系,即上游隧道当前时刻的实测交通流可以作为下游隧道将来时刻的预测交通流,从而实现隧道群的前馈式智能控制。本章主要采用交通流仿真技术来研究隧道群中,上下游隧道的交通流相关关系问题。

6.1　高速公路交通流仿真概述

6.1.1　交通流仿真的优缺点

仿真是指对真实事物的模仿,目的在于对事物现有行为的再现或对将来行为的预先把握。道路交通流仿真是指采用系统仿真技术来研究道路交通流的行为特征,通过对道路交通流行为的跟踪描述,来获得道路交通流状态变量随时间与空间的变化、分布规律及其交通控制变量间的关系。交通流仿真不仅可以获得交通量的情况,还可以获得交通流中车辆个体的微观行为特征。

采用道路交通流仿真技术来实现交通流的特性具有下面一些优点:

(1) 不需要真实系统的参与,经济方便,具有可重复性。

(2) 能够获得交通流中单个车辆的行为特征及其与其他车辆的相互作用过程。

(3) 不仅能提供交通流参数的均值和方差,还能提供时间-空间的序列值。

(4) 通过不断改变系统运行条件,从而可以研究道路交通系统在各种情况下的行为。

6.1.2　交通流仿真模型的特点

1. 仿真对象

交通流仿真的对象是道路交通系统,包括道路、车辆等,该交通系统是一个随机的、动态的、开放的复杂系统,涉及人、车、路等多个方面。首先,交通产生的主观因素是人,就车辆个体而言,驾驶人员的行为特征、思维方式、心理作用、判断能力等因素都对车辆的行为产生影响,表现出较强的随机性。其次,交通运行是一个动态过程,随着时间和空间时刻发生着变化,而且这种变化也是随机的,如同一时刻不同地点及同一地点不同时刻的交通运行状态都是不同的。最后道路交通系统受许多外部因素的影响,如天气、环境、亮度等,而且影响程度很难定量确定。

2. 仿真模型建立

从仿真模型来看,对交通流的仿真可分为宏观仿真模型和微观仿真模型。由于交通系统具有上述特征,建立在大量严格的约束边界条件下的宏观仿真模型难以适用。此时,若采用微观建模思想,以交通系统中相对独立的车辆个体及其行为作为建模对象,来描述个体的行为特征和相互作用更加合理和可行。微观仿真中以单个车辆为对象,通过一些简单但更真实的仿真模型来模拟车辆在不同道路和交通条件下的运行情况,并以动态图像的形式显示出来。该模型主要包含三个子模块:交通生成模块、道路设施模块和交通行为模块。交通生成模块用于向仿真系统提供入口处车辆到达的输入参数,如车辆类型、车速、车道、车头时距等。道路设施模块以道路为对象,用于描述道路的几何及物理特征,如曲线半径、坡度等。交通行为模块用于控制车辆的行为准则,如超车模型、跟驰模型等。

6.1.3　交通流仿真的基本要素[1~3]

这里仅针对微观交通流仿真模型说明其基本要素。

1. 道路条件

道路条件主要包括道路的平面线型参数、纵断面曲线参数、路面状况、视觉环境等。平面线型参数如直线、曲线、缓曲线等,主要影响行车速度和驾驶行为,一般而言曲线段的行车速度和超车的概率都要远低于直线段。纵断面曲线参数主要是指坡度,上坡和下坡的行车速度明显不同。路面状况主要是指公路等级,如是高速公路、一级公路还是其他,公路等级对行车速度有很大影响。视觉环境主要包括环境亮度(如晚上还是白天)、隧道内还是一般路段等,一般而言白天的行车速度要高于晚上,隧道外行车速度要高于隧道内,而且隧道内受空间封闭的影响,超车的概率要远低于隧道外。对于某路段而言,道路条件是固定不变的,在仿真前需预先设定。

2. 车辆到达

在实际工程中,车辆的到达情况由车辆检测器实时获得,但该数据为一个采样周期内的统计数据。在仿真中车辆的到达则需根据该统计数据由车辆生成模型来实现车辆个体的输入。描述车辆个体到达的数据包括:到达时间、行车速度、车辆类型、车头时距、车道号等,这些数据为车辆个体进入仿真系统的初始值,关于车辆个体行车状态的参数如车速、位置、车道等则随着仿真事件的驱动而动态变化着。

3. 期望车速

在工程实际中,车辆检测器实时获得的车辆速度可以作为期望车速。在仿真模型中,期望车速是指车辆个体在水平直线段自由行驶的速度,该车速受车型和交通量的影响。小型车的期望行车速度最大,大型车最小,中型车介于两者之间。交通量越大,车速越低;反之,车速越高。由于高速公路上车辆多为自由行车,故在构造仿真模型时,一般假定期望车速与交通量无关,生成的个体实际车速则根据正态分布产生。

4. 车辆行为

高速公路上车辆的行驶行为主要包括三种:自由行车、跟驰行车、超车或转换车道。当车辆的运动不受其他运动车辆的影响时,称该车处于自由行驶状态,一般在低密度流情况下出现。在仿真程序中的特征描述为:与前车相距较远、行车道行驶、车速恒定(水平直线段)。当自由行驶的后车与前车的距离接近停车视距时,若后车速度大于前车速度,且超车道满足超车条件时,后车将进入超车行驶状态。当自由行驶的后车与前车的距离接近停车视距时,若后车速度大于前车速度,但不满足超车条件时,后车将进入跟驰行驶状态。

6.2　高速公路交通流仿真的基本模型

6.2.1　交通生成模型

1. 交通流的产生

交通流的产生是交通流仿真系统的基础,主要解决仿真中交通流的输入问题。现实中交通流的到达是随机的、离散的,而车辆检测器测得的交通流数据则为一个计数周期内的统计值,故需根据车辆检测器监测数据还原车辆个体的随机到达情况。

1) 车头时距分布

高速公路上的交通流到达服从泊松分布,其对应的车头时距服从负指数分布,在计数周期 t 内无车到达($x=0$)的概率为

$$P(0) = e^{-\lambda t} \qquad (6\text{-}1)$$

式中，λ 为单位时间内的平均到达车辆数；t 为计数时间。式(6-1)也表明，车头时距大于或等于 t 的概率为

$$P(h \geqslant t) = P(0) = e^{-\lambda t}$$

车头时距小于 t 的概率为

$$P(h < t) = 1 - P(0) = 1 - e^{-\lambda t}$$

2）车速及车型分布

交通流车辆个体的车速通常假定服从正态分布，即 $X_v \sim N(\mu, \sigma^2)$，其中 μ、σ 分别为平均车速和方差，其中平均车速可由车辆检测器测得，方差则预先根据车辆检测器测得多个时段的车速统计而得。车型则按照车辆检测器测得的大、中、小车的比例按均匀分布概率随机生成。

2. 随机数的产生

不同类型的随机变量是通过生成随机数来实现的。当前应用较多的随机数发生器为线性同余发生器，由 Lehmer 在 1951 年提出。该方法在给定一个种子值 X_0 后，可以根据下面的递推公式产生 $0 \sim m-1$ 的整数序列 $X_1, X_2, \cdots$

$$X_{i+1} = (aX_i + b) - \mathrm{int}\left(\frac{aX_i + b}{m}\right)m \qquad (6\text{-}2)$$

式中，int( )表示取整；X_0 为种子；a 为常数；b 为增量；m 为模，这些参数影响随机数的统计性质和周期长度。该随机整数序列服从 $0 \sim m-1$ 上的均匀分布，经转换后，可以获得在区间 $[0,1]$ 上服从均匀分布的随机变量。

3. 随机变量的产生

1）正态分布随机变量的产生过程

生成正态分布随机变量的方法有多种，这里采用比较简单的一种方法，该方法可以得到标准正态随机变量 $N(0,1)$，该标准正态随机变量经过相应的转换后可以得到任意非标准正态随机变量 $N(\mu, \sigma)$。具体过程如下：

第 1 步：生成 12 个在区间 $[0,1]$ 上服从均匀分布的随机变量 $x_i(i=1,2,\cdots,12)$。

第 2 步：采用下式计算得到服从正态分布的随机变量：

$$y = \sum_{i=1}^{12} x_i - 6$$

第 3 步：重复第 1 步、第 2 步，得到一个服从标准正态分布的序列。

2）车辆到达的产生过程

车辆达到服从泊松分布，对应的车头时距服从负指数分布。车辆到达的产生

过程如下:

第 1 步:置 $n=0,p=1$。

第 2 步:产生一个在区间 $[0,1]$ 上服从均匀分布的随机变量 x_{n+1},并用 px_{n+1} 替换 p。

第 3 步:若 $p<e^{-\lambda}$(符号意义同前),则接收 $N=n$;否则令 $n=n+1$,转第 2 步。

第 4 步:可以计算出车辆产生的车头时距为 t/N。

重复前面过程,直到生成完相应的交通流序列,且这些车辆间的车头时距服从负指数分布。

6.2.2 超车模型[4~8]

道路上车辆的超车行为十分常见,是驾驶员根据自己的驾驶特性,针对周围车辆的车速、车道间隙等周边环境信息,调整并超越前方车辆的综合过程。该过程受多方面因素影响,是一个异常复杂的行为方式,在常规的模型中难以用数学的方法准确描述,目前国内外建立的许多超车模型都是基于微观交通流仿真提出的。在交通流的仿真模型中,对超车模型进行了简化。

1. 超车产生的条件

当自由行驶的后车与前车的距离接近停车视距时,若后车速度大于前车速度,且超车道满足超车条件时,后车将进入超车行驶状态。

2. 超车的行为组成

后方车辆超越前方车辆的过程中,一个完整的超车动作包括:移位、加速、超车、减速、再移位,如图 6-1 所示。

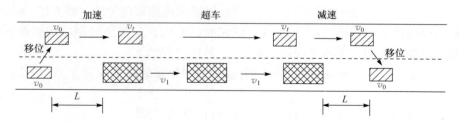

图 6-1 超车过程

设 v_0 为后车当前车速,v_1 为前车当前车速,在仿真程序中首先应判断是否需要超车,判断依据为 $v_0>v_1$,且两车距离 $L\approx l_0$,其中 l_0 为最小停车视距;然后判断超车道是否满足超车条件,即是否有足够长的路段进行超车。当满足前面两个条件时,后车将进行超车。

仿真程序中假定两次移位均为瞬时完成,从 v_0 到 v_t 和从 v_t 到 v_0 的加速度事先给定。超车速度 v_t 可由初始速度 v_0 乘以一系数得到,该系数也是事先给定的。若 v_0 比 v_1 大许多,则认为 $v_t = v_0$。

超车情况多出现于隧道前方路段,因为在这些路段上没有特别的交通规则来限制超车。只要车流密度不大,高速公路的超车道是有足够的空间来超车的,故在高速公路的普通路段上,只要后车车速大于前车车速,后车都要寻找机会进行超车。

6.2.3　跟驰模型[9～11]

在普通路段上,车辆的跟驰行驶状态一般出现于高密度流情况下,此时车辆处于非自由行驶状态。司机由前车提供的信息采取相应的运行方式,车辆的速度由前车决定。当前车处于匀速行驶状态时,后车也以和前车同样的速度匀速行驶;当前车进行加速或减速时,后车也采取加速和减速,但这需要一个反应的过程,从而产生了时间上的滞后。

一般路段上的车辆跟驰行驶具有三个特性:制约性、延迟性和传递性。

(1) 制约性。出于时间的考虑,后方车辆总是跟随前方车辆行驶,即所谓的后方车辆的紧随需求;其次后方车速不能长时间大于前方车速,且两者之间需保持一个安全距离,从而避免发生碰撞。即后方的行车速度、间距等受前方车辆的制约。

(2) 延迟性。当前方车辆改变运行状态后,后方车辆也要跟着改变,但两者之间不是同步的,后方车辆要比前面车辆延迟一段时间,这是由于驾驶员对于前方车辆运行状态的改变要有一个反应的过程。

(3) 传递性。根据制约性和延迟性可知,第一辆车运行状态的改变会传递给第二辆车,第二辆车运行状态的改变又传递给第三辆,一直向后方传递下去。这种状态改变的传递同时又具有延迟性,就像波一样以一定的速度向后传递。

目前国内外已建立多种跟驰模型,如刺激-反应模型、安全距离模型、生理-心理模型、模糊推理模型、元胞自动机模型等,本节在交通流仿真中采用线性跟驰模型来描述车辆的加速和减速状态,如图 6-2 所示。

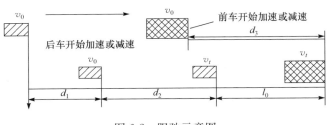

图 6-2　跟驰示意图

图 6-2 中，$d_1 = v_0 T$，T 为后车司机反应时间，取 $T = 1\text{s}$。l_0 为最小停车视距，d_2，d_3 分别为后车和前车速度变化时行驶的距离，一般假定 $d_2 = d_3$，即认为前后车的加速度是相同的。

在隧道内，根据规定是不允许超车的，即当后车速度大于前车且两车距离接近停车视距时，后车应进入跟驰行驶状态。这时模型还可以简化为：前车匀速行驶，后车经过时间 T 后也以前车速度匀速行驶。实际上隧道内的超车是存在的，最常见的就是小车超大型车和中型车，为了更好地符合实际，还应加入一定的超车规则，如后车速度超出前车速度多少比例时，便可能进行超车。

当然，后车是进行超车行驶还是跟驰行驶还与其他因素有关，如司机、气候条件、路面状况等，这些因素称为不确定性因素。它们也或多或少地影响仿真的好坏，不过在精度要求不高时可以不考虑。

6.3　交通流仿真的实现

6.3.1　数据结构及功能模块

仿真程序采用 C++语言进行编写，程序中定义了三类：车辆类（Tcar）、路段类（Troad）、隧道类（Ttunnel）。每一个车辆对象包含的信息有车型、车道、初始速度、超车速度、行车速度、车位置及其他数据；所有的路段对象和隧道对象包含两个队列：行车道队列和超车道队列，还包括路段长度、坡度等其他数据信息。

仿真程序包含下面两大功能模块。

（1）数据初始化模块。

数据初始化模块包括对路段对象、隧道对象和各车辆对象的初始化，其中路段对象、隧道对象的初始化只需一次，而车辆对象则是每加入一个队列（路段对象或隧道对象的行车道或超车道队列）便被初始化一次。

（2）车辆处理模块。

车辆处理模块为仿真的核心模块，通过前面自由行车模型、超车模型和跟驰模型，按时间段扫描法对各路段、隧道车辆运行进行模拟。该模块可以对车辆运行的规则进行设置，如超车条件的限制、跟驰行为的选择，安全距离的设置等。

6.3.2　仿真系统的推进方法

离散事件系统仿真的仿真时钟推进方法有两大类：一是按下一最早发生事件的发生时间推进，即事件（推进）驱动；二是以固定的时间间隔进行驱动，即时间驱动。本节建立的仿真系统采用时间驱动的方法，基本过程如下：

（1）若该步内无事件发生（跟驰、超车、换道等），则仿真时钟再推进一个单位时间，同时以上一步车辆的行车状态为基准对各车辆个体的状态参数（位置等）进行调整。

（2）若在该步内有若干个事件发生，则认为这些事件发生在该步的起始时刻，并按预定的事件处理的有限顺序对各事件进行依次处理，并改变各车辆的行车状态和位置参数。

在时间驱动法中，仿真时钟每推进一步，均要对所有对象进行事件扫描，判断有无事件发生，故增加了执行时间，而且单位时间过大会影响误差。

6.3.3　仿真程序界面及基本功能介绍

交通流仿真程序的界面如图 6-3 所示，该程序主要用于对双车道上的车辆运行情况进行模拟，其主要特点和功能包括：

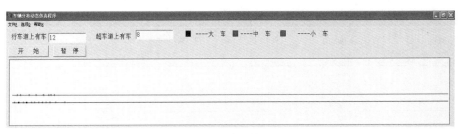

(a) 仿真开始

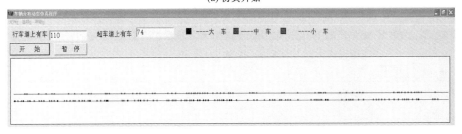

(b) 仿真进行中

图 6-3　交通流仿真程序界面

（1）交通流由大型车、中型车、小型车三种车型构成，可以在程序中设置三种车型的比例，程序根据该车型组成比例生成运行车辆对象。

（2）不同车型的平均速度不一样，一般而言小型车车速高于中型车，中型车车速高于大型车，程序根据车型按正态分布规律随机生成车辆个体的车速。

（3）程序可以对仿真路段的交通量进行设置，程序根据设定的交通流按泊松分布生成车辆个体。

（4）程序可以设定一定的交通规则来实现对普通路段及隧道的模拟，如通过隧道时的限速设置、禁止超车设置，以及普通路段上的自由行驶设置。

（5）仿真计算可以获得一段时间内的通过不同断面的交通流序列，通过对该序列的分析可以获得在一定条件下的上下游交通流相关关系。

6.4　交通流仿真结果及分析

6.4.1　交通量的影响

交通组成保持大型车 70%、中型车 20%、小型车 10%不变,并允许车辆个体自由超车,考察不同交通量下的道路车辆行驶情况,此时的仿真结果如图 6-4 所示。可以看出,当交通量为 600 辆/h 时,车辆绝大部分在行车道上前进,行车道及超车道上的车完全处于自由行驶状态,无跟驰行车现象存在。当交通量为 1200 辆/h 时,车辆仍然绝大部分在行车道上前进,超车道上的车辆基本上均处于自由行驶状态,但行车道上车辆部分开始出现跟驰状态,说明交通量的增加开始使道路

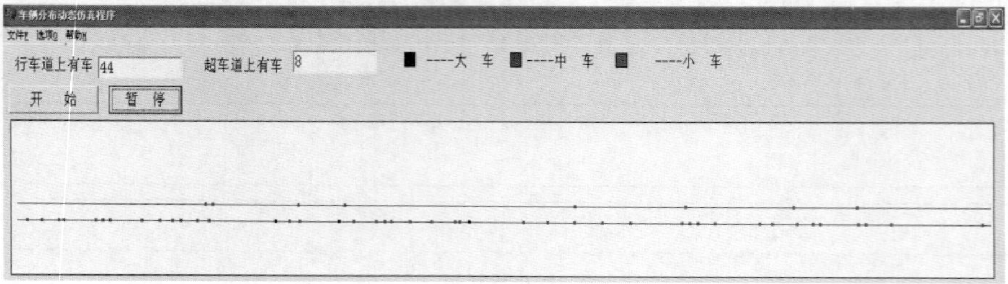

(a) 交通量为600辆/h

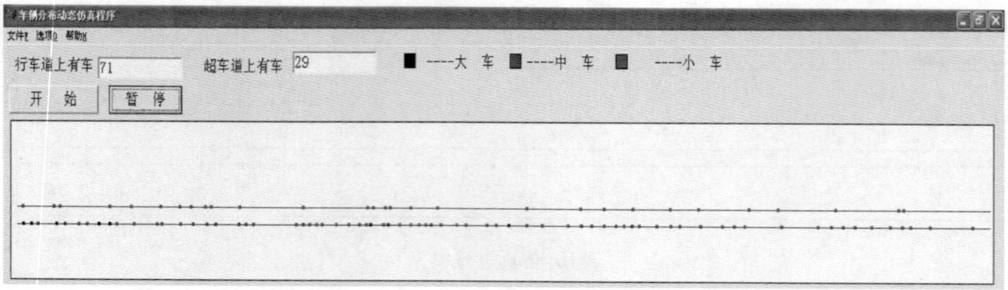

(b) 交通量为1200辆/h

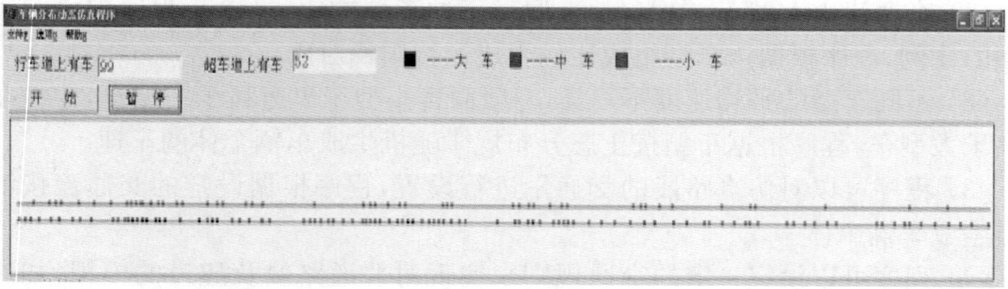

(c) 交通量为1800辆/h

图 6-4　不同交通量下的车辆行驶动态

交通由自由流向饱和流转变。当交通量为 1800 辆/h 时,行车道上车辆大部分处于跟驰状态,超车道上车辆自由行车开始受限,道路交通正向饱和流发展。以上仿真结果表明,道路的交通状态主要受交通量的影响,交通量较小时,车辆行驶自由,受其他因素干扰小,平均行车速度高;随着交通量的增加,道路交通逐渐饱和,车辆行驶开始受限,行车速度开始降低;饱和交通流下,车辆大多处于跟驰行驶状态。

6.4.2　交通组成的影响

　　维持交通量 1200 辆/h 不变,考察不同交通组成下(大车∶中车∶小车)道路上车辆的行驶状态,如图 6-5 所示。当全部为小车时,车辆基本上完全处于自由行驶状态,且沿线分布较均匀,平均行车速度较大。随着中大型车的增多,进入跟驰行驶状态的车辆逐渐增多,且多为中大型车,分布也开始不均匀。当车辆完全为中大型车时,多数车辆处于跟驰行驶状态,平均行车速度也较低。仿真结果表明,即使在交通量相同的情况下,车辆的行驶状态也与交通组成有很大关系,中大型车的数量影响道路的行驶状态和平均行车速度。另外,由于车辆个体行驶速度的差异,经过一段时间的行进后,速度较快的车辆与速度较慢的车辆间的距离逐渐拉大,即出现快车与慢车的分离现象。

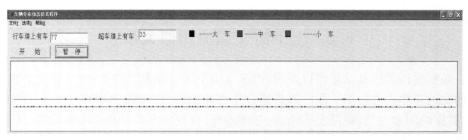

(a) 交通组成为 0∶0∶1

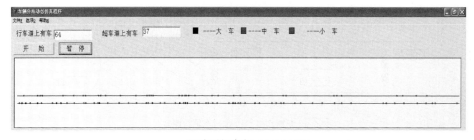

(b) 交通组成为 1.5∶2.5∶6.0

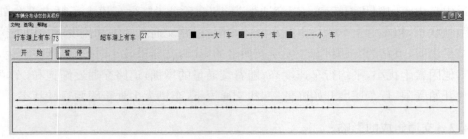

(c) 交通组成为3 : 3 : 4

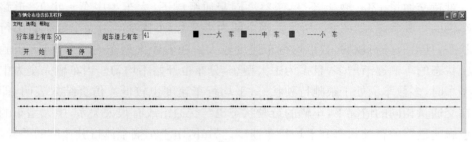

(d) 交通组成为4 : 6 : 0

图 6-5　不同交通组成下的车辆行驶动态

6.5　上下游交通流相似关系

根据前面的仿真结果可以发现,由于车辆个体行驶速度的差异性,通过上游断面的交通流序列在行车一段距离后通过下游断面时,该交通流序列已发生显著改变,其影响因素包括:道路交通条件、车型差异、行驶速度差异及交通流量等。假定两断面的车辆检测器埋设如图 6-6 所示。

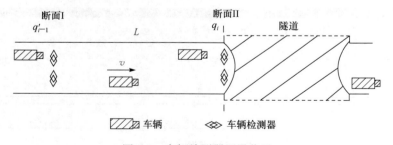

图 6-6　车辆检测器埋设位置

设在 $0 \sim T$ 时间内通过上游断面 I 的车辆有 N 辆,其时间序列为

$$\{t_i\}, \quad i=1, \cdots, N$$

因此经过距离为 L 的行驶后,通过下游断面 II 的时间序列为

$$\left\{t_i + \frac{L}{v_i}\right\}$$

式中,L 为断面 I 和断面 II 的距离;v_i 为车辆个体的行驶速度。如图 6-7 所示。

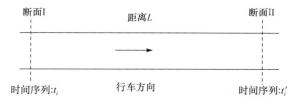

图 6-7 不同交通组成下的车辆行驶动态

若 N 个车辆的平均行驶速度为 $\bar{v}$,那么在 0~T 时段内通过断面 I 的交通流通过断面 II 的期望时段为

$$\left\{\frac{L}{\bar{v}}, \frac{L}{\bar{v}} + T\right\}$$

而实际时段为

$$\left\{\left(t_i + \frac{L}{v_i}\right)_{\min}, \left(t_i + \frac{L}{v_i}\right)_{\max}\right\}$$

由于车辆个体速度的差异,实际时段的区间要大于期望时段,故定义上下游两断面交通流的相似系数如下:

$$T_s = \frac{N'}{N} \tag{6-3}$$

式中,N' 为 0~T 时段内通过上游断面 I 的车辆在期望时段内通过下游断面 II 的车辆数。

很明显,当 L 较小时,实际时段与期望时段非常接近,通过两断面交通流的相关系数很大;而随着 L 的增加,由于车辆个体速度的差异,两者差异逐渐增大,表明通过两断面的交通流的相关系数减小。

下面采用仿真模拟的手段来考察不同情况下断面间的交通流相关关系。

工况一。交通量为 1200 辆/h,交通组成为 1∶2∶7(大车∶中车∶小车),取 $T=600$s,$L=10000$m,$N=200$,车辆平均速度为 96.5km/h,那么在 0~600s 内通过断面 I 的交通流通过断面 II 的期望时段为 373~973s。仿真结果表明,通过断面 II 的实际时段为 303~1202s,如图 6-8 所示。该状态下,在期望时段内通过断面 II 的车辆数为 176 辆,而 0~600s 内通过断面 I 总的车辆数为 200 辆,故断面 I 和断面 II 交通流的相关系数为 88%。该系数表明,通过断面 I 的交通流在期望时段内有 88% 的车辆会通过断面 II。

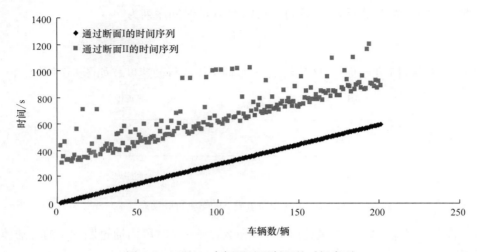

图 6-8　工况一:车辆通过两断面的时间序列

工况二。交通量为 1200 辆/h,交通组成为 1∶2∶7(大车∶中车∶小车),取 $T=300\text{s}$,$L=10000\text{m}$,$N=100$,车辆平均速度为 99km/h,那么在 0～300s 内通过断面 I 的交通流通过断面 II 的期望时段为 364～664s。仿真结果表明,通过断面 II 的实际时段为 311～1006s,如图 6-9 所示。该状态下,在期望时段内通过断面 II 的车辆数为 75 辆,而 0～600s 内通过断面 I 总的车辆数为 100 辆,故断面 I 和断面 II 交通流的相关系数为 75%。该系数表明,通过断面 I 的交通流在期望时段内有 75% 的车辆会通过断面 II。

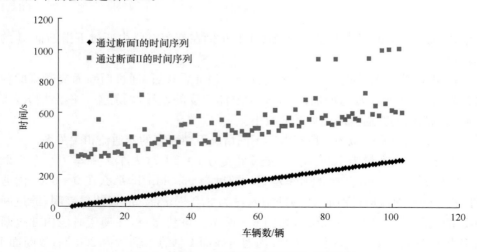

图 6-9　工况二:车辆通过两断面的时间序列

　　工况三。交通量为 1200 辆/h,交通组成为 2∶3∶5(大车∶中车∶小车),取
$T=300s,L=10000m,N=100$,车辆平均速度为 91km/h,因此在 0~300s 内通过
断面Ⅰ的交通流通过断面Ⅱ的期望时段为 396~696s。仿真结果表明,通过断面
Ⅱ的实际时段为 307~1012s,如图 6-10 所示。该状态下,在期望时段内通过断面
Ⅱ的车辆数为 72 辆,而 0~600s 内通过断面Ⅰ总的车辆数为 100 辆,故断面Ⅰ和断
面Ⅱ交通流的相关系数为 72%。该系数表明,通过断面Ⅰ的交通流在期望时段内
有 72% 的车辆会通过断面Ⅱ。

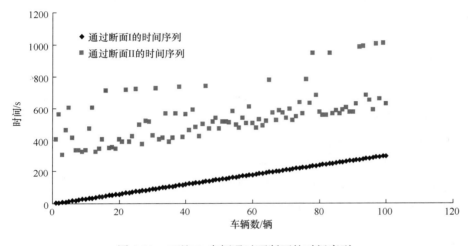

图 6-10　工况三:车辆通过两断面的时间序列

　　以上模拟结果表明,通过上下游断面的交通流之间具有一定的相似性。虽然
在无互通的情况下,理论上通过上游断面的车辆始终会通过下游断面。但实际上,
由于车辆个体行驶速度等因素的差异,使得在同一时段通过上游断面的车辆不会
在将来的某个相同时段内全部通过下游断面。采用两断面交通流的相似系数可以
很好体现通过两断面交通流的相似关系。仿真结果表明,该相似系数主要受计数
周期、断面距离、平均行车速度、交通量大小、交通组成情况等因素的影响。在一定
的计数周期下,则两断面交通流的相似性主要受断面距离和平均行车速度的影响。

6.6　本 章 小 结

　　通过对道路交通流仿真模拟,可以得到以下结论:
　　(1) 由于车辆个体行驶速度的差异,经过一段时间的行进后,速度较快的车辆
与速度较慢的车辆间的距离逐渐拉大,即出现快车与慢车的分离现象,这是导致上
下游断面交通流差异的本质原因。

　　（2）道路的交通状态主要受交通量的影响：交通量较小时，车辆行驶自由，平均行车速度高；随着交通量的增加，车辆行驶开始受限，行车速度开始降低；饱和交通流下，车辆大多处于跟驰行驶状态。

　　（3）车辆的行驶状态也与交通组成有很大关系，中大型车的数量影响着道路的行驶状态和平均行车速度。

　　（4）车辆的行驶状态也与行车规则有关：在普通路段，任何车辆在道路稍微满足超车条件时大都会进行超车；隧道内则不一样，大中型车是严禁超车的。这也是造成隧道内外车辆行驶状态显著差异的原因之一。

　　（5）上下游两断面的交通流关系可以采用相似系数来体现，相似系数越大则一段时间内通过两断面相同的车辆数就越多。

　　（6）上下游断面交通流相似系数受计数周期、断面距离、平均行车速度、交通量大小、交通组成情况等因素的影响。其中交通量和交通组成的影响主要体现在平均行车速度上，其本身对相似系数的影响相对较小。故在计数周期一定（通风系统控制周期）下，则两断面交通流的相似性主要受断面距离、平均行车速度的影响。

　　（7）若相邻上下游隧道间的交通流相似系数大于 60％ 即可认为通风控制时该相邻隧道可以作为隧道群进行考虑，此时可以直接将上游交通流数据作为下游交通流的将来数据进行通风控制。

参 考 文 献

[1] 王晓原,邢业顺,贾洪飞. 交通流计算机微观仿真的一种随机模型. 山东理工大学学报(自然科学版),2003,17(1):90—93.

[2] 方勇,何川,王明年,等. 特长高速公路隧道交通流的仿真预测模型. 2003 年全国公路隧道学术会议论文集. 北京:人民交通出版社,2003.

[3] 刘运通,石建军,熊辉. 交通系统仿真技术. 北京:人民交通出版社,2002.

[4] Ludmann J,Neunzig D,Weilkes M. Traffic simulation with consideration of driver models, theory and examples. Vehicle System Dynamics,1997,27(3):200—205.

[5] Rahim F. Benekohal procedure for validation of microscopic traffic flow simulation model. Transportation Research Board,Washington DC,1990:190—202.

[6] 王家凡,罗大庸. 交通流微观仿真中的换道模型. 系统工程,2004,22(3):92—95.

[7] Yang Q,Koutsopoulos H N. A microscopic traffic simulator for evaluation of dynamic traffic management systems. Transportation Research,1996,4(3):113—129.

[8] Hidas P. Modeling lane changing and merging in microscopic traffic simulation. Transportation Research(Part C),2002,10:351—371.

[9] 何民,荣建,刘小明. 自然交通流跟车特性研究. 公路交通科技,2002,19(3):110—114.

[10] 李德慧,王武宏. 基于驾驶行为分析的交通流中车辆跟驰建模与仿真. 交通与计算机, 2003,21(6):32—36.

[11] 周静,陈森发. 微观交通流中跟车模型的仿真研究. 东南大学学报(自然科学版), 2004,34(4):545—548.

第 7 章　公路隧道群通风系统的前馈式智能控制

目前在公路隧道群的通风及控制中存在以下问题：

（1）国内虽然已经提出过隧道群的概念，但并没有对其进行明确定义和限定，也没有提出隧道群的特殊形式毗邻隧道的界定范围。

（2）隧道群及其特殊形式毗邻隧道中，各隧道的通风设计与控制是相互独立的，没有考虑前后隧道在交通流数据上的共享性。已建成的隧道群的通风设计和营运控制，没有考虑到隧道群的这种特点，例如，陕西省西安—汉中高速公路上秦岭 I、II、III 号特长公路隧道群、319 国道长沙—浏阳段蕉溪岭隧道群、深圳坪西公路雷公山、迭福山隧道群等，在这些隧道群中各个隧道的通风设计与控制是相互独立的。

本章从上下游交通流相关关系、隧道洞口的污染物窜流影响及隧道监控管理模式等方面对隧道群及毗邻隧道进行定义，然后针对公路隧道群及毗邻隧道的特点开发前馈式智能通风控制系统，并采用室内仿真的手段对其控制效果进行测试。最后，将前馈式智能模糊控制推广到路段集合式多隧道智能通风控制系统中。

7.1　公路隧道群的营运管理特点及定义

7.1.1　隧道群的建设现状及带来的问题[1]

近年来，西部山区省市的高速公路建设取得了巨大的成就，这些路段上的特长隧道、隧道群及其特殊形式的毗邻隧道在整个线路中所占比例极大。不仅给隧道的设计和施工带来困难，也给这些路段的营运管理提出了更高要求。以重庆市为例，在已建或在建的高速公路中，隧道长度占线路长度的比重最高区段达 52%。西部山区省市的高速公路隧道有两大特点：

（1）特长隧道多。到目前为止，重庆市正在建设的隧道总数达 147 座，其中 3000m 以上的特长隧道达 32 座，其中 5000m 及以上的特长隧道有 13 座。

（2）隧道群多。隧道进出口距离较近，隧道间距在 100m 以下占隧道的 7.6%，隧道间距在 100～500m 占隧道的 14.4%，隧道间距在 500～2000m 占隧道的 33.3%，隧道间距在 2000～5000m 占隧道的 23.5%。可见，隧道间距在 5000m 以下的占隧道的 78.8%。

由此将带来以下问题。

（1）特长隧道的智能控制技术。主要包括特长隧道的智能通风控制技术、智能照明控制技术及防灾救援控制技术,其解决的关键问题是节能及防灾问题。

(2) 隧道群智能控制技术。隧道群在运营控制中,必须考虑隧道之间的相互影响,与单体隧道相比,隧道群运营控制更加复杂。主要表现在以下两个方面:

第一,在正常运营情况,对于相距较近的毗邻隧道,通风、照明相互影响很大,特别是采用前馈式通风和照明时,这种影响更大。主要表现在:对于前馈式通风而言,后面隧道的交通流数量及其特性,将为前方隧道交通流预测创造条件;同时,后方隧道出口污染空气的排出对前方隧道的影响必须提前被预知,从而保证前方隧道前馈通风输入的准确性。对于隧道群照明,后方隧道出口照明与前方隧道进口照明将有明显的相关关系。

第二,在事故情况下,特别在火灾情况下,隧道群必须采用联动技术才能防止事故规模的扩大和次生灾害的发生,因而其管理模式也与单体隧道有较大差异。

(3) 路段整体式联动及联网控制技术。对于监控设施完备的路段,在正常营运情况下,可将隧道、路段视为一整体进行管理和控制。这种路段整体控制模式以特长隧道、隧道群及毗邻隧道为营运管理的控制核心,以整个路段为管理对象,虽然每个隧道及普通路段单元都有各自独立的控制系统,但可以充分考虑到隧道与隧道、路段与路段、路段与隧道间的相互影响和作用问题。在灾害情况下,该管理模式将整个路段视为救援对象,可更好地防止事故规模的扩大和次生灾害的发生。

可见,在西部山区省市高速公路营运控制的核心是隧道群的智能通风、照明控制及防灾救援问题。

7.1.2 隧道群的控制管理模式[2,3]

公路隧道营运控制系统经历了如下发展历程,即单体隧道单系统模式、单体隧道多系统联动模式、多隧道集中控制模式、隧道群(毗邻隧道)联动控制模式。

1) 单体隧道单系统模式

20 世纪 90 年代以前,隧道一般采用单系统模式,各子系统通过人工手动进行监控管理,各子系统无信息交换,不能进行自动联合运作,管理信息收集发送落后,不能满足运营需要。

2) 单体隧道多系统联动模式

20 世纪 90 年代中期,隧道监控系统引入中心控制系统,将各子系统联为一体。中心控制系统由多台计算机构成,其中两台为服务器,其余为工作站,通过计算机局域网联为一体,构成服务器-客户机模式,其中服务器和工作站均为两两互备,冗余可靠,各工作站各司其职,一般分为操作员工作站(供调度人员使用)、管理计算机(供管理人员使用)、通信机(与下端各硬件设备通信),服务器则进行全局数据存储及网络通信服务,这样可使系统达到很高的可靠性、实时性,满足隧道机电监控系统信息量大,监控流程复杂的要求,同时管理计算机可为用户提供大量运营管理资料。

中心控制系统具有一定智能,可根据采集到的隧道交通流量、环境参数、光照参数、风速等自动决定交通模式,然后再根据现场反馈的参数不断调整运营模式,从而达到隧道最佳的运营方式。中心控制系统可方便地扩展,如扩展工作站,增加运营模式等,而这些均不需通过修改程序完成,只需用户通过计算机导入修改数据库及监控流程即可完成,极大地满足了用户现场工作需要。中心控制系统不仅能提供对有关机电设备的监控,也能提供其运营资料信息,形成报表及记录,供管理者决策使用,中心控制系统综合管理各子系统,使其联合运作,充分发挥了机电设备的性能,在发生灾害情况下联合运作,启动迅速,可有效地帮助运营人员抢险救灾。

对于一般特长隧道而言,单体隧道多系统联动模式可以满足运营管理要求。

3) 多隧道集中控制模式

21世纪初,随着高速公路隧道增多,特别是一条路段上有多条隧道,为了减少管理机构,降低管理成本,开始将多个隧道的监控系统进行合并设置,例如,正在实施的重庆市北碚隧道(4010m)和西山坪隧道(2600m)就是采用这种控制模式。多隧道集中控制模式的最大缺点是:各个隧道之间的相互影响没有考虑,各个隧道之间的信息也不交流,虽然多个隧道监控设置在一个系统中,但在管理上仍然是独立的,缺少隧道间的联动控制。

4) 隧道群(毗邻隧道)联动控制模式

一般情况下,在一条路段上,各个隧道的交通流是连续的,因此,前面隧道的未来交通流可以通过后面隧道的当前交通流进行预测。另外当隧道口距离较小时,后方隧道的出口污染物将对前方隧道进口通风产生严重影响。由于隧道进出口距离较小,光线的明暗变化剧烈,因此,必须对后方隧道出口照明进行特别关注。隧道发生事故或火灾时,隧道群或毗邻隧道相互影响很大,必须采取联动措施,才能减小火灾损失,防止火灾影响扩大,杜绝次生灾害发生。对于隧道群或毗邻隧道,由于相互影响很大,各隧道的控制系统彼此不能独立设置,必须统一考虑智能联动控制技术。

公路隧道群及毗邻隧道的前馈式智能通风控制是建立在隧道群(毗邻隧道)联动控制模式的基础上,隧道间的信息共享为该控制方法实现的前提条件。

7.1.3 公路隧道群的定义

根据前方的分析,对于山区高速公路,从隧道控制角度看,可以分为以下三种情况。

(1) 单体隧道。特点是隧道之间相距很远,隧道之间交通流影响也很小,隧道通风和照明彼此之间没有相互影响,隧道之间防灾救援影响小。此时,各隧道的控制系统可以作为独立系统考虑。

（2）隧道群。特点是隧道之间相距较远,隧道之间交通流有一定影响,隧道通风和照明彼此之间相互没有影响,隧道之间防灾救援影响较大。此时,各隧道的控制系统需要考虑联动。

（3）毗邻隧道。特点是隧道之间距离很近,隧道之间交通流有严重影响,隧道之间通风和照明相互影响严重,隧道之间防灾救援影响很大。此时,各隧道的控制系统彼此不独立,必须统一采用联动控制。

从通风控制角度看,隧道群与单体隧道最大的差异在于上游隧道的交通流实测数据可以作为下游隧道交通流的预测数据,从而用于通风控制。故可以定性地提出隧道群判断标准:直接将相邻上游隧道的实测交通流作为下游隧道的预测交通流,引起的误差不大于下游隧道本身(不依赖于上游实测数据)的交通流预测误差,那么这相邻隧道即满足了成为隧道群的必要条件,一条路段上所有满足以上必要条件的相邻隧道共同构成了该路段上的隧道群。

下面基于上下游断面交通流相似系数,给出通风控制意义上的隧道群定量判别式。假定当前时段为 i,根据前面的仿真分析,由于车辆速度的差异性,在将来 $i+1$ 时段通过断面 II 的交通量将由通过断面 I 的三个时段的交通量组成:

（1）前面时段尤其是 $i-1$ 时段中通过断面 I 的部分慢车。

（2）当前时段通过断面 I 的大部分车辆 $T_s N_i'$, T_s 即为两断面的交通流相似系数。

（3）将来时段尤其是 $i+1$ 时段通过断面 I 的部分快车。

仿真结果表明,在均匀流情况下,即所有时段中通过断面 I 的交通量均相等时,若上下游断面距离不太大,则第二部分交通量占了很大比重,而第一和第三部分所占比例大致相同,即各为 $(1-T_s)/2$。实际上,由于车辆速度的分布服从正态分布(对称分布),据此也可以近似地认为这部分慢车和快车所占的比例大致相同。

故在交通量不变的情况下,通过断面 II 的交通流可以用通过断面 I 的交通流表示如下:

$$N_{i+1}'' = N_i' T_s + N_{i-1}' \frac{1-T_s}{2} + N_{i+1}' \frac{1-T_s}{2} = N_i' \tag{7-1}$$

在交通量不断改变的情况下,在 $i+1$ 时段内通过断面 II 有交通量表达式为

$$N_{i+1}'' = N_i' T_s + (N_i' - \Delta T_i) \frac{1-T_s}{2} + (N_i' + \Delta T_{i+1}) \frac{1-T_s}{2}$$

$$= N_i' + (\Delta T_{i+1} - \Delta T_i) \frac{1-T_s}{2} \tag{7-2}$$

式中,ΔT_i,ΔT_{i+1} 分别为以 T 为计数周期在 i 和 $i+1$ 时段内的交通量变化量;$\Delta 2T_i$ 为以 $2T$ 为计数周期在 i 时段内交通量变化量。若采用断面 I 的交通量 N_i' 代替 N_{i+1}'',则引起的相对误差将为

$$E = \frac{|N_{i+1}'' - N_i'|}{N_i'} = \left| \frac{\Delta T_{i+1}}{N_i'} - \frac{\Delta T_i}{N_i'} \right| \frac{1-T_s}{2} \tag{7-3}$$

前面的仿真测试表明,单体隧道不依赖上游数据的交通流预测(神经网络-模糊网络组合预测模型)的平均相对误差为 6.74%(表 2-3)。以该值为例,可得到符合隧道群的判别式为(该标准可根据使用者需要来设定,不是固定不变的)

$$E=\left|\frac{\Delta T_{i+1}}{N_i'}-\frac{\Delta T_i}{N_i'}\right|\frac{1-T_s}{2}<6.74\%$$

即

$$T_s>1-\frac{13.48\%}{\left|\dfrac{\Delta T_{i+1}}{N_i'}-\dfrac{\Delta T_i}{N_i'}\right|}$$

根据北碚隧道的交通流监测数据分析,以 10 分钟为计数周期时平均交通量相对变化量(绝对值)为 15.4%,则 $0<\left|\dfrac{\Delta T_{i+1}}{N_i'}-\dfrac{\Delta T_i}{N_i'}\right|<0.308$,代入有 $T_s>56.5\%$,取保守值 60%作为隧道群判别条件:$T_s>60\%$。即只要上下游隧道间的交通流相似系数大于 60%即可认为通风控制时该相邻隧道可以作为隧道群进行考虑,此时可以直接将上游交通流数据作为下游交通流的将来数据进行通风控制。

如前面所述,该相似系数主要受计数周期、断面距离、平均行车速度、交通量大小、交通组成情况等因素的影响。以计数周期为 10min 为例,若平均行车速度为 80km/h,交通量为 1200 辆/h,交通组成为 1:2:7(大车:中车:小车)条件下,采用仿真程序可以得到以下结果:当两断面距离为 20km 以内时,两断面交通流相似系数可以达到 65%以上;而当两断面距离大于 30km 后,两断面交通流相似系数低于 60%。在这种条件下,可以认为若相邻隧道间距小于 20km,则可以将其作为隧道群考虑。

7.2　公路隧道群的前馈式智能通风控制系统

7.2.1　工程对象

以重庆市万州至开县高速公路南山隧道、铁锋山 1♯隧道、铁锋山 2♯隧道为工程对象,进行公路隧道群前馈式智能模糊通风控制系统的设计。万开高速公路地处重庆东部山区三峡库区腹地,起于开县新城汉丰镇,止于万州李家坪接渝(重庆)宜(昌)高速公路。线路穿越铁峰山、南山两座大山,横跨浦里河、杨家河等长江水系。全线长度为 29.3km,路基宽 22.5m,隧道宽 9.25m,高 5m,为双向四车道,全封闭全立交。全线共设三座隧道,分别是长为 4828m 的南山隧道、2316m 的铁峰山 1♯隧道和 6022m 的铁峰山 2♯隧道;南山隧道与铁峰山 1♯隧道之间为赵家互通立交、铁峰山 1♯隧道与铁峰山 2♯隧道之间为民国场互通立交,如图 7-1 所示。可以看出,万开路南山隧道与铁峰山 1♯隧道相距 10784m,铁峰山 1♯隧道和铁峰山 2♯隧道相距 1764m，根据前面的判断标准，这三座隧道形成了隧道群。

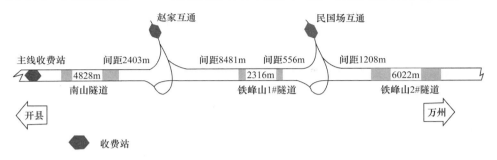

图 7-1　万开路全路段示意图

7.2.2　隧道群监控设备配置

1. 路段监控设施

对于隧道群而言，隧道间的联动控制是实现上下游隧道数据共享的基础，故隧道群的监控既包括隧道的监控，也包括隧道间普通路段的监控。万开路路段监控系统包括各种可变情报板、限速标记、CCTV 等，与隧道监控系统构成了一个整体，能实现对万开路全路段的监控，如图 7-2 所示。

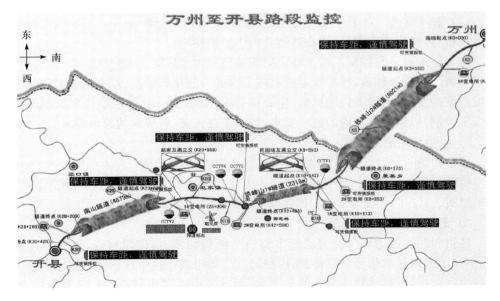

图 7-2　万开路路段监控界面

　2. 隧道监控设施

　隧道内的监控设施主要由以下子系统构成。

　1）通风与控制系统

　公路隧道群要实现前馈式智能模糊控制,其通风及控制系统的硬件设备配置应满足以下要求:

　（1）一氧化碳和烟雾浓度检测器。用于自动检测隧道内的 CO 浓度值及烟雾透过率。对于长度在 3000m 以下的隧道,CO/VI 检测器只需在隧道出口布置即可;对于长度在 3000m 以上的隧道,CO/VI 检测器需在隧道出口和隧道中间各布置一处;对于分段纵向式通风的隧道,除了在隧道出口处布置一处外,还需在竖/斜井排风口和送风口附近各布置一处。

　（2）隧道风速检测器。隧道风速检测装置用于自动检测隧道内的风向、风速,该设备测量范围应满足 $-20 \sim +20$m/s、精度为 ± 0.1m/s 的要求。该设备也安装于隧道侧壁上,并具有防水、防潮、防尘功能。对于全射流通风的隧道而言,只需在中间布置一处即可;对于分段纵向通风的隧道而言,每段均需布置。

　（3）射流风机。对与隧道通风控制而言,射流风机属于通风控制系统的最终执行元件,用于将控制对象（隧道内的污染物浓度）控制在运行的营运水平范围内。在火灾情况下,隧道内的射流风机也用于控制烟雾的蔓延。

　（4）轴流风机。对于分段纵向式通风的隧道,在通风竖/斜井处安装有大功率轴流风机,该风机功率大,一般在隧道营运中后期使用。

　隧道群的通风与控制系统主要由射流风机和轴流风机、一氧化碳/烟雾浓度检测仪和风速检测器构成,该系统通过对隧道内的一氧化碳浓度、烟雾浓度和风速等环境参数的监测,对隧道内的风机（主要是射流风机）实行远程控制或现场控制室的人工控制,以满足隧道内的通风要求,特别是在火灾、事故时的通风要求。

　2）照明与控制系统

　隧道的照明分为以下几类:基本照明、紧急照明、加强照明。基本照明分两路,即基本照明 1、基本照明 2。其中基本照明 1 为常开照明,白天和夜间均设为常开状态。基本照明 2 只在白天设为常开。加强照明分为入口段加强照明、出口段加强照明。

　3）交通诱导与控制系统

　隧道内的交通诱导与控制系统主要由车辆检测器、可变情报板、可变限速标志、三显示或四显示信号灯、可变车道控制标志等组成。其中车辆检测器用于检测常规交通数据,并提供每一车道的车辆数、车辆平均速度和车辆占有率等参数,这些数据除了表征隧道车辆的行驶状态外,对于前馈式通风控制而言,可以直接或间接的用于隧道通风控制。此外,车辆检测器应具有采集当前数据、保存历史数据、设置采样周期等功能,且应具有较高的检测精度。

4）火灾报警系统

火灾报警系统由中心控制室内的集中火灾报警控制仪、隧道内感温线圈火灾检测仪、手动报警按钮、控制室、设备室及必要的附件组成。隧道内感温线圈火灾检测器、手动报警按钮应分别划分报警区段，每区段应作一个报警单元处理。

5）其他子系统

闭路电视系统 CCTV、有线广播系统、供配电系统等。

7.2.3　隧道群前馈式智能通风控制系统构成

1）控制目标及周期

公路隧道群前馈式智能通风控制系统的控制目标及周期设定与单体隧道相同，即根据工程设计文件及《公路隧道通风照明设计规范》(JTJ 026.1—1999)，同时考虑到安全系数，具体如下。

烟尘允许浓度：当隧道内行车速度为 60km/h 时，$k=0.0075\mathrm{m}^{-1}$。当隧道内行车速度为 80km/h 时，$k=0.0070\mathrm{m}^{-1}$。当隧道内行车速度为 100km/h 时，$k=0.0065\mathrm{m}^{-1}$。

CO 允许浓度：150ppm。

隧道内风速：$v_{\mathrm{r}}\leqslant 10\mathrm{m/s}$。

控制周期：10 分钟。

2）控制流程

在 7.1.3 节中，根据对隧道群上下游交通流关系的分析，从通风控制角度得出隧道群的定义，即只要上下游隧道间的交通流相似系数大于 60% 即可认为通风控制时该相邻隧道可作为隧道群进行考虑。根据此定义可以得出，对于隧道群而言，可以直接将上游交通流数据作为下游交通流的将来数据进行通风控制。故对于隧道群的下游隧道而言，与单体隧道最大的区别在于交通流预测中采用了上游隧道的实测数据。公路隧道群的前馈式智能模糊控制系统构成如图 7-3 所示。

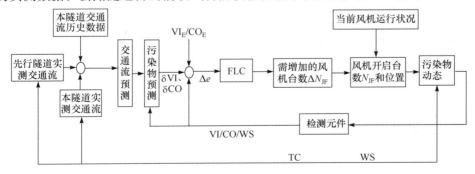

图 7-3　公路隧道群的前馈式智能模糊控制系统构成

　　可以看出,公路隧道群通风系统的控制流程与单体隧道基本一致,其中交通流预测模型可以采用前面建立的基于交通流特征的预测模型或基于权重的预测模型,也可以直接将先行隧道的实测交通流作为预测交通流。首先由 TC 计测得数据,利用隧道群交通流预测模型得到下一个控制周期的交通流数据,并结合检测计测得的 VI、CO、WS 值,通过污染物扩散模型计算出下一个周期的污染物浓度增量 δVI、δCO;然后,由污染物的后馈量、预测增量和控制目标量三者确定 FLC 的控制偏差 Δe,经过模糊推理后得到风机的变化量;最后,结合风机当前的运行状况确定风机开启/关闭的台数和位置,从而得到新的污染物动态。

7.3　公路毗邻隧道的前馈式智能通风控制系统

7.3.1　毗邻隧道的定义

　　高速公路行车连续穿越多座隧道时,除存在单体隧道进、出隧道口时的明适应和暗适应现象外,由于隧道间距离较近,还将出现明暗适应的快速转换。在白天,驾驶人员在上游隧道出洞经历明适应现象,在短暂的行驶后,又将经历暗适应进入下一条隧道,这样驾驶人员在过毗邻隧道时将出现明适应和暗适应两种视觉特征的快速转换。在夜间,情况相反,驾驶人员在上游隧道出洞时经历暗适应,在短暂的行驶后,又将经历明适应进入下一条隧道,出现暗适应和明适应的快速转换(图7-4)。

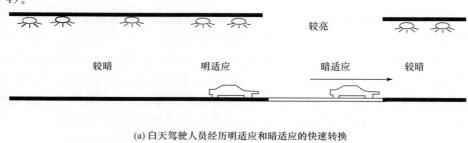

(a) 白天驾驶人员经历明适应和暗适应的快速转换

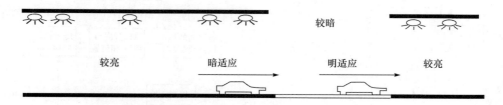

(b) 夜间驾驶人员经历暗适应和明适应的快速转换

图 7-4　近距离隧道驾驶人员的视觉特性

现行的《公路隧道通风照明设计规范》(JTJ 026.1—1999)并没有对公路毗邻隧道进行定义。但从照明设计角度来看,现行规范规定:当连续的两座隧道间行驶时间按照计算行车速度考虑小于 30s,且通过前一座隧道内的行驶时间大于 30s 时,后续隧道入口段亮度应进行折减。此处的连续隧道即为某种形式的毗邻隧道,其影响主要体现在入口段照明设计中亮度的折减上。

王明年等从防灾救援的角度对高速公路毗邻隧道及隧道群进行了详细的定义[4]。在发生交通事故的情况下,需要对事故隧道及其上游隧道进行交通管制。当相邻的两个隧道间距较大时,只需封闭事故隧道及其上游隧道。当相邻的两个隧道间距较小时,在各隧道封闭的情况下,可能存在相邻两隧道间滞留的车辆长度大于隧道间距的情况,这样势必会造成车辆进入上游隧道,这时,将两隧道定义为毗邻隧道,在防灾救援时,毗邻隧道应进行统一控制和管理。

从隧道营运控制模式来看,相对于单体隧道和一般情况下的隧道群,毗邻隧道之间距离很近;隧道之间交通流、通风和照明相互影响严重,防灾救援也应统一进行,此时,各隧道的控制系统彼此不独立,必须统一采用联动控制。毗邻隧道需统一建设现场控制站,通过现场总线对各隧道进行联动控制。

毗邻隧道对通风的影响主要体现在:由于上下游隧道洞口间距小,上游出口污染物在没有完全稀释的情况下,会被带入下游隧道中,从而降低下游隧道的通风效果。上游隧道出口污染物扩散的范围主要受外界风速风向和上游隧道出口风速两方面的影响,目前的研究结果表明,当外界顺风或无风情况下,出口污染物向前扩散的距离最大。考虑到洞口地形因素,外界风完全平行于隧道轴线方向的可能性较小,故可以认为外界无风时为最不利工况[5]。在外界无风情况下,做出隧道高度范围内污染物向前扩散的最大影响距离(即污染物可能窜入下游隧道入口的最大距离)与上游隧道出口风速之间的相关关系如图 7-5 所示。

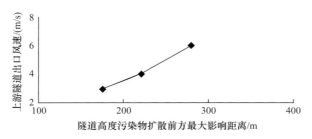

图 7-5　出口风速与污染物向前扩散距离的关系

可以看出,即使在不利工况下,隧道出口风速达 6m/s 时,隧道高度范围内污染物扩散前方影响距离最大也不超过 300m。而在一般情况下,由于存在外界风干扰,而且在山区沟谷,外界风往往以垂直或接近垂直于隧道轴线的方向运动,故污染物可能窜入下游隧道的最大距离一般在100～200m,若考虑由洞内外气温差异引起的对流作用、道路非直线线型等因素,这一距离还会更小。综上所述,可以认为,当两隧道洞口间距小于300m时,从通风控制的角度可以视为毗邻隧道。此时,上游隧道出口污染物可能会窜入下游隧道,宜在下游隧道入口处设置CO/VI环境检测仪,以获得下游隧道的初始污染物浓度水平。

7.3.2 工程对象

省际通道渝沙高速公路水江至武隆段,线路起止里程为K6+175～K61+27,全长55km,其中K8+71～K30+895段,依次分布有武隆隧道(4884m)、黄草岭隧道(3219m)、大湾隧道(2820m)、羊角隧道(6676m)和白马隧道(3056m)五座长及特长隧道,隧道比例占90.5%,羊角隧道与白马隧道间距仅100m,这些隧道构成了高密度的连续毗邻隧道群,如图7-6所示。

7.3.3 武水高速公路监控设备配置

1. 路段监控设备

武水高速公路路段监控设备的配置如表7-1和图7-6所示。

表 7-1 路段机电与监控设备

序号	设备	型号及规格	编号	里程	备注
1	F型可变情报板	TZ-KXB-D128×64	FCMS1	K6+220	左线
2	道路摄像机	—	CCTV1	K6+700	左线
3	道路摄像机	—	CCTV3	AK0+200	左线
4	F型可变情报板	TZ-KXB-D128×64	FCMS2	AK0+410	左线
5	道路摄像机	—	CCTV4	K7+470	左线
6	道路摄像机	—	CCTV2	AK0+600	左线
7	微波车辆检测器	—	VD1	K7+630	右线
8	F型可变情报板	TZ-KXB-D128×64	FCMS3	K7+635	右线
9	隧道口一体化球机	Media Tunnel	CCTV5	K7+645	右线
10	亮度检测器	REGAL LUX CS20	亮度检测器1	K7+645	右线
11	亮度检测器	REGAL LUX CS20	亮度检测器2	K13+220	右线
12	隧道口一体化球机	Media Tunnel	CCTV6	ZK17+50	左线
13	F型可变情报板	TZ-KXB-D128×64	FCMS4	ZK17+130	左线

续表

序号	设备	型号及规格	编号	里程	备注
14	隧道口一体化球机	Media Tunnel	CCTV7	K17＋550	右线
15	亮度检测器	REGAL LUX CS20	亮度检测器 3	K17＋550	右线
16	F 型可变情报板	TZ-KXB-D128×64	FCMS5	K17＋630	右线
17	隧道口一体化球机	Media Tunnel	CCTV8	K20＋920	右线
18	亮度检测器	REGAL LUX CS20	亮度检测器 4	K20＋920	右线
19	隧道口一体化球机	Media Tunnel	CCTV9	K27＋840	右线
20	亮度检测器	REGAL LUX CS20	亮度检测器 5	K30＋955	左线
21	F 型可变情报板	TZ-KXB-D128×64	FCMS6	ZK31＋530	左线
22	隧道口一体化球机	Media Tunnel	CCTV10	K31＋335	左线
23	F 型可变情报板	TZ-KXB-D128×64	FCMS7	AK0＋750	左线
24	道路摄像机	—	CCTV11	K33＋550	左线
25	道路摄像机	—	CCTV12	K34＋150	左线
26	微波车辆检测器	—	VD2	K34＋300	右线
27	能见度仪	—	VID	K34＋350	右线
28	F 型可变情报板	TZ-KXB-D128×64	FCMS8	K38＋600	右线
29	隧道口一体化球机	Media Tunnel	CCTV13	K38＋800	右线
30	F 型可变情报板	TZ-KXB-D128×64	FCMS9	K41＋350	右线
31	隧道口一体化球机	Media Tunnel	CCTV14	ZK40＋55	左线
32	隧道口一体化球机	Media Tunnel	CCTV15	K41＋500	右线
33	亮度检测器	REGAL LUX CS20	亮度检测器 6	K42＋230	右线
34	亮度检测器	REGAL LUX CS20	亮度检测器 7	ZK49＋410	左线
35	隧道口一体化球机	Media Tunnel	CCTV16	ZK49＋535	左线
36	F 型可变情报板	TZ-KXB-D128×64	FCMS10	ZK50＋200	左线
37	道路摄像机	—	CCTV17	K59＋160	左线
38	道路摄像机	—	CCTV18	K59＋770	右线

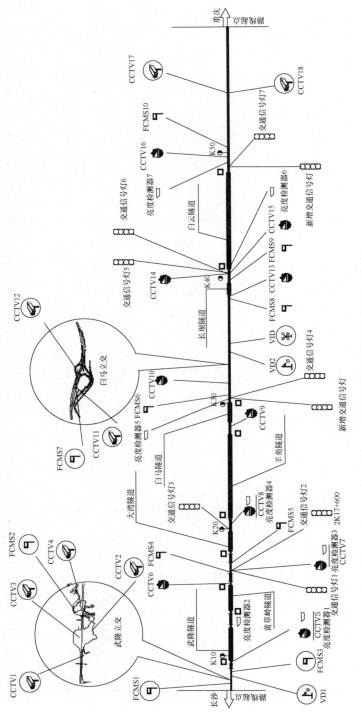

图 7-6　武水高速公路沿线监控系统布置图

2. 隧道监控设施

武水高速公路隧道内的监控设施主要由以下子系统构成。

1）通风与控制系统

公路毗邻隧道要实现前馈式智能模糊控制，其通风及控制系统的硬件设备配置应满足以下要求：

（1）一氧化碳和烟雾浓度检测器。设备选型同一般隧道，但对于毗邻隧道，需在下游隧道入口处布置 1 处。

（2）隧道风速检测器。设备性能与布置方式同一般隧道。

（3）射流风机。根据设计需风量，成组连续布置在隧道入口和出口段，每组风机纵向间距应在 $100 \sim 150 m$。

（4）轴流风机。羊角隧道远期采用分段纵向式通风，轴力风机功率大，一般在隧道营运中后期交通流较大时使用。

毗邻隧道的通风与控制系统主要由射流风机（或轴流风机）、一氧化碳/烟雾浓度检测仪和风速检测仪构成，该系统通过对隧道内的一氧化碳浓度、烟雾浓度和风速等环境参数的监测，对隧道内的风机（主要是射流风机）实行远程控制或现场控制室的人工控制，以满足隧道内的通风要求，特别是在火灾、事故时的通风要求。

2）照明与控制系统

照明系统的设备构成同一般隧道，但毗邻隧道的照明系统及其控制需考虑毗邻隧道间的距离停车视距和行车安全的影响。

毗邻隧道的交通诱导与控制系统、火灾报警系统、闭路电视系统 CCTV、有线广播系统、供配电系统等的设备配置与选型基本与一般情况下的隧道相同。毗邻隧道与一般隧道及隧道群的差异之处，除了在通风照明控制方法外，主要还体现在毗邻隧道的监控模式和防灾救援模式的差异。在监控管理模式上，毗邻隧道各隧道的控制系统彼此不独立，各隧道的现场控制站是一体的，通过现场总线对各隧道进行联动控制。在防灾救援上，毗邻隧道中任一隧道发生火灾或交通事故时，毗邻隧道各隧道需视为一个整体统一开展防灾救援控制。

7.3.4　公路毗邻隧道前馈式智能通风控制系统构成

1）控制目标及周期

公路毗邻隧道前馈式智能通风控制系统的控制目标及周期设定与单体隧道和隧道群相同。

2）控制流程

根据对隧道洞口污染物扩散影响范围的分析结果，如果上游隧道出口污染物有窜入下游隧道的可能，则两隧道构成了毗邻隧道，计算表明满足该条件的隧道间距在 300m 以内。毗邻隧道是特殊意义的隧道群,相对于一般隧道群而言,毗邻隧道的间距更小,隧道间的交通流相似性更大。故毗邻隧道通风控制的特点在于:一方面可以将上游交通流数据作为下游交通流的将来数据进行通风控制;另一方面,下游隧道入口处的初始污染物浓度水平也对通风效果产生影响。基于此,在单体隧道和公路隧道群通风控制系统的基础上提出毗邻隧道前馈式智能模糊控制系统构成,如图 7-7 所示。

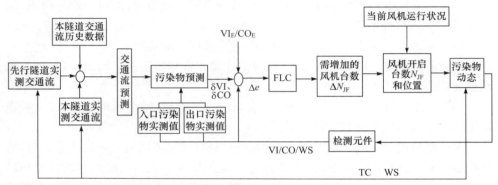

图 7-7　毗邻隧道前馈式智能模糊控制系统构成

可以看出,毗邻隧道通风系统的控制流程与单体隧道、隧道群基本一致,其中交通流预测模型可以采用前面建立的基于交通流特征的预测模型或基于权重的预测模型,也可以直接将先行隧道的实测交通流作为预测交通流。首先由毗邻隧道 TC 计测得数据,利用隧道群交通流预测模型得到下一个控制周期的交通流数据,并结合上游隧道出口、下游隧道入口及出口的检测计测得的污染物浓度(CO/VI),通过污染物扩散模型计算出下一个周期的污染物浓度增量 δVI、δCO;然后,由污染物的后馈量、预测增量和控制目标量三者确定 FLC 的控制偏差 Δe,经过模糊推理后得到风机的变化量;最后,结合风机当前的运行状况确定风机开启/关闭的台数和位置,从而得到新的污染物动态。

7.4　万开高速公路隧道群测试结果

7.4.1　隧道群通风控制系统的仿真测试流程

隧道群通风控制系统的仿真测试流程与单体隧道完全一样,区别之处是对交通流预测的处理不同。在隧道群通风控制系统测试中,首先根据泊松分布生成上游隧道的交通流实测值,然后按式(7-4)可以大致计算本隧道在 $n+1$ 时段的交通流预测值。

$$N'_{n+1}=T_sN_n+(1-T_s)\frac{N_{n-1}+N_{n+1}}{2} \tag{7-4}$$

式中,T_s 为上下游隧道的交通流相似系数。

隧道群的通风控制仿真测试流程如图 7-8 所示。

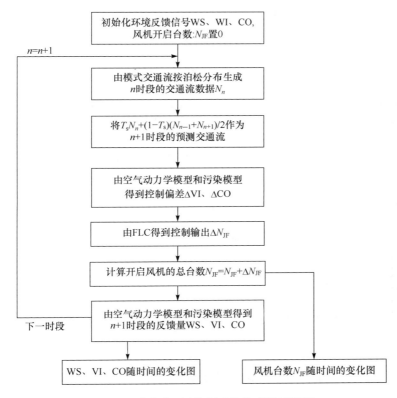

图 7-8　隧道群通风控制系统仿真测试流程

7.4.2　南山隧道通风控制系统仿真测评结果

南山隧道长 4873m,左右线各布置 10 台 Φ1140 型射流风机,该型风机出口风速为 34m/s。在图 5-13 所示的模式交通流情况下,仿真测得的风机开启情况如图 7-9 所示。

两种控制模式下的 VI 变化与 CO 浓度变化的时程曲线大致相同,这里仅给出 VI 变化的曲线如图 7-10 所示。

两种控制模式下的风速变化曲线如图 7-11 所示。

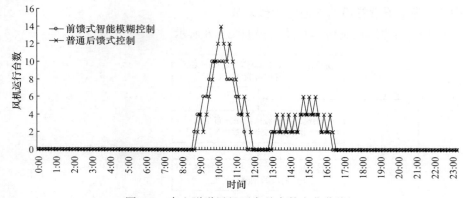

图 7-9　南山隧道风机开启总台数变化曲线

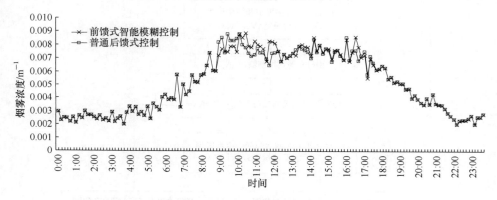

图 7-10　南山隧道两种控制模式下 VI 的时变曲线

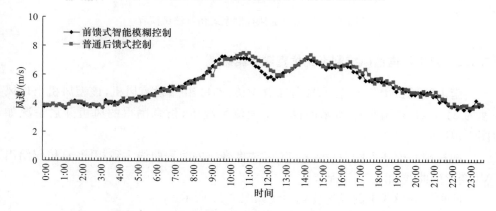

图 7-11　南山隧道两种控制模式下风速的时变曲线

　　由图 7-9 可知,在车流量很小时,无需开启风机,为了便于与其他控制方法比较(普通后馈控制),现仅选取有风机运行的时段来计算评价该系统性能的各项指标值,计算结果见表 7-2。

表 7-2　南山隧道测试结果

指　标	W	P	E_{VI}/m^{-1}	S_{VI}/m^{-1}
普通后馈式控制	210	84	0.00757	0.000770
前馈式智能模糊控制	176	28	0.00771	0.000511
变化百分比	↓16.2%	↓66.7%	↑1.85%	↓33.6%

7.4.3　铁峰山 1♯隧道通风控制系统仿真测评结果

铁峰山 1♯隧道长 2318m,左右线各布置了 8 台 Φ900 型射流风机,风机出口风速为 31.9m/s。在图 5-13 所示的模式交通流情况下,仿真测得的风机开启情况如图 7-12 所示。

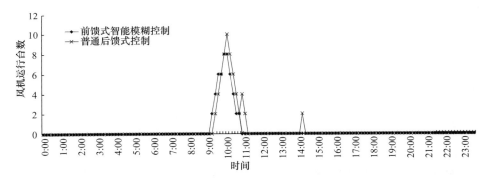

图 7-12　铁峰山 1♯隧道风机开启总台数变化曲线

两种控制模式下的 VI 变化与 CO 浓度变化的时程曲线大致相同,这里仅给出 VI 变化的曲线如图 7-13 所示。

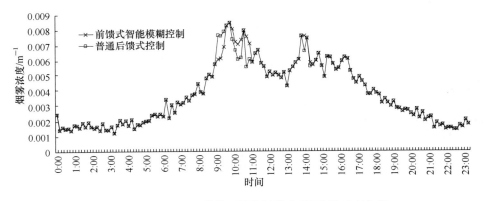

图 7-13　铁峰山 1♯隧道两种控制模式下 VI 的时变曲线

与前面相同,选取有风机运行的时段来计算评价前馈式智能通风控制系统和普通后馈式智能控制系统的差别,仿真测试得到的各项指标值结果见表 7-3。

表 7-3　铁峰山 1♯隧道测试结果

指　标	W	P	E_{VI}/m^{-1}	S_{VI}/m^{-1}
普通后馈式控制	58	28	0.007109	0.000912
前馈式智能模糊控制	48	16	0.007369	0.000708
变化百分比	↓17.2%	↓42.8%	↑3.6%	↓22.36%

7.4.4　铁峰山 2♯隧道通风控制系统仿真测评结果

铁峰山 2♯隧道长 6021m,左右线各布置 18 台 Φ1140 型射流风机,风机出口风速为 34m/s。在前面的假定交通流情况下,仿真测得的风机开启情况如图 7-14所示。

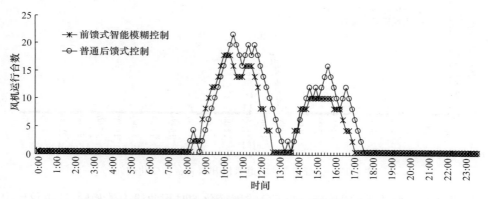

图 7-14　铁峰山 2♯隧道风机开启总台数变化曲线

两种控制模式下的 VI 变化曲线如图 7-15 所示。

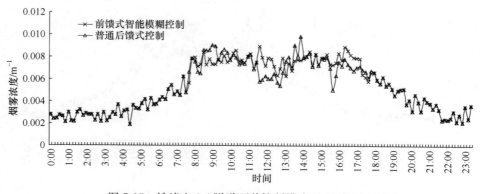

图 7-15　铁峰山 2♯隧道两种控制模式下 VI 的时变曲线

仿真测试得到的各项指标值结果见表 7-4。

表 7-4　铁峰山 2♯隧道测试结果

指　标	W	P	E_{VI}/m^{-1}	S_{VI}/m^{-1}
普通后馈式控制	570	116	0.007463	0.000984
前馈式智能模糊控制	444	60	0.007728	0.000544
变化百分比	↓22.1%	↓48.3%	↑3.55%	↓44.7%

参 考 文 献

[1] 李祖伟,何川,李海鹰,等.公路隧道群及毗邻隧道的智能联动控制方案研究.2007 年交通资源节约和环境保护新技术研讨会论文集.北京:人民交通出版社,2007.

[2] 金朝辉,王茜,何川,等.隧道智能区域控制器在万开隧道监控系统中的应用.重庆武隆至水江高速公路隧道群建设项目技术总结.北京:人民交通出版社,2010.

[3] 郭春,施洪乾,等.高速公路毗邻隧道及隧道群火灾模式下控制预案研究.重庆武隆至水江高速公路隧道群建设项目技术总结.北京:人民交通出版社,2010.

[4] 王明年,郭春,施洪乾,等.高速公路毗邻隧道及隧道群的定义研究.重庆武隆至水江高速公路隧道群建设项目技术总结.北京:人民交通出版社,2010.

[5] 曾艳华,何川,等.毗邻隧道污染物扩散影响的数值模拟研究.重庆武隆至水江高速公路隧道群建设项目技术总结.北京:人民交通出版社,2010.

第8章 公路隧道通风系统基础参数的现场测试

对于公路隧道前馈式通风系统而言,调查研究隧道的交通流特征有利于准确预测将来时段的交通流数据,对隧道通风参数的现场测试可以进一步获取准确的前馈信号。因而,隧道通风系统的基础参数决定着通风控制的准确性与可靠性,对它们进行现场实测是十分必要的。

通风系统基础参数的现场测试以渝武高速公路北碚隧道为对象进行,北碚隧道左线长4025m,右线长4045m,于2002年建成通车。通风系统基础参数现场测试的内容主要包括:交通流特性调查、空气物理学参数测试、风速系数测试、通风压力及分布测试、阻力系数测试及自然风速测试等内容,测试的结果直接应用于北碚隧道前馈式智能模糊通风控制系统中。

8.1 北碚隧道交通流特性调查

对北碚隧道交通流特性的调查研究主要包括交通量、交通组成及平均行车速度。通过对交通流特性的调查研究,可以发现其特点和规律性,为隧道通风系统的控制提供关于交通流的基本信息。

8.1.1 北碚隧道交通量调查

北碚隧道洞内多处布设有环形线圈车辆检测器,该车辆检测器可以对特定计数周期内通过检测断面的交通流量信息进行自动检测和记录。根据对该检测数据的调查分析,可以研究北碚隧道的交通流在不同情况下的规律及特性。

1. 一般情况下的交通量调查

一般情况下,北碚隧道交通量的周变化如图8-1所示。可以看出,左线的日交通量略高于右线,而且左右线交通量的周变化规律基本上是一致的,在周五出现一周内的最大值。经过统计也可以发现,北碚隧道左右线日交通量的周变化规律比较稳定,即具有很强的周相似性。

北碚隧道左线和右线一周内交通量的时变化曲线如图8-2所示。在周一至周五早晨(10点以前),左线的交通量明显高于右线,即早晨北碚至重庆方向的车辆要多于重庆至北碚方向;相反,在中午以后右线的车辆要多于左线。尤其在周五的17点以后,右线的车辆远高于左线,即出城(重庆至北碚方向)的车辆更多。在周日下午(13:00~17:00),左线的车辆又明显高于右线,即进城的车辆更多。可以看

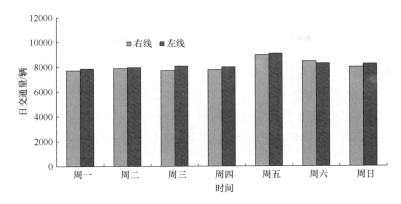

图 8-1　当前交通量的周变化

出，北碚隧道当前的交通量具有较强的规律性、方向性和时间性。

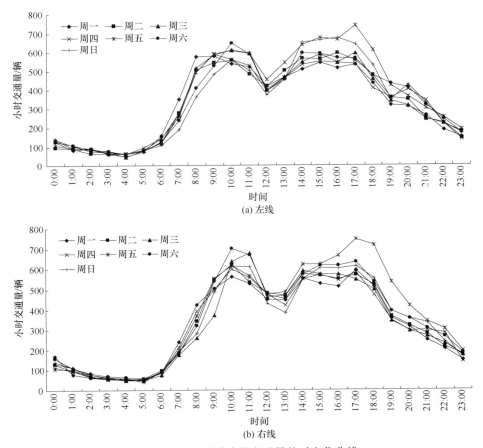

图 8-2　北碚隧道当前交通量的时变化曲线

2. 取消收费对交通量的影响

2006年国庆后,重庆市取消了渝合高速公路主城区至北碚路段的收费,引起北碚隧道交通量发生变化。

1) 左线交通量的变化

北碚隧道左线日交通量的周变化如图8-3所示。从图中也可以看出,虽然日交通量升高了许多,但日交通量的周变化规律基本上是一样的,在周五都出现了一周内的峰值。

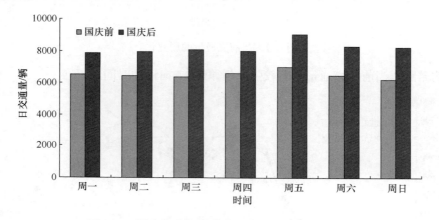

图8-3　国庆前后北碚隧道左线日交通量的周变化

国庆前后北碚隧道左线交通量的时变化曲线如图8-4所示。可以看出,虽然国庆后比国庆前交通量增大了,但小时交通量的日变化规律基本上是一致的,在上午和下午两个时段均出现高峰,而在中午12:00左右,均出现交通量低谷。

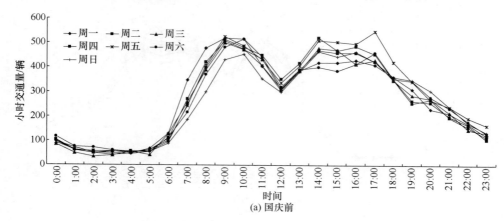

(a) 国庆前

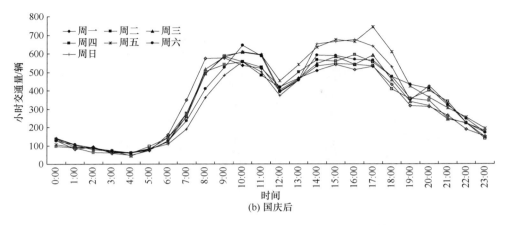

图 8-4　国庆前后北碚隧道左线交通量的时变化曲线

国庆前后高峰小时交通量的出现情况见表 8-1,国庆前高峰小时流量比平均在 7.8% 左右,国庆后为 7.7%,变化不大,但出现的时间发生了一些变化,而且在周五和周日两天的高峰小时交通量比国庆前增加了 36% 和 45.5%。

表 8-1　国庆前后北碚隧道左线高峰小时交通量的出现情况

时间	交通量基本参数	周一	周二	周三	周四	周五	周六	周日
国庆前	日交通量/辆	6537	6434	6368	6598	6990	6464	6211
	高峰小时交通量/辆	519	508	500	521	547	515	464
	高峰小时流量比	0.079	0.079	0.079	0.079	0.078	0.080	0.075
	出现时刻	9:00	9:00	9:00	14:00	17:00	10:00	14:00
国庆后	日交通量/辆	7852	7952	8071	7985	9054	8285	8234
	高峰小时交通量/辆	577	594	610	586	744	647	675
	高峰小时流量比	0.073	0.075	0.076	0.073	0.082	0.078	0.082
	出现时刻	9:00	14:00	10:00	9:00	17:00	10:00	16:00

2) 右线交通量的变化

右线的情况与左线类似,国庆后的日交通量也升高了许多,但变化规律基本与国庆前相同,在周五都出现了一周内的峰值,如图 8-5 所示。

国庆前后北碚隧道右线交通量的时变化曲线如图 8-6 所示。

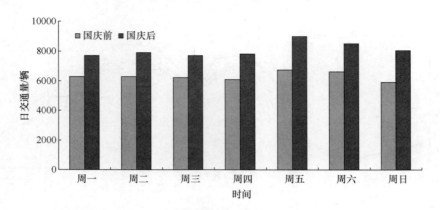

图 8-5　国庆前后北碚隧道右线日交通量的周变化

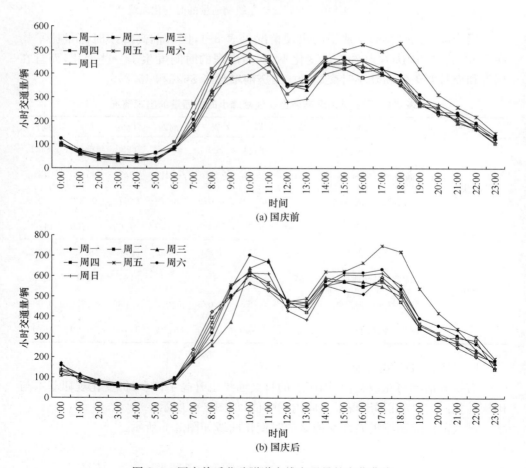

图 8-6　国庆前后北碚隧道右线交通量的变化曲线

国庆前后北碚隧道右线高峰小时交通量的出现情况见表 8-2。国庆前高峰小时流量比平均在 8.1％左右,国庆后为 10.4％,出现的时间也发生了一些变化,而且在周五和周日两天的高峰小时交通量比国庆前增加较多,分别为 41.9％ 和35.4％。综合左线隧道国庆后的交通量特征可以发现,在周五和周日,左线和右线的日交通量和高峰小时交通量都有大幅提高,说明人们倾向于周末出行。

表 8-2　国庆前后北碚隧道右线高峰小时交通量的出现情况

时间	交通量基本参数	周一	周二	周三	周四	周五	周六	周日
国庆前	日交通量/辆	6285	6270	6198	6087	6743	6603	5891
	高峰小时交通量/辆	480	508	525	512	527	543	455
	高峰小时流量比	0.076	0.081	0.085	0.084	0.078	0.082	0.077
	出现时刻	10:00	9:00	10:00	10:00	18:00	10:00	16:00
国庆后	日交通量/辆	7701	7890	7711	7799	8980	8469	8015
	高峰小时交通量/辆	595	625	679	602	748	703	616
	高峰小时流量比	0.095	0.100	0.110	0.099	0.111	0.106	0.105
	出现时刻	17:00	10:00	11:00	10:00	17:00	10:00	10:00

3. 国庆期间交通量调查

通过对国庆期间的日交通量进行统计,可以分析出北碚隧道在国庆期间的日交通量分布规律,如图 8-7 所示。在国庆期间,北碚隧道左线的日交通量要高于右线,即开往重庆主城区方向的车辆数要多于开往北碚方向的车辆数,但它们变化的形态相差不大。国庆假期第一天,左线和右线的交通量均较高,说明不论是北碚到重庆

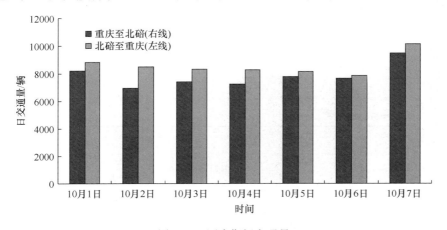

图 8-7　国庆期间交通量

方向,还是重庆到北碚方向,选择这一天出行的人都较多。在随后的几天中,左线和右线的交通量有所降低,但在国庆假期最后一天,左线和右线的交通量均陡然升高,其中左线的日交通量甚至突破了10000辆,这说明北碚隧道的左线和右线都在国庆假期最后一天出现返程高峰。

1) 左线交通量的时变化特征

在北碚隧道左线的小时交通量变化图中,通常会在上午和下午两个时段出现高峰,如图8-8所示。上午时段的高峰来的较陡,而且较窄;下午时段的高峰较为平缓,而且较宽;而在中午12点或13点左右出现低谷。10月1日,上午时段出现的峰值要远高于下午时段;与此相反,10月7日下午时段出现的峰值要远高于上午时段。从这里也可以看出,从北碚至重庆方向的人们倾向于选择国庆假期第一天的上午出行,而从重庆至北碚方向出行的人们倾向于选择国庆假期最后一天的下午返回。

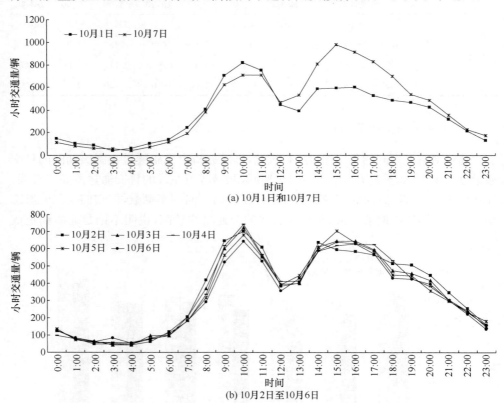

图 8-8　国庆期间北碚隧道左线交通量的小时变化

国庆期间高峰小时交通量一般出现在上午10点或下午3点,高峰小时流量比平均在8.8%左右,见表8-3。

表 8-3   国庆期间北碚隧道左线高峰小时交通量出现情况

交通量基本参数	10月1日	10月2日	10月3日	10月4日	10月5日	10月6日	10月7日
日交通量/辆	8821	8504	8352	8301	8173	7874	10177
高峰小时交通量/辆	820	702	725	743	706	642	978
高峰小时流量比	0.093	0.083	0.087	0.090	0.086	0.082	0.096
出现时刻	10:00	10:00	10:00	10:00	15:00	10:00	15:00

2）右线小时交通量变化特征

在北碚隧道右线的小时交通量变化图中,也会在上午和下午两个时段出现高峰,如图 8-9 所示。上午时段的高峰来的较陡,而且较下午时段的高峰突出;下午时段的高峰显得不太明显,较为平缓;而在中午 13 点左右,国庆七天均出现交通量低谷。在 10 月 1 日和 10 月 7 日中交通量的小时变化规律类似于左线,但与左线不同的是,10 月 1 日上午出行(重庆至北碚方向)的车辆明显高于左线隧道(北碚至重庆方向),而 10 月 7 日返程的车辆明显少于左线隧道。从这里也可以看出,从重庆至北碚方向出行和返程的车辆要多于北碚至重庆方向。这说明国庆期间北碚隧道的交通量带有明显的方向性。

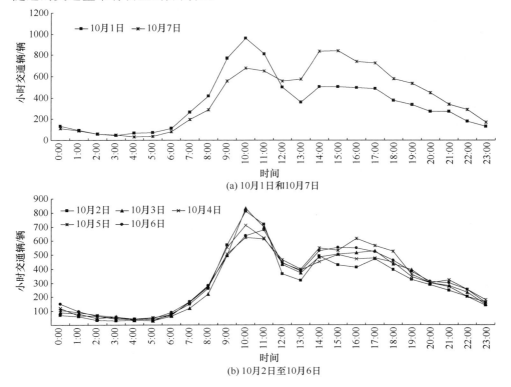

图 8-9   国庆期间北碚隧道右线交通量的小时变化

国庆期间高峰小时交通量一般出现在上午 10 点、11 点或下午 3 点,高峰小时流量比平均在 10% 左右,见表 8-4。

表 8-4　国庆期间北碚隧道右线高峰小时交通量出现情况

交通量基本参数	10 月 1 日	10 月 2 日	10 月 3 日	10 月 4 日	10 月 5 日	10 月 6 日	10 月 7 日
日交通量/辆	8228	6956	7422	7268	7777	7672	9493
高峰小时交通量/辆	962	813	834	712	624	677	842
高峰小时流量比	0.117	0.117	0.112	0.098	0.080	0.088	0.089
出现时刻	10:00	10:00	10:00	10:00	10:00	11:00	15:00

8.1.2　北碚隧道交通组成调查研究

交通流组成调查包括车型组成、汽柴油车比例等参数的调查,研究中采用了隧道洞口现场统计、监测数据分析两种方法对北碚隧道的交通组成情况进行研究。其中隧道洞口现场统计的方法通过人工目测的方式可以分辨出汽油车、柴油车,以及车型的类别、大小、满载情况,因而具有较高的可靠性和准确性,但该方法受人力资源限制,仅能进行短时间的统计。通过对车辆检测器的监测数据进行分析,除了可以获得交通量数据外,还可以分辨出大、中、小车,且可以进行长时间的数据监测和统计。

1. 交通组成的现场统计

考虑到 2006 年国庆后取消渝武高速重庆市区至北碚区段的收费,故对交通组成的现场统计在国庆前后共进行了两次。其中国庆前的统计于 8 月 10 日的上、下午两个时段进行,结果见表 8-5。

表 8-5　8 月 10 日隧道入口处交通流调查

时段	小客车		小货车		中客车		中货车		大客车		大货车		拖挂车		集装箱	合计
	汽	柴	汽	柴	汽	柴	汽	柴	汽	柴	汽	柴	汽	柴		
7:00~8:00	267	0	8	0	2	1	1	13	0	52	0	9	0	0	0	353
8:00~9:00	320	0	19	0	4	1	1	16	0	62	0	14	0	1	1	439
9:00~10:00	311	4	8	7	1	0	1	29	0	61	0	33	0	0	0	454
10:00~11:00	280	0	18	4	0	0	5	16	1	51	1	34	0	0	0	410
11:00~12:00	232	0	11	0	0	1	4	26	0	37	0	41	0	0	0	352
15:00~16:00	288	0	10	0	0	0	4	16	0	40	0	34	0	0	0	392
16:00~17:00	288	6	0	0	0	3	2	13	0	33	0	19	0	0	0	373
17:00~18:00	254	0	1	2	0	1	0	4	0	49	0	30	0	0	0	341
18:00~19:00	260	0	5	0	5	5	0	13	0	28	0	38	0	0	0	354

注:"汽"是指汽油车,"柴"是指柴油车。

根据表 8-5 可以计算出平均交通流组成和汽油车、柴油车比例如图 8-10 所示。

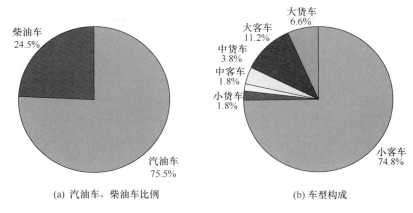

(a) 汽油车、柴油车比例   (b) 车型构成

图 8-10 平均交通组成情况

由表 8-3 及图 8-10 可以看出,北碚隧道内交通流以小客车为主,其次是大客车和大货车,小客车与小货车以汽油车为主,大客车、大货车及中型货车以柴油车为主,平均看来,柴油车比例为 24.5%,其比例基本上为大中型车混入率,因而在实际的通风计算中,可以采用大中型车混入率来表征交通组成中的柴油车情况。

高峰小时出现在上午 9:00～10:00。高峰小时的交通量组成及柴油车、汽油车比例如图 8-11 所示。其交通组成中小车的比例减小,而中货车和大客车的比例增加,从而柴油车的比例增加。

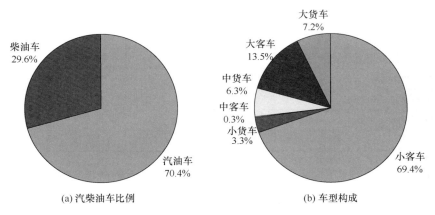

(a) 汽柴油车比例   (b) 车型构成

图 8-11 高峰小交通组成情况

取消收费后的实地交通量调查在 10 月 25 日,由于大中型车的混入情况可以体现交通组成中的柴油车比例,故本次调查仅对交通组成中的车型比进行,调查数据见表 8-6。

表 8-6　10 月 25 日交通量调查　　　　　（单位：辆）

时段	小客车	中客车	大客车	小货车	中货车	大货车	拖挂车	总计
0:00~1:00	100	0	1	1	2	34	1	139
1:00~2:00	65	2	1	1	1	33	2	105
2:00~3:00	45	0	0	0	2	23	8	78
3:00~4:00	36	0	1	2	8	27	2	76
4:00~5:00	17	0	1	3	1	12	12	46
5:00~6:00	33	1	3	4	5	29	1	76
6:00~7:00	41	0	21	8	0	28	1	99
7:00~8:00	110	0	37	12	15	35	0	209
8:00~9:00	206	0	53	15	13	43	0	330
9:00~10:00	350	3	68	33	24	36	0	514
10:00~11:00	439	2	72	26	13	49	1	602
11:00~12:00	431	2	60	46	23	55	0	617
12:00~13:00	284	4	27	32	5	66	1	419
13:00~14:00	420	3	44	45	22	50	2	586
14:00~15:00	565	5	52	35	29	74	1	761
15:00~16:00	448	3	58	54	15	56	0	634
16:00~17:00	465	2	50	24	26	59	2	628
17:00~18:00	476	4	50	39	24	88	2	683
18:00~19:00	308	1	38	20	8	78	1	454
19:00~20:00	333	1	26	10	15	60	4	449
20:00~21:00	299	0	8	13	5	33	2	360
21:00~22:00	232	1	3	4	8	53	4	305
22:00~23:00	167	0	4	3	3	47	3	227
23:00~24:00	246	0	1	5	3	33	4	292
合计	6116	34	679	435	270	1101	54	8689

由表 8-6 可以看出，交通量比国庆前明显增加，该天的高峰小时交通量出现在 14:00~15:00，为 761 辆，高峰小时系数为 8.75%，车型组成如图 8-12 所示。

2. 交通组成的监测数据分析

1）平均交通组成

通过对测得数据的统计可以得到北碚隧道当前的交通组成如表 8-7 和图 8-13 所示。可以看出，北碚隧道目前的交通组成以小型车为主，大型车的混入

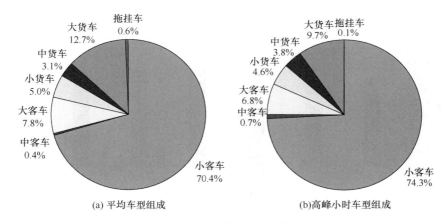

(a) 平均车型组成　　　　　　　　　(b)高峰小时车型组成

图 8-12　平均交通组成

率较低(左线为 5.6%,右线为 4.8%),且左线的大型车和中型车在交通中所占的
比例略高于右线。

表 8-7　北碚隧道交通组成情况

隧道位置	大型车	中型车	小型车
左线	0.056416	0.285196	0.658388
右线	0.048309	0.278798	0.672893

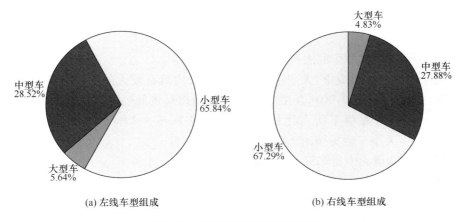

(a) 左线车型组成　　　　　　　　　(b) 右线车型组成

图 8-13　北碚隧道当前交通组成

2) 北碚隧道大中型车混入率的日变化

北碚隧道左线和右线一周内每天的交通组成变化不大,如图 8-14 所示。从图
中还可以看出,北碚隧道周四和周五的大、中型车混入率较高,而在周六则相对较

低,不过总的看来,北碚隧道的交通组成还是具有较强的稳定性。

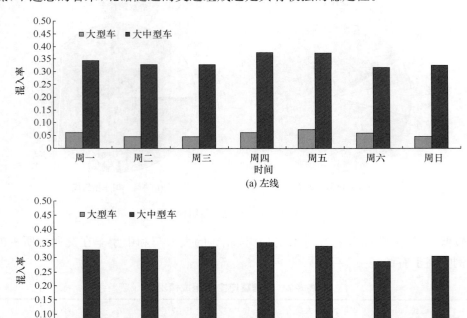

图 8-14　北碚隧道交通组成的日变化

3)北碚隧道大型车混入率的时变化

北碚隧道交通组成中,大型车的比例在一天内具有较大的变化,如图 8-15 所示。在白天(8:00～19:00),大型车所占的比例相对较低(不超过 4%),而在晚间(20:00～7:00),大型车所占比例普遍较高,在深夜大型车所占比例甚至超过 10%。可见,大型车辆更倾向于夜间行驶。

4)北碚隧道大中型车混入率的时变化

北碚隧道交通组成中,大中型车所占的比例在一天内也具有较大的变化,如图 8-16所示。可以发现,它们与交通量的时变化曲线(图 8-2)具有相反性,交通量大时(峰值),大中型车所占的比例反而较小,而在深夜交通量特低时,大中型车所占比例反而达到最大,甚至超过 60%。可见,白天交通量增加时,主要以小型车为主,大中型车更倾向于夜间行驶。

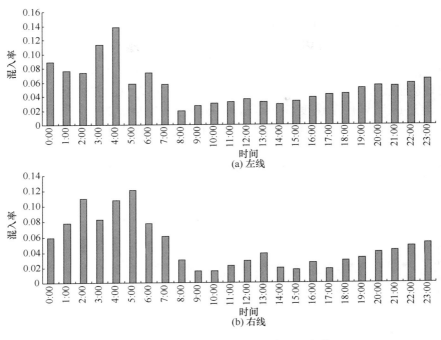

图 8-15 北碚隧道大型车混入率的时变化

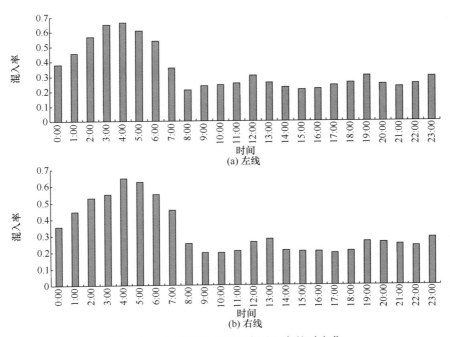

图 8-16 北碚隧道大中型车混入率的时变化

8.1.3 北碚隧道行车速度调查研究

左、右线隧道内的行车速度的时变化曲线如图 8-17 所示。从图中可以看出，隧道夜间 3：00～6：00 的时平均速度低于 80km/h，其余时段的均大于 80km/h，个别时段甚至接近 90～100km/h。因此，不管是夜间还是白天其时平均行车速度均大于隧道的计算行车速度 60km/h，白天的行车速度普遍大于设计行车速度 80km/h。从两隧道速度比较来看，右线隧道的行车速度大于左线隧道。

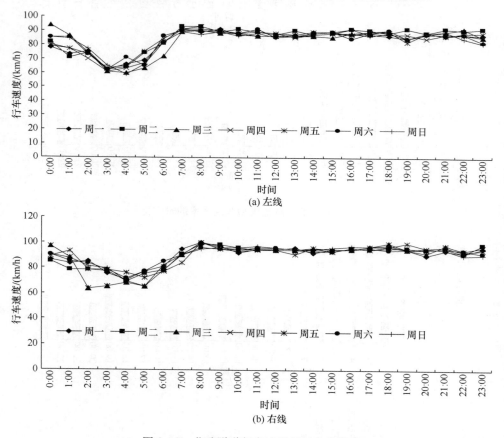

图 8-17　北碚隧道行车速度的时变化曲线

8.2　隧道空气物理学参数的测试

1. 风流密度

单位体积流体的质量称为密度，通常用 ρ 表示。

$$\rho = \frac{3.484(P_s - 0.3779\phi P_b)}{273.15 + t} \tag{8-1}$$

式中，P_s 为风流的绝对静压，空盒气压计读数，kPa；P_b 为饱和水蒸气的绝对分压，kPa；ϕ 为风流的相对湿度，%；t 为风流的干温度，℃。

2. 温度

空气分子热运动动能的大小，表现出空气的冷热程度，这种冷热程度的表示参量就是温度，单位为℃或 K。测算空气湿度时，用到两类温度值。

1）干球温度

干球温度是温度计在普通空气中所测出的温度。

2）湿球温度

湿球温度是指同等焓值空气状态下，空气中水蒸气达到饱和时的空气温度，在空气焓湿图上是由空气状态点沿等焓线下降至 100% 相对湿度线上，对应点的干球温度。

3. 空气的湿度

隧道内的空气与地面空气一样都是由干空气和水蒸气混合而成的湿空气，在单位体积或质量的空气中含有的水蒸气量即为空气的湿度。表示空气湿度主要有以下三种方法。

1）绝对湿度

单位容积或质量的湿空气中所含已饱和的水蒸气质量的绝对值，计量单位是 g/m³。绝对湿度的大小与温度有关，温度越高，绝对湿度的值越大。

2）饱和绝对湿度

单位容积或质量的湿空气中所含已饱和的水蒸气质量的绝对值，计量单位是 g/m³。

3）相对湿度

相对湿度指的是 1m³ 湿空气中所含水蒸气的质量与同一温度下 1m³ 饱和空气中所含水蒸气质量之比的百分数。其表达式如下：

$$\phi = \frac{\rho_{sh}}{\rho_b} \times 100\% = \frac{P_{sh}}{P_b} \times 100\% \tag{8-2}$$

式中，ϕ 为相对湿度，%；ρ_{sh} 为空气中实际水蒸气的密度，kg/m³；ρ_b 为同温度下饱和水蒸气的密度，kg/m³；P_{sh} 为空气中实际所含水蒸气的分压，Pa；P_b 为同温度下空气中所含饱和水蒸气的分压，Pa。

测算空气的湿度时，须先测出相对湿度，即用干球温度计和湿球温度计分别测出空气的干温度 t（℃）和湿温度 t_w（℃），根据这两个数来计算相对湿度值。

8.3 隧道风速系数的现场测试

8.3.1 测试原理及方法

1) 平均风速

空气在隧道中流动时,由于空气与隧道壁面摩擦及空气的黏性,隧道内同一横断面上各点风流的速度是不相同的,常用隧道断面上的平均风速来计算隧道内的风量。

确定隧道断面平均风速的方法是:将隧道断面分成若干个小块面积(分块面积越小,所求得风量越接近实际,一般每一个分块面积不大于 $1m^2$),将风速表置于每小块面积的形心处,分别量测出各小块面积上的风速 V_i,各小块面积上的风量为 $V_i f_i$,则全断面的风量应为 $\sum V_i f_i$,平均风速为

$$V_{cp} = \frac{\sum V_i f_i}{F} \tag{8-3}$$

式中,V_{cp} 为断面上的平均风速,m/s;V_i 为第 i 小块面积上的风速,m/s;F 为隧道的横断面积,m^2;f_i 为第 i 小块的面积,m^2。

2) 平均风速系数

在测量隧道某一断面上的平均风速时,为了不影响交通和便于节省时间,常采用测定断面风速系数的办法。风速系数为断面上的平均风速 v_{cp} 与断面上任意固定点的风速 v_k 的比值 k 称为风速系数,其计算公式为

$$k = \frac{v_{cp}}{v_k} \tag{8-4}$$

式中,k 为任意固定点的风速系数;v_k 为任意固定点的风速,m/s。

在现场测试中,在隧道内没有车辆通行时,将隧道断面分成若干个小块面积,将风速表置于每小块面积的形心处,分别量测出各小块面积上的风速,并计算各小块面积上的风量,利用式(8-3)计算断面的平均风速。同时使用风速表测定左、右侧人行道上,距地面2m高处 k_1、k_2 两点的风速,利用式(8-4)计算断面的平均风速系数。当隧道内有车辆通行时,为了在不影响交通的前提下测取隧道横截面的平均风速,用风速表 k_1 或 k_2 测试风速,通过测取 k_1、k_2 点的风速乘以平均风速系数计算隧道断面的平均风速。

根据以往测试的经验可知,在距离隧道中心线2m、路面以上2m的位置,风速系数 $k \approx 1$。

3) 风量

在隧道通风中,用上述方法测平均风速,按式(8-5)计算风量:

$$Q=FV_{cp} \tag{8-5}$$

式中,Q 为测量断面处风量,m^3/s。

8.3.2　测试方案

1)测试仪器

测试仪器采用长春气象仪器研究生产的 EDMO3 型多点平均风速仪(图 8-18),两只机械风表(编号:69241、69231,图 8-19),两只高度为 2m 的风表杆,5 根可伸缩铝合金风表支架,两只秒表。

(a) 多点平均风速记录仪　　　　　　　(b) 传感器

图 8-18　EDMO3 型多点平均风速仪

图 8-19　翼式风表

2)测试断面

测试断面选择在北碚隧道有代表性的 3 个断面上(图 8-20),并且各断面距离射流风机和进出口均较远,气流比较平稳。

1 号断面:选择在隧道中间断面,距入口 2000m 处。

2 号断面:选择在距弯道段 100m 处。

图 8-20　测试断面位置布置(单位:m)

3 号断面:选择在弯道段的中间断面,距出口 300m 左右。

3) 测试步骤

进行测试时,阻断左线隧道的交通,测试隧道为空隧道,采用全断面测量,另一隧道改为双向行车。

(1) 将测试断面分成 13 个面积大致相等的小块面积 S_i(图 8-21),按照图示尺寸架设可伸缩铝合金风表支架 5 套,将磁悬浮风速传感器牢固安装在支架上,并且是各分块图的中心处,将电缆线按顺序编号,牢固绑在支架上,把编好号的电缆线按序号接在多点平均风速仪的转接盒上,接上主机和电源,待风流稳定后开始观测,测试人员应站在测站的下风测,读数时观测者不应遮挡风流,由一人读数并记录。

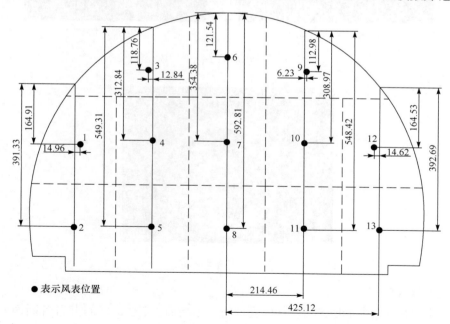

● 表示风表位置

图 8-21　断面布置分块图(单位:m)

(2) 在此测试断面上按照图 8-22 位置所示的 K_1、K_2 点处架设机械风表,在

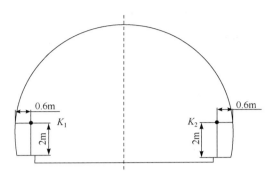

图 8-22　K_1、K_2 在隧道断面位置图

K_1、K_2 点处分别由一人读数并记录,读数时观测者不应遮挡风流。

（3）多点平均风速仪和两个机械风表同时开始测量,一分钟读数一次,一组测读十分钟,一个断面测读两组。

8.3.3　测试结果及分析

按照前述隧道风速系数的测定方法,对北碚隧道选择 3 个典型断面,每个典型横断面分成 13 块近似相等的面积,各分块面积见表 8-8。

表 8-8　隧道内各测点面积

测点号	测点面积/cm²	测点号	测点面积/cm²
1 测点	47133.14	8 测点	48543.28
2 测点	49885.22	9 测点	48125.42
3 测点	48168.33	10 测点	50836.38
4 测点	48137.73	11 测点	49291.06
5 测点	45356.94	12 测点	44539.56
6 测点	48271.39	13 测点	50403.13
7 测点	50811.72	合计	629503.30

平均风速系数的现场实测共 1500 个数据,经过整理北碚隧道平均风速系数见表 8-9。

表 8-9　北碚隧道平均风速系数

序号	1 断面 平均风速系数		2 断面 平均风速系数		3 断面 平均风速系数	
	K_1 点	K_2 点	K_1 点	K_2 点	K_1 点	K_2 点
1	1.068	1.019	1.055	0.984	1.070	1.035
2	1.033	1.043	1.041	1.067	1.078	0.999
3	1.054	1.049	1.056	0.999	1.069	1.034
4	1.056	1.003	1.038	0.942	1.097	1.038

序号	1断面 平均风速系数		2断面 平均风速系数		3断面 平均风速系数	
	K_1 点	K_2 点	K_1 点	K_2 点	K_1 点	K_2 点
5	1.008	1.035	1.048	0.989	1.119	1.062
6	1.057	0.997	1.081	1.000	1.067	1.000
7	1.065	0.993	1.064	0.995	1.060	0.989
8	1.080	1.015	1.049	1.001	1.104	1.033
9	1.073	1.014	1.049	0.992	1.104	1.029
10	1.050	1.030	1.052	0.994	1.065	1.011
11	1.034	0.999	0.995	0.977	1.051	1.015
12	1.099	1.062	0.987	1.000	1.101	1.051
13	1.076	1.019	1.064	1.044	1.081	1.046
14	1.063	1.047	1.047	0.973	1.062	1.004
15	1.057	1.073	1.004	0.991	1.059	1.023
16	1.057	1.046	0.956	1.034	1.064	1.029
17	1.026	1.031	1.015	1.002	1.077	1.060
18	1.069	0.998	1.031	1.019	1.060	1.011
19	1.061	1.034	1.025	1.001	1.043	0.984
20	1.033	1.023	1.018	1.043	1.089	1.051
21	—	—	1.002	0.969	—	—
22	—	—	1.042	1.060	—	—
23	—	—	0.965	0.998	—	—
24	—	—	0.997	0.991	—	—
25	—	—	1.041	0.961	—	—
26	—	—	1.025	1.146	—	—
27	—	—	1.024	1.099	—	—
28	—	—	0.959	1.238	—	—
29	—	—	0.969	1.117	—	—
30	—	—	1.020	1.135	—	—
31	—	—	1.021	1.161	—	—
32	—	—	0.982	1.201	—	—
33	—	—	1.029	1.149	—	—
34	—	—	1.029	1.182	—	—

序号	1 断面 平均风速系数		2 断面 平均风速系数		3 断面 平均风速系数	
	K_1 点	K_2 点	K_1 点	K_2 点	K_1 点	K_2 点
35	—	—	0.999	1.221	—	—
36	—	—	1.044	1.166	—	—
37	—	—	1.025	1.287	—	—
38	—	—	0.992	1.191	—	—
39	—	—	1.043	1.189	—	—
40	—	—	1.024	1.161	—	—
平均值	1.056	1.027	1.023	1.067	1.076	1.025

分析表 8-9 可知,平均风速系数均大于 1,说明测试两特征点的风流速度小于隧道内平均风速。当隧道内有车辆通行时,测试人行道上 K_1、K_2 点的风速 V_k,乘以相应点的平均风速系数 k_1、k_2,计算出该断面的平均风速 V_{cp}。

8.4　隧道通风压力及分布的现场测试

8.4.1　测试原理及方法

1. 通风压力

沿法线方向作用在单位面积上的压力称为压强(或单位压力),通风计算中习惯上常将压强简称为压力和风压。压力有两种测算值为绝对压力和相对压力。绝对压力为以零点压力(或真空压力)为测算基准,测得风流中某点压力的绝对值;相对压力为隧道内某处风流的绝对压力与隧道外相应位置(同高程)大气压力的差值,也就是以该处隧道外的大气压力为测算基准。相对压力是一个以给定点为基准的相对值,故有正负之分。

任意风流的机械能具有位能、压能和动能三种能量,常将单位流量的位能、压能和动能称为位压、静压和动压。

1) 静压

作用于各个方向上压强相等的空气压力称为静压。单一隧道内风流断面上静压的分布是均匀的,压力作用的方向可以是任意的。

2) 动压

单位体积风流流动时所产生的动能称为动压,也称为速压,其作用方向与风流流动方向一致。同一断面各点由于速度不同,速压也不同,断面的平均速压可以用式(8-6)计算:

$$h_v = \frac{\rho V_{cp}^2}{2} \qquad (8\text{-}6)$$

3）位压

单位体积的风流受地球引力作用，相对某基准面产生的重力能称为位压，其表达式为

$$h_z = \rho g z \qquad (8\text{-}7)$$

式中，h_z 为位压，Pa；z 为相对基准面的高度，m。

2. 通风压力差

任一隧道的通风压力，是指风机压力或自然风压，为了克服隧道通风阻力而给予的一种通风能量，其值等于隧道两端断面上风流的总能量差。由于在实际测算时，能量是以压力的形式表现，故隧道两断面风流的静压差、位压差与速压差之和，可表示隧道两断面之间的通风压力差，图 8-23 为两断面测压差示意图。

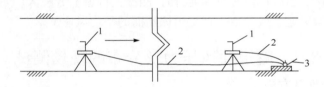

图 8-23　两断面测压差示意图
1. 静压管；2. 胶皮管；3. 精密压差计

风机造成隧道 1、2 断面的通风压力为

$$h_{1-2} = \left(P_1 + \rho_1 g Z_1 + \frac{\rho_1 V_1^2}{2} \right) - \left(P_2 + \rho_2 g Z_2 + \frac{\rho_2 V_2^2}{2} \right) \qquad (8\text{-}8)$$

式中，h_{1-2} 为 1、2 断面之间隧道的通风压力，Pa；P_1、P_2 分别为 1、2 断面风流的静压，Pa；Z_1、Z_2 分别为 1、2 断面的高程，m；V_1、V_2 分别为 1、2 断面的平均风速，m/s；ρ_1、ρ_2 分别为 1、2 断面中心点的空气密度，kg/m³。

测定 1、2 两点的压差时，可在 1、2 两点上各置一个皮托管，并用胶管将两个皮托管的"－"号管脚与压差计的两端相连接，压差计的读数即为两点静压差。若将其两个"＋"号管脚与压差计两端相连，便可测得两点间的全压差。若将每一皮托管"＋"、"－"两个管脚分别用胶皮管与压差计的两端相连，便可测得该皮托管中心孔所在处的动压（图 8-24 及图 8-25）。

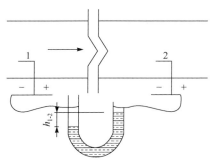
图 8-24　静压差的测定

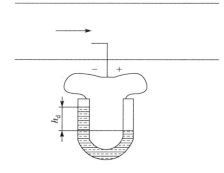
图 8-25　动压的测定

安装皮托管时必须使管嘴正对风流,实验表明,全压和静压的测定误差都随偏角 α 增加而增加。$\alpha<15°$时动压的误差不大于 1‰;20°时误差不大于 2‰;20°以上时误差显著增大。利用皮托管测风时,风速小于 1 时误差较大。因风速小于 1m/s时,动压小于 0.59Pa,压差计读数误差显著增大,流速越小,误差越大。因此,当隧道内风速大于 3m/s 时采用皮托管,小于 3m/s 时的微小风速采用热线风速仪或机械风表可获得较高精度。

3. 隧道压力坡度图

风流在流动过程中由于克服通风阻力要消耗能量,反映为风流压力降低。另外,由伯努利方程可知,风流的三种能量是可以相互转换的。表示沿流程空气能量损失和三种能量相互转换的图称为压力坡度图。

图 8-26 是压入式通风压力坡度图。断面 1 的相对静压为 h_{s1},动压为 h_{v1}。在风筒出口断面上相对静压为 0;若风筒断面不变,出口断面上动压 $h_{v2}=h_{v1}$,用直线把相应的两点连起来就是压力坡度图。

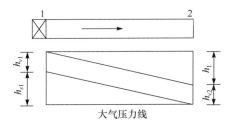
图 8-26　压入式通风压力坡度图

图 8-27 是抽出式通风压力坡度图(→表示风流方向)。由图可知,抽出式通风是风机造成负压,空气在大气压作用下流动。

由图 8-27 可以看出,绘制压力坡度图的意义在于:表明任一隧道或任一通风

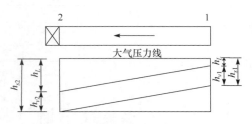

图 8-27 抽出式通风压力坡度图

系统各处的压能、位能、动能及能量损失间的相互转化关系,表明各断面上各种压力及各区段的通风阻力的大小与变化关系,反映隧道通风总阻力。

8.4.2 测试方案

1)测试仪器

测试的主要仪器毕托管 2 只(图 8-28)、微差压计 1 台(图 8-29)、风表 2 只、干湿度计和空盒气压计各 1 只,胶皮管若干。

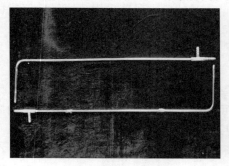

图 8-28 毕托管

图 8-29 微差压计

2)测试断面布置

如图 8-30 所示,从隧道进口 100m,即第一台风机前 100m 开始,每隔一组风机约 200m 布置一个测试断面,由于进口处第四组射流风机未配电,所以在进口处

图 8-30 通风压力测试布置图

布置 4 个测试断面,出口处在第五组射流风机前布置测试断面 5,依次每隔一组风机约 200m 布置一个测试断面,共布置了 9 个测试断面。

3)测试步骤

在行车条件下进行测试时,左线隧道的右车道关闭,左车道正常行车。于测试前一天将胶皮管在隧道内全长铺设,提前换气。具体测试步骤如下:

(1)分别在 1、9 两断面的测点处架设机械风表,风表正对风流,并在两个机械表杆上各绑上一个毕托管,把 2 根胶皮管分别连接在两根毕托管的静压端,毕托管正对风流。

(2)在断面 9 的下风侧 6~8m 处安置电子微差压计并调 0,把两根胶皮管分别接在电子微差压计的高压端和低压端,用接头把断面 1 处的塑料管的另一端接在差压计的高压端,把断面 2 处的塑料管的另一端接在差压计的低压端(连接塑料管之前,应检验塑料管是否漏气),并把电子微差压计垂直悬挂在风表杆上。

(3)分别将断面 1、9 两处的塑料管和连接毕托管的胶皮管连接好后开始测量,同时测量两断面风速,两断面压差及两断面干温度、湿温度和大气压力。1 人观测并记录断面 1 风速,1 人观测并记录断面 9 风速,1 人测读电子差压计,1 人测读两断面的干温度、湿温度和大气压力,一分钟观测一次,一组观测 10 次,测读 5 组左右数据记入记录表中。

(4)以上测定工作完毕后,将测点 9 的三脚架和静压管移到测点 8,然后在测点 1 和测点 8 之间用同样的方法进行测定。这样依次类推地测定下去,直到测完最后一个测点为止。

4)注意事项

胶皮管接头处连接要牢靠、严密,不可漏气;严防水和其他杂物进入胶皮管内;防止车辆和行人挤压或损坏胶皮管;当压差计液面上下波动厉害而使读数发生困难时,可在胶皮管内放一个棉花球,以减少波动便于读数。

8.4.3　测试结果及分析

按照前述隧道通风压力差测定方法,对北碚隧道洞内静压差、速度和空气密度进行现场实测,对隧道通风压力进行整理,可获得北碚隧道通风压力坡度曲线,如图 8-31 所示。

根据图 8-31 可知,风流从隧道入口流入后,由于射流风机的升压作用,其相对压力增加,高于当地的大气压力。在流动过程中受摩擦阻力的作用,隧道中部无射流风机升压,相对压力逐渐下降,在出口射流风机的作用下,其压力又增大,流出洞口。因此,在进出口设置升压风机的全射流通风的隧道,其压力分布特点是:入口段相对压力高于当地大气压力,为相对正压;出口段压力低于大气压力,为相对负压;在隧道中存在一个与大气压力相等的点,即相对压力为 0 的点。测试中出口内

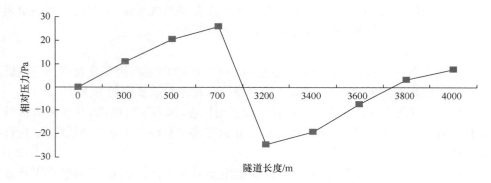

图 8-31　北碚隧道压力坡度曲线

100m 位置的相对全压为 7.61Pa,该压力用以克服隧道出口的阻力损失。

测试中共有 13 台射流风机工作,北碚入口第三组风机中一台风机故障,第四组风机没有供电。根据压力分布曲线有 4 组风机升压较为正常,分别为北碚端入口的第一、二组和重庆端入口的第二、三组。其余 3 组风机升压效果不明显。

不计交通通风力的影响,测试结果扣除摩擦阻力的影响,射流风机的总升压力约为 91.33Pa,而按理论计算射流风机的升压力应为 142.18Pa。可见实际升压力仅约为理论升压力的 64% 左右。其中 4 组较为正常的射流风机的升压力分别为 15.30Pa、15.00Pa、15.88Pa 和 17.31Pa,平均为 15.87Pa,约为理论升压力的 72%。

若 13 台射流风机正常工作,不计交通通风力的作用,隧道内进入的风量约为 288m³/s,若考虑交通通风力的作用,隧道内进入的风量会更大。而实际进风量约为 246m³/s,这主要就是射流风机不能正常工作引起的。

目前,重庆市采用全射流通风的隧道越来越多,其中有的长度已接近或超过 5000m,为保证隧道营运的通风效果,营运过程中射流风机的实际升压力的不足应引起特别的重视。

8.5　隧道阻力系数的现场测试

8.5.1　测试原理及方法

1) 摩擦阻力系数

隧道顶、底板及两壁与风流本身互相摩擦引起空气分子间的扰动和内摩擦而产生的阻力,称为隧道壁面摩擦阻力,水力学上称为沿程摩擦阻力。由这种阻力引起的能量损失称为沿程摩擦阻力损失。对于隧道工程全系统来讲,沿程摩擦阻力所占的比例较大。当风流处于粗糙管区时,研究起始断面间的压力损失可按式(8-9)计算：

$$h_{\mathrm{f}} = \lambda \frac{L}{d} \cdot \frac{\rho V_{\mathrm{cp}}^2}{2} \tag{8-9}$$

式中，h_{f} 为摩擦阻力，Pa；L 为管道的长度，m；λ 为摩擦阻力系数，由管道粗糙度和雷诺数所决定的常数；d 为管道的当量直径，m。

在测定沿程摩擦阻力系数时，选择衬砌断面型式、风速分布大致稳定的区段内进行，测定布置如图 8-32 所示。

测出两断面间的全压差 ΔH_{1-2}，按式(8-10)计算：

$$\lambda = \frac{d \Delta H_{1-2}}{l h_v} \tag{8-10}$$

式中，ΔH_{1-2} 为两断面 1—2 之间的全压差，Pa；l 为测量区段长度，m。

若选择的测量区段的断面形状相同，而断面积又相等时，则式(8-10)可改用静压差计算，即

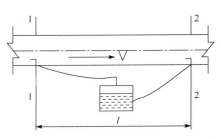

图 8-32　阻力系数测定布置

$$\lambda = \frac{d \Delta p}{l h} \tag{8-11}$$

式中，Δp 为断面 1—2 之间的静压差，Pa。

2）出、入口阻力系数

当风流从外界进入隧道时，随着风流转向角的不同，在隧道进口处产生不同的收缩现象，形成涡流区而产生局部阻力损失。可以看出，进口的局部阻力损失与隧道进口的构造形式有关，如欲减少由于突然收缩而产生的阻力，可采用渐缩管或流线型的进口形式。

当风流从隧道内排出进入大气时，隧道出口断面处的动能即全部散失于空气中，即 $h_{\mathrm{w}} = \xi \frac{\rho}{2} V_{\mathrm{cp}}^2$，这是隧道压力损失的一部分，其中，$V_{\mathrm{cp}}$ 为隧道出口断面处的平均流速。隧道出、入口阻力系数为

$$\Delta H_{1-2} = \xi \frac{\rho}{2} V_{\mathrm{cp}}^2 \tag{8-12}$$

式中，ξ 为隧道洞口阻力系数，设 $\xi = \xi_{\mathrm{e}}$ 为入口阻力系数，$\xi = \xi_{\mathrm{out}}$ 为出口阻力系数；V_{cp} 为断面风速，m/s；出口测定时为出口隧道测试断面的风速，入口测定时为入口测试断面的风速。

式(8-12)各值必须是同一时间内所测得的数值，要测出隧道入口阻力系数，只要测定 ΔH_{1-2}、ρ、V 即可，即

$$\xi = 2\frac{\Delta H_{1-2}}{\rho V^2} \tag{8-13}$$

测试入口阻力系数和出口阻力系数的布置图分别如图 8-33 和图 8-34 所示，在隧道的进口测试段两端各设一个毕托管，测试段中部设压差计一台，用胶皮管与两端毕托管相连，在测试段两端各设一个气温计、气湿计和大气压力表。

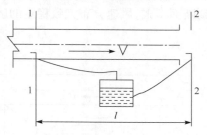 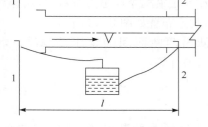

图 8-33　入口阻力系数测点布置图　　图 8-34　出口阻力系数测点布置图

8.5.2　测试方案

1. 测试仪器

微差压计 1 台、毕托管 2 只、风向风速仪 1 只(图 8-35)、空盒气压计 1 台、干湿温度计 1 只(图 8-36)、中速机械风表 2 只、秒表 2 只、胶皮管、塑料管若干、高度为 2m 的风表杆 3 根。

 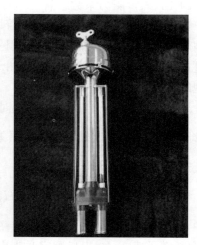

图 8-35　风向风速仪　　　　　　　图 8-36　干湿温度计

2. 入口阻力系数的测定

1）断面布置

测试断面布置在左线隧道的入口处（如图 8-33 所示），测点 1 布置在隧道外距入口约 30m 处，测点 2 布置在隧道内距洞口约 100m 处。

2）测试步骤

进行测试时，将阻断测试隧道的交通，测试隧道为空隧道，采用全断面测量，另一隧道改为双向行车，隧道内射流风机开启，待风流稳定时开始观测。

（1）分别在 1、2 两断面的测点处架设机械风表，风表正对风流，并在两个机械表杆上各绑上一个毕托管，把 2 根胶皮管分别连接在两根毕托管的静压端或全压端，毕托管正对风流。

（2）在断面 2 的下风侧 6~8m 处安置电子差压计，把两根胶皮管分别接在电子微差压计的高压端和低压端，用接头把断面 1 处的塑料管的另一端接在差压计的高压端，把断面 2 处的塑料管的另一端接在差压计的低压端（连接塑料管之前，应检验塑料管是否漏气），并把电子微差压计垂直悬挂在风表杆上。

（3）利用打气筒将胶皮管内原有的空气压出以换进所测隧道的空气，把连接好的塑料管置于稳定的风流中半小时，待管中的气流稳定后开始测试。

（4）分别将断面 1、2 两处的塑料管和连接毕托管的胶皮管连接好后开始测量，同时测量两断面风速，两断面压差，以及两断面干温度、湿温度和大气压力。1 人观测并记录断面 1 风速，1 人观测并记录断面 2 风速，1 人测读电子差压计，1 人测读两断面的干温度、湿温度和大气压力，一分钟观测一次，一组观测 10 次，测读 5 组左右数据记入记录表中。

3. 出口阻力系数的测定

1）断面布置

测试断面布置在左线隧道的出口处，如图 8-34 所示，测点 1 布置在隧道内距出口约 100m 处，测点 2 布置在隧道内距洞口约 30m 处。

2）具体测试步骤

具体测试步骤如测定入口阻力系数所述。

4. 直线段沿程摩擦阻力系数的测定

1）断面布置

断面位置选择在隧道中部直线段距离为 500m 的两断面处，风流不受射流风机影响的区段，两断面的中间有一处紧急停车带。隧道内风机全部开启，待风流稳定后开始观测。

2）具体测试步骤

具体测试步骤如测定入口阻力系数所述。

5. 弯道段沿程阻力系数的测定

1）断面布置

北碚隧道的弯道在重庆端，所测的左线隧道的弯道长度约为 678m，测试断面 1 选择在隧道内距进口 600m 左右的曲线上，测试断面 2 选择在进洞 100m 左右，则所选弯道长度大约为 500m，如图 8-37 所示。由于空气在弯道上会出现"扩散"和"涡流"，所以采用两断面静压差的测试方法。

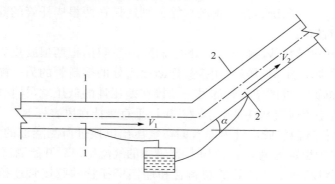

图 8-37　弯道段沿程阻力系数布置图

2）具体测试步骤

具体测试步骤如测定入口阻力系数所述。

8.5.3　测试结果及分析

1）隧道入口阻力系数

按照前述隧道入口阻力系数的测定方法，对北碚隧道现场进行了实测，经过整理实测数据见表 8-10。

表 8-10　北碚隧道入口阻力系数

0.695	0.638	0.810	0.951	0.633	0.542	0.547	0.487
0.811	0.743	0.705	0.502	0.848	0.934	0.621	0.421
0.433	0.461	0.473	0.621	0.461	0.449	0.678	0.561
0.444	0.763	0.623	0.746	0.634	0.910	0.471	0.692
0.861	0.783	0.783	0.665	1.082	0.929	0.598	0.665
0.629	0.415	0.678	0.406	0.550	0.904	0.477	0.594
0.519	0.664	0.507	—				
平均值	0.647						

对实测数据进行统计,可得北碚隧道入口阻力系数测试的平均值为 0.647,其各测点入口阻力系数分布如图 8-38 所示。

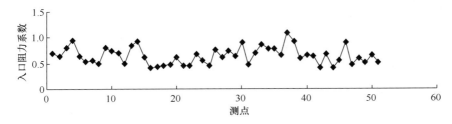

图 8-38　北碚隧道入口阻力系数分布

根据《公路隧道通风照明设计规范》(JTJ 026.1—1999)中规定,隧道入口形状为直角锐缘时,隧道的入口阻力系数 ξ_{in} 为 0.50～0.60。由图 8-38 可知,在风机开启条件下,隧道入口阻力系数一般波动范围为 0.406～1.082,在平均值 0.647 左右振荡,与规范规定和设计值相符。

2) 隧道出口阻力系数

按照前述隧道出口阻力系数的测定方法,对北碚隧道现场进行实测,对此进行整理,实测数据见表 8-11。

表 8-11　北碚隧道出口阻力系数

0.845	0.839	0.889	0.863	0.913	0.963	0.866
0.845	0.854	0.835	0.863	0.836	0.856	0.919
0.931	0.866	0.794	0.894	0.818	0.803	0.879
0.786	0.903	0.890	0.843	—	—	—
平均值	0.864					

对上述数据进行统计,可得北碚隧道出口阻力系数的平均值为 0.864,其各测点出口阻力系数分布如图 8-39 所示。

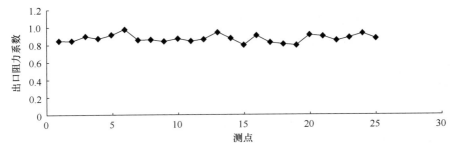

图 8-39　北碚隧道出口阻力系数分布

根据《公路隧道通风照明设计规范》(JTJ 026.1—1999)中规定,隧道的出口阻力系数 ξ_{out} 取 1.0。由图 8-39 可知,在风机开启条件下,隧道出口阻力系数一般波动范围为 0.786～0.963,在平均值 0.864 左右振荡,与规范规定的设计值基本一致。

3) 隧道直线段沿程摩擦阻力系数

按照前述隧道直线段沿程摩擦阻力系数的测定方法,对北碚隧道现场进行实测,对此进行整理,实测数据见表 8-12。

表 8-12　北碚隧道直线段沿程摩擦阻力系数

0.0151	0.0192	0.0191	0.0166	0.0160	0.0176	0.0192
0.0165	0.0228	0.0161	0.0213	0.0151	0.0175	0.0197
0.0211	0.0216	0.0191	0.0171	0.0205	0.0204	0.0221
0.0192	0.0194	0.0184	0.0232	0.0175	0.0218	0.0237
0.0204	0.0126	0.0236	0.0189	0.0165	0.0209	0.0177
平均值	0.0191					

对数据进行统计,可得隧道直线段沿程摩擦阻力系数测试的平均值为 0.019,其各测点直线段沿程摩擦阻力系数分布如图 8-40 所示。

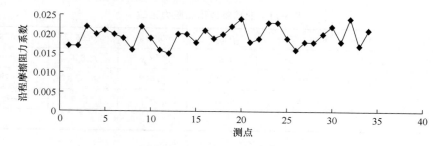

图 8-40　北碚隧道直线段沿程摩擦阻力系数分布

根据《公路隧道通风照明设计规范》(JTJ 026.1—1999)规定,隧道壁面摩阻损失系数为 0.02。由图 8-40 可看出,在风机开启条件下,隧道直线段沿程摩阻损失系数一般波动范围为 0.015～0.024,在平均值 0.019 左右振荡,由于施工技术与施工工艺的进步,所测得的隧道直线段沿程摩阻损失系数比规范规定的要稍小些,但与《公路隧道通风照明设计规范》(JTJ 026.1—1999)规定的设计值基本一致。

4) 隧道弯道段沿程摩擦阻力系数

按照前述隧道弯道段沿程摩擦阻力系数的测定方法,对北碚隧道现场进行实测,对此进行整理,实测数据见表 8-13。

表 8-13　北碚隧道弯道段沿程摩擦阻力系数

0.0204	0.0223	0.0236	0.0217	0.0212	0.0241	0.0241	0.0199
0.0211	0.0179	0.0179	0.0210	0.0199	0.0274	0.0274	0.0176
0.0213	0.0217	0.0268	0.0181	0.0193	0.0185	0.0185	—
0.0172	0.0184	0.0248	0.0212	0.0195	0.0217	0.0217	—
0.0176	0.0226	0.0178	0.0201	0.0219	0.0179	0.0179	—
平均值	0.0207						

对这些数据进行统计,可得隧道弯道段沿程摩擦阻力系数的平均值为 0.021,其各测点弯道段沿程摩擦阻力系数分布如图 8-41 所示。

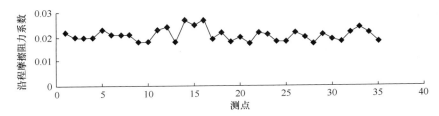

图 8-41　北碚隧道弯道段沿程摩擦阻力系数分布

根据《公路隧道通风照明设计规范》(JTJ 026.1—1999)中规定,隧道入口形状为直角锐缘时,隧道的弯道沿程摩阻损失系数 λ_y 为 0.022。由图 8-41 可知,在风机开启条件下,隧道弯道段沿程摩擦阻力系数一般波动范围为 0.017~0.027,在平均值 0.021 左右振荡,与规范规定的设计值基本一致。

8.6　隧道自然风速的现场测试

8.6.1　测试原理及方法

隧道内形成自然风压有三个原因:隧道内外的温度差(热位差)、隧道两端洞口的水平气压差(大气气压梯度)和隧道外大气自然风的作用,上述三项形成隧道内自然风的压差之和即为隧道内自然风压。

隧道内自然风压可通过测试隧道内的自然风速,按下式计算获得:

$$\Delta P_{\mathrm{m}} = \left(\xi_e + \xi_{\mathrm{out}} + \lambda \frac{L}{d} \right) \frac{\rho}{2} V_{\mathrm{n}}^2 \tag{8-14}$$

式中,ΔP_{m} 为自然风压,Pa;V_{n} 为自然风速,m/s。

当隧道内的自然风向与汽车行驶方向相同时,自然风是推力作用,排出污染气体的时间则较快;若自然风向与汽车行驶方向相反时,自然风起阻力作用,排出有害气体的时间则较慢,需时较长。

8.6.2 测试方案

1）测试仪器

机械风表 3 只、秒表 3 只、空盒气压计 1 台、干湿温度计 1 只、风向风速仪 2 只，高度为 2m 的风表杆 2 根。

2）测试断面布置

洞外。选择在两洞口不受洞内风流影响的地点。测试项目有风向、风速、大气压力、干湿温度。

洞内。选择在左线上坡隧道进口 200m、中部、出口 200m 位置同时布置 3 个测试断面（图 8-42）。断面上测点选择在高 2m，离左边墙 0.6m 的位置（图 8-43），测试自然风速。

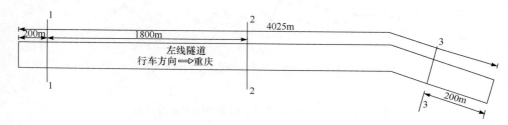

图 8-42 测试断面纵断面布置图

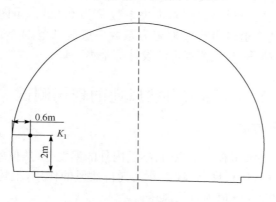

图 8-43 机械风表的测点位置

3）具体测试步骤

进行测试时，将阻断测试隧道的交通，测试隧道为空隧道，另一隧道改为双向行车，隧道内射流风机全部关闭，只有自然风作用。

（1）分别在如图 8-42 所示的三个断面上的 K_1 点处布置机械风表，机械风表正对风流。

（2）选择一天中不同的时间段进行测量，每个断面同时测定至少 5 次，一次间隔为 1 分钟或 2 分钟,每个断面由一人测试并记录。

8.6.3　测试结果及分析

　　按照前述自然风速的测试方法,对北碚隧道进行实测,经过整理的实测资料见下列自然风速测试(表 8-14)。

表 8-14　北碚隧道自然风速测试　　　　　　（单位:m/s）

断面 1	1.637	1.219	1.304	1.432	1.500	1.799	1.748	1.483	1.466	1.586	平均值 1.587
	1.500	1.671	1.893	2.252	1.671	1.500	1.552	1.518	1.569	1.432	
断面 2	1.295	1.300	1.100	1.100	0.995	1.100	1.000	1.000	0.995	1.100	平均值 1.127
	1.200	1.195	0.900	0.905	0.700	0.810	0.810	0.695	0.900	0.605	
	1.265	1.171	1.196	1.248	1.325	1.729	1.660	1.463	1.368	1.531	
	0.700	0.695	0.995	1.100	1.200	1.100	1.195	1.195	1.100	1.200	
	1.300	1.400	1.405	1.195	1.295	—	—	—	—	—	
断面 3	2.234	2.301	2.191	2.115	2.158	2.124	2.284	3.146	2.242	2.242	平均值 1.680
	1.313	1.372	1.201	1.090	1.056	1.518	1.586	1.483	1.492	1.210	
	1.287	1.389	1.432	1.381	1.415	1.415	1.338	1.424	1.441	1.509	
平均值	1.465										

　　以上现场测试所得数据说明,北碚隧道自然风所引起的洞内风速的范围一般为 1.127~1.689m/s,平均值为 1.456m/s,自然风的方向由重庆端吹向北碚端。与左线隧道洞内的风速和行车方向相反,对风流的流动起阻碍作用;而与右线隧道的风速和行车方向一致,对风流的流动起促进作用。根据《公路隧道通风照明设计规范》(JTJ 026.1—1999)中规定,在通风计算中,一般将自然风作为阻力考虑,自然风作用引起的洞内风速可取 2~3m/s。实测数据与规范规定相符。

8.7　本 章 小 结

　　通过对北碚隧道通风系统基础参数的现场测试,可以得到下面一些结论。
　　(1) 北碚隧道的交通流特点。
　　① 通过北碚隧道的交通流以汽油车为主,汽油车比例高达 70% 以上;交通组成以小客车为主,达 70% 左右,其次是大客车和大货车。
　　② 北碚隧道左线的日交通量大于右线。
　　③ 取消主城区至北碚段高速公路的收费,北碚隧道的交通量显著增大。
　　④ 国庆期间的交通量比平时有明显的增长,而且具有较强的方向性,返程高峰出现在国庆最后一天。

⑤ 北碚隧道交通量的周变化具有较强的稳定性和相似性,左线和右线均在周五出现交通量的最大值。

⑥ 北碚隧道的交通量日变化具有很强较强的稳定性和相似性,上午 9 点至 11 点和下午 2 点至 7 点出现交通量高峰,中午 12 点至 2 点左右出现白天交通量低谷,夜间的交通量最少,但夜间的大中型车比例明显高于白天。调查显示,隧道平均每天的大型车和大中型车混入率分别小于 8% 和 35%;但在夜间大型车和大中型车最高混入率可达 14% 和 60%。

⑦ 北碚隧道的行车速度时变化表明,夜间行车速度低、白天高。但其小时平均速度均大于计算行车速度 60km/h,白天的行车速度普遍大于设计行车速度 80km/h。

可见,北碚隧道的交通流具有较强的稳定性、方向性和相似性,因而是能够被准确预测的,这为北碚隧道的前馈式智能模糊通风控制系统提供了基础保证。

(2)通过全面系统测试,获得了全隧道三个特征断面特征点的平均风速系数、隧道出入口的阻力损失系数、直线段和曲线段的摩擦阻力系数,这些参数的获得有利于更准确地预测隧道将来时段的隧道风速、污染状况。

(3)隧道内通风压力坡度曲线表明,在进出口设置升压风机的全射流通风的隧道,其压力分布特点是:入口段相对压力高于当地大气压力;出口段压力低于当地大气压力;在隧道中存在一个与大气压力相等的点。

(4)北碚隧道内自然风速的范围一般在 1.127～1.689m/s,平均值为 1.456m/s。自然风速的方向是重庆方向吹往北碚方向,与左线隧道洞内的风速和行车方向相反,对风流的流动起阻碍作用;而与右线隧道的风速和行车方向一致,对风流的流动起促进作用。

第9章 公路隧道通风控制系统的效果测评

针对渝武高速公路北碚隧道的通风系统进行测试,主要内容包括:隧道内污染物浓度的现场测试、隧道内污染物浓度的自动监测、交通流预测效果测试、智能通风控制效果测试。对测试结果进行分析,获得了北碚隧道前馈式智能模糊通风控制系统的通风效果。

9.1 北碚隧道污染浓度的现场测试

在现有交通流条件下,不开射流风机,对隧道内的交通流大小及组成、隧道内风速、CO浓度及烟雾浓度(VI)进行现场测试。

9.1.1 测试原理

1) CO浓度

1924年,美国自由隧道交通堵塞引起司乘人员CO中毒,使人们认识到隧道通风的重要性。稀释CO浓度至允许水平是公路隧道通风的主要目的之一。《公路隧道通风照明设计规范》(JTJ 026.1—1999)对其浓度作明确的规定,其中采用全射流通风的隧道正常营运的允许CO浓度为250ppm;交通阻塞时可达到300ppm,但经历时间不超过20min。

采用全射流通风方式单向行车的公路长及特长隧道,其CO浓度呈三角形分布:隧道进风口CO浓度最低,隧道出风口CO浓度最大。同时考虑到洞口气流扰动的影响,本次测试取隧道内距出口200m处的断面为控制断面,进行CO浓度的测试。

2) 烟雾浓度(VI)

汽车在隧道中行驶时要排出烟雾,烟雾的存在会降低隧道内的能见度,直接影响行车安全。烟雾对空气的污染程度可用烟雾浓度 K 表示,而烟雾浓度 K 可通过测定光线在烟雾中的透过率 τ 来确定,透过率换算的烟尘浓度的关系式为

$$K = -\frac{1}{100}\ln\tau \tag{9-1}$$

式中,τ 为100m厚烟雾光线的透过率。

根据《公路隧道通风照明设计规范》(JTJ 026.1—1999)规定,采用钠灯光源时,计算行车速度为100km/h,烟雾设计浓度为 0.0065m^{-1};计算行车速度为

80km/h,烟雾设计浓度为 0.0070m^{-1};计算行车速度为 60km/h,烟雾设计浓度为 0.0075m^{-1};计算行车速度为 40km/h,烟雾设计浓度为 0.0090m^{-1}。

　　全射流通风的隧道中烟雾的浓度分布与 CO 分布基本一致,测试时仍然取隧道内距出口 200m 处断面作为控制断面。采用 SH-1 型光透过率仪测试 100m 光路长度的光透过率,其测试原理和安装如图 9-1 所示,根据式(9-1)计算烟雾浓度。

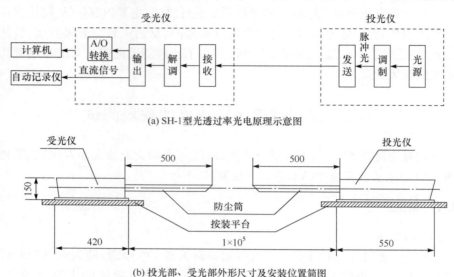

(a) SH-1 型光透过率光电原理示意图

(b) 投光部、受光部外形尺寸及安装位置简图

图 9-1　SH-1 型光透过率仪的测试原理及安装

9.1.2　测试方案

　　1) 测试项目及仪器

　　(1) 风速测试:机械式中速风速表 4 只。

　　(2) CO 浓度测试:CEMCO-181 便携式 CO 检测仪 1 台。

　　(3) 烟雾浓度测试:VI 仪 1 台(图 9-2)。

　　(4) 交通量观测。

　　2) 测试断面布置

　　各类测试断面共取 5 个,分别选择在隧道(左线)进口 200m、中部、隧道的起弯点处、出口 200m 位置,如图 9-3 所示。在隧道入口处(断面 1)进行交通量的观测,统计进入隧道的车辆情况。断面 2、3、4、5 进行隧道内风速的测试。

　　CO 及烟雾浓度测试断面布置在距出口 200m 的断面 5 处,CO 采样点位置取在由车道中部距路面高度 1.5m 位置上。烟雾浓度测试断面在距出口 200m 的断面的右车道上,投光仪和受光仪之间相距 100m,由记录仪对光透过率进行记录。

(a) 受光仪侧面及正面

(b) 投光仪侧面及正面

图 9-2　SH-1 型光透过率仪

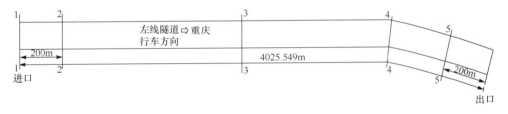

图 9-3　测试纵断面布置图

3）测试说明

（1）该项测试是在不中断隧道内的交通情况下进行的。此时,隧道左车道用于正常通行,右车道关闭用于测试。隧道内的射流风机也全部关闭。

（2）测试时间为 2006 年 9 月 28 日 10:00～12:00 和 16:00～18:00。

9.1.3　测试结果及分析

1）交通量及其组成

两个测试时段的交通量及交通量组成见表 9-1。

表 9-1　隧道入口处交通流组成情况

起止时段	小客车		小货车		中客车		中货车		大客车		大货车		拖挂车		合计
	汽	柴	汽	柴	汽	柴	汽	柴	汽	柴	汽	柴	汽	柴	
10:00～12:00	662	—	—	—	—	—	27	60	—	82	—	60	—	—	891
16:00～18:00	698	—	—	—	—	—	22	59	—	79	—	92	—	—	950

注:"汽"是指汽油车,"柴"是指柴油车。

2006 年 9 月 28 日上午调查时段的小时交通量为 445 辆,下午调查时段小时交通量为 475 辆,交通组成以小客车为主,其余为中货车、大客车和大货车。上、下午的柴油车混入率分别为 22.7% 和 24.2%。

2) 隧道内风速

在现有交通流情况下,射流风机全部关闭,测试出隧道内四个典型断面的风速,经过整理得到了不同断面处的平均风速分布,见表 9-2。测试结果表明,隧道内风速远小于规范允许的洞内最大风速值 10m/s,其次测试各断面的风速并不相同。在全射流通风方式中,理论上隧道内各断面的风速应该一致,造成隧道内各测试断面风速不等的原因有两个方面:一是由于隧道内的车行横通道、人行横通道关闭不严,造成了左、右洞风流的互窜;二是隧道内有车行驶,快速行驶的车辆对隧道横断面内的风速分布影响较大,即测试本身受隧道内行车扰流的影响。

表 9-2　各断面平均风速

断面	2	3	4	5
平均风速/(m/s)	3.034	2.772	2.985	2.731

3) 隧道内 CO 浓度

测试两时间段的 CO 浓度分别见表 9-3 和表 9-4。

表 9-3　上午部分时段测试 CO 浓度

时间	9:30	9:40	9:50	10:00	10:10	10:20	10:30	10:40	10:50	11:00	11:10	11:20
CO 浓度/ppm	11	10	11	12	13	18	11	10	12	10	8	8

表 9-4　下午部分时段测试 CO 浓度

时间	16:00	16:10	16:20	16:30	16:40	16:50	17:00	17:10	17:20	17:30	17:40	17:50
CO 浓度/ppm	8	9	9	10	11	13	10	11	15	11	9	8

由表 9-3 和表 9-4 可知,在现有交通流情况下,测试时段内隧道 CO 浓度的最大值为 18ppm,波动范围在 8～18ppm。由实测结果来看,近期交通流不开射流风机条件下,测试时段隧道内的 CO 浓度远远小于现行规范所规定的设计值,因此在

现有交通流下,CO 浓度可不作为风机开停的主要依据。

　　4)隧道内烟雾浓度

　　在现有交通流情况下,用 VI 仪现场观测两个时段的光透过率,并根据式(9-1)转换得到烟雾浓度见表 9-5。

表 9-5　现场测试烟雾浓度

	时间	10:00	10:11	10:21	10:30	10:40	10:51
10:00~ 12:00	VI 浓度/m^{-1}	0.000672	0.000408	0.000460	0.000325	0.000192	0.000887
	时间	11:01	11:10	11:20	11:25	11:45	11:57
	VI 浓度/m^{-1}	0.001884	0.000638	0.001510	0.002139	0.001271	0.001278
16:00~ 18:00	时间	16:00	16:10	16:19	16:30	16:40	16:51
	VI 浓度/m^{-1}	0.000513	0.000888	0.001244	0.001393	0.002144	0.002021
	时间	16:58	17:10	17:20	17:27	17:41	17:50
	VI 浓度/m^{-1}	0.002017	0.003391	0.004404	0.002767	0.001013	0.000764

　　根据表 9-5 可以看出,上午 10:00~12:00 时段隧道内的 VI 浓度在 0.002m^{-1}以下,而下午 16:00~18:00 时段隧道内的大货车增加,隧道内的空气透过率下降,烟雾浓度最大为 0.0044m^{-1}。

　　综上所述,北碚隧道目前的污染物主要以烟雾为主。当烟雾浓度达到或接近规范规定的最大许可值(0.0075m^{-1})时,CO 浓度还远低于规范规定的最大许可值(250ppm)。故下面的研究主要以烟雾浓度作为判断隧道内污染状况的控制指标。

9.2　北碚隧道污染物浓度水平的自动监测

9.2.1　左右线污染状况对比

　　选取目前出现的日交通量较大的一天,即 2006 年 10 月 7 日,取这一天内左线和右线出口处的污染物(烟雾)浓度进行分析,比较隧道正常营运情况下左右线的污染物浓度在时间上的分布状况。北碚隧道 10 月 7 日的交通量时变情况如图 9-4所示,最大小时交通量接近 1000 辆。左右线的交通组成情况如图 9-5 所示,仍然以小型车为主。可以看出,10 月 7 日一天内的小时交通量变化形态及交通组成都体现了北碚隧道目前的交通流特征,因而具有一定的普遍意义。

　　北碚隧道左线和右线出口处的烟雾浓度在一天内的变化情况如图 9-6 所示。可以看出,在交通量和交通组成基本相同的情况下,北碚隧道左线的烟雾浓度要远高于右线,最高值甚至达到 0.00754m^{-1},而右线出口的 VI 检测值普遍低于0.001m^{-1}。这主要是由于北碚隧道左线为上坡,右线为下坡。在上坡隧道中,不仅平均车速较低,而且烟雾的排放量更大,从而导致污染物浓度水平要高于下坡隧道。

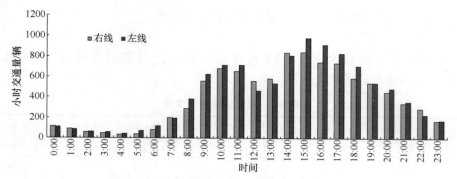

图 9-4　北碚隧道 10 月 7 日交通量时变化

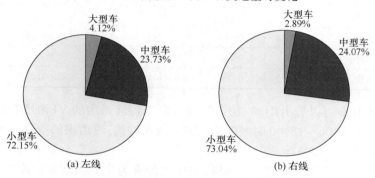

图 9-5　北碚隧道 10 月 7 日交通组成

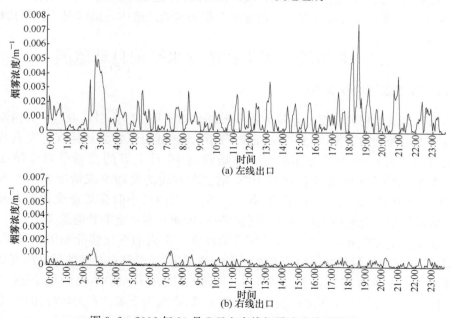

图 9-6　2006 年 10 月 7 日左右线烟雾浓度检测数据

9.2.2　左线隧道出口污染物浓度特性分析

1）出口烟雾浓度检测值的时变特性

图 9-7 所示为北碚隧道左线出口烟雾浓度检测值在一天内随时间变化的情况。

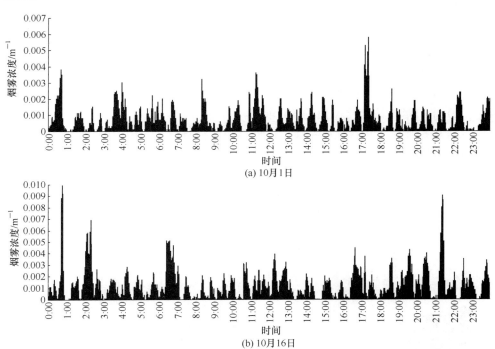

图 9-7　北碚隧道左线出口烟雾浓度检测值

分析图 9-7 可以发现：

（1）目前北碚隧道左线的烟雾浓度的历时曲线是极不规则的。

（2）交通量大时并不代表烟雾浓度就大。2006 年 10 月 1 日高峰小时交通量出现在 10:00,而相应时刻的实测烟雾浓度平均值仅为 0.00076m^{-1};10 月 7 日高峰小时交通量出现在 15:00,而相应时刻的实测烟雾浓度平均值仅为 0.00081m^{-1};10 月 16 日高峰小时交通量出现在 8:00,而对应时刻的实测烟雾浓度平均值仅为 0.00068m^{-1}。

（3）交通量低时也不一定烟雾浓度就低,因为它还与大中型车的混入率有关。在夜间,大中型车相对较多,烟雾浓度值甚至高于白天。

（4）隧道内烟雾浓度在时间上的分布不连续,呈现时断时续性。这一方面可以看出目前的交通量相对于设计交通量来说仍然比较低,另一方面也说明车辆在隧道内行驶状态发生了变化,出现了一些地方车密度高,而另一些地方车密度低甚至没车的现象。尤其是对于大中型车而言,这种现象尤为突出。因为在隧道内大中型车之间较少超车,在隧道出口处就产生了一辆大型车后面紧跟着一群车的现象,该现象已在现场测试时多次观察到。

（5）不良车辆（排放标准不符合要求、严重超载）行驶时烟雾浓度可能会出现畸变,例如,10 月 16 日 0:00～1:00（最大为 0.010m^{-1}）、21:00～22:00（最大为 0.009m^{-1}）,这种情况通常历时较短,但峰值较高。

（6）虽然从理论计算上在近期交通量下烟雾浓度远远低于规范规定值,但是根据实测结果可以预计,在不远的将来,随着交通量的增加,烟雾浓度超标的次数将会更多,当到超标的经历时间达一定程度后,就需要开启风机进行调节了。

2）出口烟雾浓度检测值的统计特性

图 9-8 所示为北碚隧道左线出口烟雾浓度检测值在一周内的统计情况。可以看出,在目前交通量和交通组成情况下,北碚隧道左线的烟雾浓度大部分时间均处于较低的水平（$K < 0.001m^{-1}$）,而一天内 $K > 0.003m^{-1}$ 的出现次数最低时仅占 6%（周四和周六）,最高占 15%（周日）,另外几天内 $K > 0.003m^{-1}$ 的出现次数一般占 9%～12%。

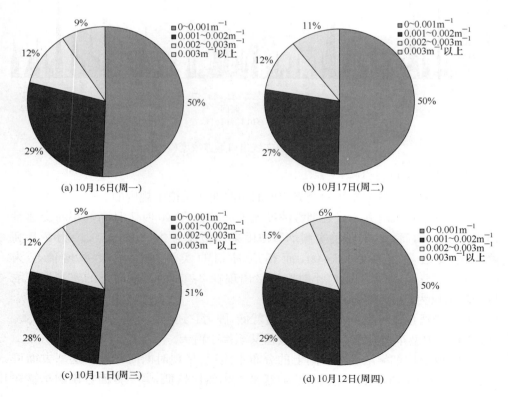

(a) 10 月 16 日(周一)　　　　　(b) 10 月 17 日(周二)

(c) 10 月 11 日(周三)　　　　　(d) 10 月 12 日(周四)

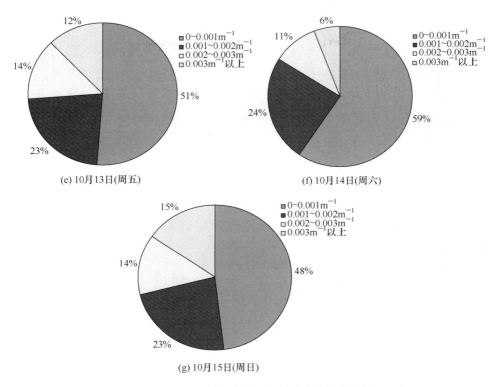

图 9-8　北碚隧道左线出口烟雾浓度检测值统计

9.2.3　左线隧道中间与出口烟雾浓度检测值比较

图 9-9 所示为北碚隧道左线中间和出口烟雾浓度检测值随时间的变化情况。

经过分析比较,可以发现中间烟雾浓度检测值变化曲线与出口烟雾浓度检测值变化曲线之间具有下面一些特点:

(1) 在形态上具有相似性。中间烟雾浓度出现峰值的附近时刻,出口烟雾浓度也出现峰值;中间烟雾浓度出现低谷的附近时刻,出口烟雾浓度也出现低谷。

(2) 出口烟雾浓度在时间上具有滞后性。从图中可以看出,出口烟雾浓度检测值在时间上明显滞后于中间烟雾浓度检测值,滞后时间约为气流从中间流向出口所需的时间。

(3) 出口烟雾浓度检测值仅比中间烟雾浓度检测值略大,并没有出现理论上的倍数关系。统计发现,2006 年 10 月 1 日中间烟雾浓度平均检测值为 $0.00076\mathrm{m}^{-1}$,出口为 $0.00082\mathrm{m}^{-1}$,10 月 7 日中间烟雾浓度检测值为 $0.00082\mathrm{m}^{-1}$,出口为 $0.00096\mathrm{m}^{-1}$。这是由目前的交通流特点决定的。由于风流速度远低于车辆速度,当高烟雾浓度形成后,产生烟雾的主要车辆已经驶过隧道,而排出的烟雾

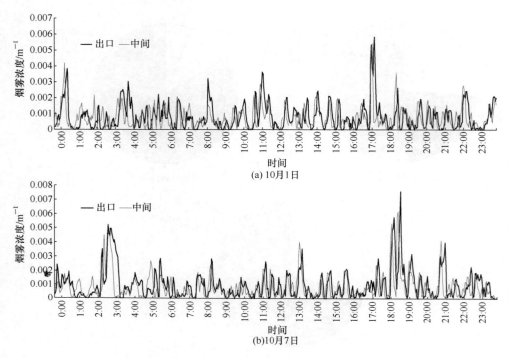

图 9-9　北碚隧道左线中间和出口烟雾浓度检测值的对比

仅运移到隧道中部。同时,根据前面的分析,隧道内的大中型车分布是不均匀的,在产生这些烟雾的车辆驶过后的一段时间内,产生了大中型车辆空缺,导致气流在隧道后半部分的营运中没有太多的烟雾产生,因而出口烟雾浓度的检测值并没有比想象中的高。

9.3　交通流预测效果

北碚隧道通风系统采用了前馈式智能模糊控制方法,故进行前馈通风控制的第一步就是对下一时段的交通流进行预测。根据第 2 章中对公路隧道短时交通流预测模型的研究与测试结果,通风控制系统中实际采用的交通流预测模型为基于历史数据的模糊逻辑预测模型。研究中同样对该模型在实际中的预测效果进行了现场测试,测试结果如图 9-10 所示。其中交通量预测的平均相对误差分别为7.56%(2006 年 10 月 23 日)、8.9%(2006 年 10 月 24 日)、8.3%(2006 年 10 月 27日)、9.1%(2006 年 10 月 28 日)和 9.0%(2006 年 10 月 29 日)。可以看出,基于历史数据的交通流模糊逻辑预测模型具有较高的预测精度。

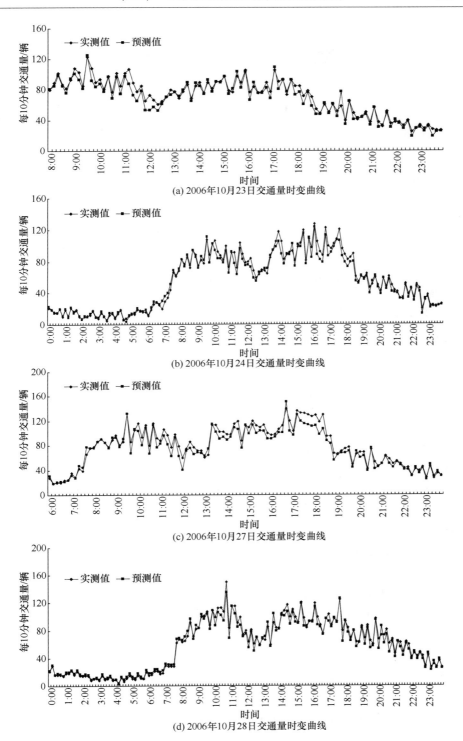

(a) 2006年10月23日交通量时变曲线

(b) 2006年10月24日交通量时变曲线

(c) 2006年10月27日交通量时变曲线

(d) 2006年10月28日交通量时变曲线

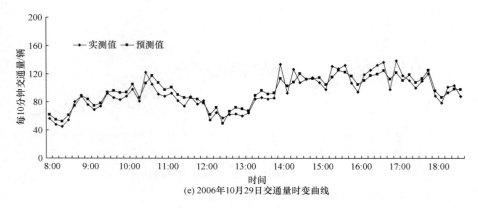

(e) 2006年10月29日交通量时变曲线

图 9-10　交通流预测效果测试

9.4　智能通风控制效果现场测试的理论基础

9.4.1　测试方案的确定

理论计算表明,只有在远期交通量时,北碚隧道左线的风机才会开启。若按远期交通量进行通风控制测试,则需要堵塞 2000 多辆车。从北碚隧道所处的地理位置来看,在左线入口处堵塞 2000 多辆汽车是极其不易的,主要原因如下:

(1) 当前交通量很小,这将导致堵车时间很长,达 3~5 个小时。

(2) 北碚隧道并非北碚到重庆的唯一通道,当堵车时间过长后,后面的车辆将会绕道而行,使得堵车的目标更难以达到。

(3) 堵车造成的社会影响将是无比巨大的,甚至无法承受。

前面的这些难点导致远期交通量下智能通风控制测试难以顺利实施。因而需要寻求一种少堵车,甚至不堵车的测试方案。该方案能够立足于当前交通量进行通风控制测试,更重要的是,其测试结果和结论可直接适用于远期交通量,即达到以“少”表“多”的目的。

智能通风控制系统需解决的核心问题是风机的节能问题,因而将风机作为以“少”表“多”的纽带,即当远期交通量下的风机运转状况(开启台数、时间、位置等)和当前交通量下的风机运转情况完全一样时,可以认为当前交通量下的风机节能效果就代表远期交通量下的风机节能效果。

在通风控制中,风机开启的条件是污染物浓度超过许可值(阈值),很明显,在当前交通量下需要降低该阈值才能开启风机。这样,根据当前的营运状态确定一个控制阈值,可以得到风机的运行状态。同时,根据建立的模型,可以从理论上获得风机运行完全一样时的远期交通量。可以认为,当前交通量下的节能效果就是所对应的远期交通量下的节能效果。

9.4.2　远期交通量下的 Q-v 关系

在营运隧道中,交通量的大小和行驶车辆的平均速度是决定风机开启或关闭的重要因素,而交通量的大小又和行车速度密切相关。经典的速度、流量、密度三参数宏观模型为[4]

$$Q=Kv \tag{9-2}$$

式中,Q 为流量;K 为密度;v 为速度。

根据 Greenshields 速度-密度线性模型可得[5]

$$K=av+b \tag{9-3}$$

故

$$Q=Kv=av^2+bv \tag{9-4}$$

根据北碚隧道左线的当前实测数据,选取交通量较大的三天,即 2006 年 10 月 1 日、10 月 3 日和 10 月 7 日,根据车检器测得的每十分钟的交通量和平均速度,转化为小时交通量和平均速度,并绘制平均速度和交通量的散点关系如图 9-11 所示。

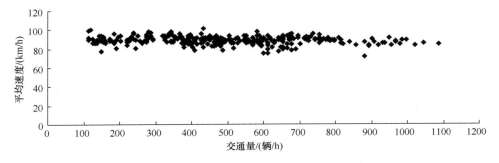

图 9-11　小时交通量与平均速度的散点关系

采用这些数据对式(9-4)进行回归得

$$Q=-1.244v^2+115.1v \tag{9-5}$$

根据式(9-5)绘制的 Q-v 关系曲线如图 9-12 所示。

根据式(9-5)便可获得北碚隧道左线的交通量和平均速度的关系式,从而对将来交通量下的风机开启台数进行理论计算。

9.4.3　近期交通量与远期交通量的关系

1)平均基准排放量的反算

在寻找近远期交通量关系之前,需根据烟雾浓度的实测数据进行基准排放量

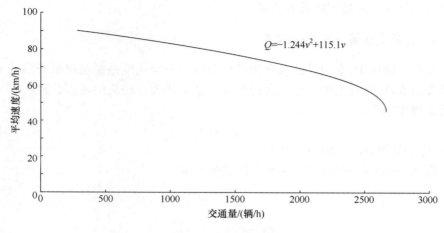

图 9-12 Q-v 关系曲线

的反算。由于目前交通量较低,大中型车辆在隧道内的分布是间断的,这也导致了出口烟雾浓度实测值也呈现间断性,因而只能将检测值平均化后进行基准排放量的反算。

(1) 反算 I。

时段:2006 年 9 月 26 日 11:30~12:30。

交通量及交通组成:$N=369$ 辆,其中,大型车 $N_b=12$ 辆,中型车 $N_m=91$ 辆,小型车 $N_s=266$ 辆,假定大型车全为柴油车,小型车全为汽油车,中型车汽油车、柴油车比例根据表 9-1 的调查数据取值(下同)。

平均速度:$v=52.53$km/h。

监控平均风速:2.77m/s,断面平均风速 WS$=1.088\times2.77=3.014$(m/s)。

实测平均烟雾浓度(VI)均值:$\delta_{vi}=8.5556\times10^{-4}$m^{-1}。

反算得到的基准排放量:$q_{vi}=0.754522$。

(2) 反算 II。

时段:2006 年 9 月 27 日 9:00~10:00。

交通量:$N=508$ 辆,其中,大型车 $N_b=13$ 辆,中型车 $N_m=115$ 辆,小型车 $N_s=380$ 辆。

平均速度:$v=50.7$km/h。

监控平均风速:3.519m/s,断面平均风速 WS$=1.088\times3.519=3.83$(m/s)。

实测平均烟雾浓度(VI)均值:$\delta_{vi}=17.02\times10^{-4}$m^{-1}。

反算得到的基准排放量:$q_{vi}=1.529$。

(3) 反算 III。

时段:2006 年 9 月 27 日 11:00~12:00。

交通量：$N = 445$ 辆，其中，大型车 $N_b = 16$ 辆，中型车 $N_m = 99$ 辆，小型车 $N_s = 330$ 辆。

平均速度：$v = 54.3\text{km/h}$。

监控平均风速：3.465m/s，断面平均风速 $WS = 1.088 \times 3.465 = 3.77(\text{m/s})$。

实测平均烟雾浓度（VI）均值：$\delta_{vi} = 9.02 \times 10^{-4}\text{m}^{-1}$。

反算得到的基准排放量：$q_{vi} = 0.8765$。

可见，选取不同的时段反算得到的基准排放量之间有较大差异，这里将其平均作为计算近远期交通量关系的平均基准排放量，为 $q_{vi} = 1.053$。

2）近远期交通量的关系

以烟雾浓度（VI）$\leqslant 0.0015\text{m}^{-1}$ 为控制目标，可以计算出近期不同交通量下需要开启的台数。采用同样的方法，也可以计算出以 VI $\leqslant 0.0075\text{m}^{-1}$ 为控制目标，远期不同交通量下需要开启的风机台数，见表 9-6。可以看出，在保证风机开启台数相等的情况下，近期交通量与远期交通量在理论上存在一一对应关系，或者说近期交通量下的风机运行台数等于对应的远期交通量下的风机运行台数。同样，也可以认为在采用相同控制模式、不同控制目标下，近期与远期风机的运行状态是相同的。因而在近期交通量下实测的智能通风控制系统的节能效果，可以代表远期交通量下智能通风控制系统的节能效果。

表 9-6　远期与近期交通量的关系

远期交通量 控制目标：VI$\leqslant 0.0075\text{m}^{-1}$			风机开启台数	近期交通量 控制目标：VI$\leqslant 0.0015\text{m}^{-1}$		
风速 /(m/s)	VI/10^{-4}m^{-1}	交通量 /(辆/h)		风速 /(m/s)	VI/10^{-4}m^{-1}	交通量 /(辆/h)
5.69～	<74.90	0～2457	0	3.56～	<14.99	0～443
5.83～5.80	73.20～74.96	2458～2479	2	3.87～4.13	13.8～14.99	444～513
5.93～5.90	73.30～74.90	2480～2499	4	4.30～4.55	14.1～14.98	514～563
6.04～6.00	73.30～74.90	2500～2518	6	4.78～4.89	14.2～14.99	564～604
6.13～6.10	73.40～74.90	2519～2536	8	5.11～5.19	14.3～14.99	605～639
6.23～6.19	73.40～74.90	2537～2553	10	5.31～5.46	14.4～4.99	640～671

9.4.4　与普通后馈式通风控制的对比

通过与普通后馈式通风控制模式的对比，可以更深刻地认识到智能控制模式的优越性。对比过程如下：

在智能控制模式下，设在第 n 个控制周期检测到的环境数据为 VI_n、CO_n、WS_n，且在第 n 个控制周期中，智能控制模式下实际运行的风机台数为 N_{JF_n}，虚拟的普通后馈控制模式下的风机运行台数为 NJF'_n。且两种控制模式下的自然通风力、交通风均相等。

第 1 步：计算在虚拟控制模式下的污染物排放。在虚拟的普通后馈控制模式下，污染物排放量与实际中的智能控制模式相同，为

$$Q'_{vi} = VI_n \cdot A \cdot WS_n \tag{9-6}$$

$$Q'_{co} = CO_n \cdot A \cdot WS_n \frac{p}{p_0} \frac{T_0}{T} \tag{9-7}$$

式中，A 为隧道横断面积；p 为隧址大气压；p_0 为标准大气压；T 为隧址气温；$T_0 = 273K$。

第 2 步：计算虚拟控制模式下的风速。根据隧道内压力平衡，实际状态下的平衡方程为

$$p_m + p_{mn} = p_{tn} + N_{JF_n} \cdot p_j \tag{9-8}$$

式中，p_m 为通风阻抗力，可由风速求得；p_{mn}、p_{tn} 分别为自然风力和交通风力。虚拟状态下的平衡方程为

$$p'_m + p_{mn} = p_{tn} + N'_{JF_n} \cdot p_j \tag{9-9}$$

将式（9-8）代入式（9-9）即可求得虚拟模式下的阻抗力 p'_m，进而反算求得虚拟模式下的风速 WS'_n。

第 3 步：计算第 n 个控制周期虚拟控制模式下的污染物浓度。计算式如下：

$$VI'_n = Q'_{vi} / (A \cdot WS'_n) \tag{9-10}$$

$$CO'_n = Q'_{co} \Big/ \left(A \cdot WS'_n \frac{p}{p_0} \frac{T_0}{T} \right) \tag{9-11}$$

第 4 步：判断是否需要开启或关闭风机。在虚拟模式下，第 $n+1$ 个控制周期风机的运行台数为 $N'_{JF_n} + \Delta N'_n$。其中 $\Delta N'_n$ 为普通后馈控制中风机变化的台数。

重复这 4 个步骤，即可获得相同条件下，在普通后馈式控制模式下得风机运行台数及隧道通风效果。从而与智能控制模式进行对比。

9.4.5　评价指标

下面建立用于评价通风系统的性能指标。

（1）表征风机耗电量的指标 W。

$$W = \sum_{n=1}^{N} N_{JF_n} \times T \tag{9-12}$$

式中，N_{JF_n} 为第 n 个周期开启的风机台数；N 为整个控制过程中的总周期数；T 为控制周期，即各个时段风机开启的时间。

（2）表征风机开停频度的指标 P。

$$P = \sum_{n=1}^{N} |\Delta N_{JF_n}| \tag{9-13}$$

式中，$|\Delta N_{JF_n}|$ 表示第 n 时段风机变化的台数；P 表示一天内风机变化的总台数。

9.5　北碚隧道左线智能通风实测结果分析

9.5.1　10 月 23 日测试结果

在 2006 年 10 月 23 日的智能通风控制测试中，各个时刻的风机实际运行台数如图 9-13 所示，实测的烟雾浓度（每十分钟内的平均值）如图 9-17 所示。根据式(9-6)～式(9-11)反算采用普通后馈控制模式下风机的运行台数如图 9-14 所示。对比可以看出，采用智能模糊控制时，风机能耗比普通后馈控制模式节约23.9%，风机开停频度降低了 25%，见表 9-7。从图 9-17 还可以看出，采用智能控制时，可以更有效地降低污染物的峰值，从而获得更好的营运环境。对比图 9-13～图 9-17 可以看出，智能模糊控制模式比普通后馈控制模式更具有前瞻性，而且当烟雾浓度在控制目标附件波动时，智能模糊控制具有更强的稳定性。

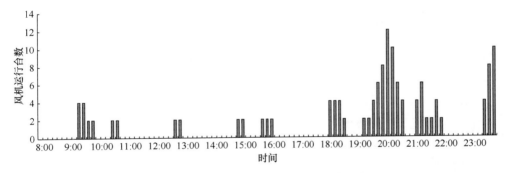

图 9-13　10 月 23 日采用智能模糊控制时的风机实际运行台数

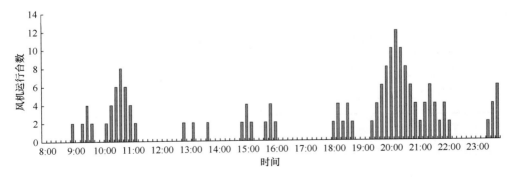

图 9-14　10 月 23 日采用普通后馈控制时反算的风机运行台数

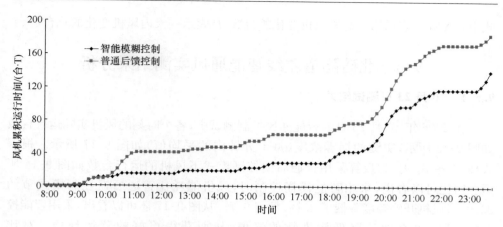

图 9-15　10 月 23 日两种控制方法下的风机累积运行时间

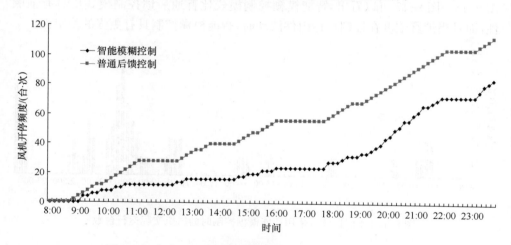

图 9-16　10 月 23 日两种控制方法下的风机累积开停频度

表 9-7　2006 年 10 月 23 日通风控制测试结果

控制方式	风机能耗/W	风机开停频度/(台·次)
智能模糊控制	140	84
普通后馈控制	184	112
比较结果	↓23.9%	↓25%

9.5.2　10 月 24 日测试结果

在 2006 年 10 月 24 日的智能通风控制测试中,各个时刻的风机实际运行台数如图 9-18 所示,实测的烟雾浓度(每十分钟内的平均值)如图 9-22 所示,反算采用普通后馈控制模式下风机的运行台数如图 9-19 所示。对比图 9-18～图 9-22 可

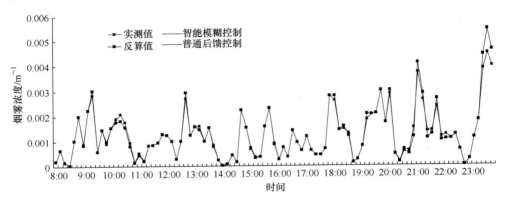

图 9-17　10 月 24 日烟雾浓度实测值的时变曲线

以看出,采用智能模糊控制时,风机能耗比普通后馈控制模式节约 25%,风机开停频度降低了 30.4%,见表 9-8。

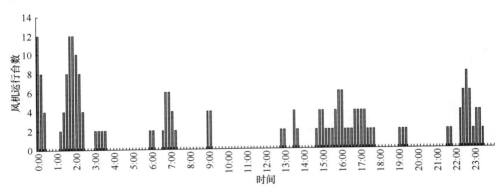

图 9-18　10 月 24 日采用智能模糊控制时的风机实际运行台数

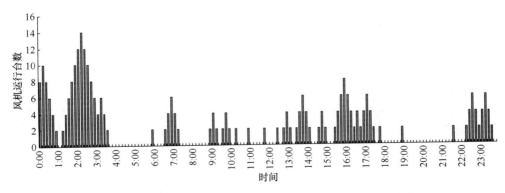

图 9-19　10 月 24 日采用普通后馈控制时反算的风机运行台数

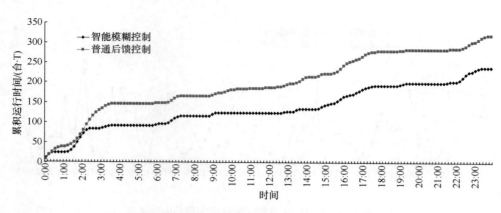

图 9-20　10 月 24 日两种控制方法下的风机累积运行时间

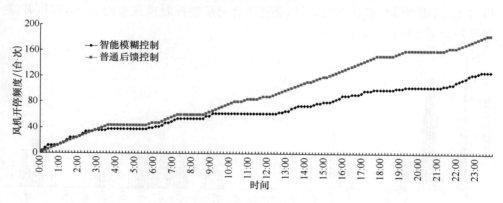

图 9-21　10 月 24 日两种控制方法下的风机累积开停频度

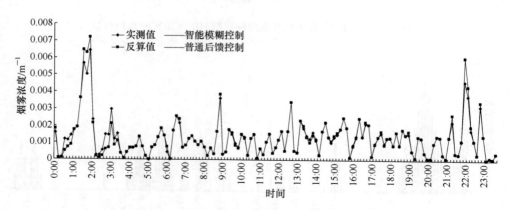

图 9-22　10 月 24 日烟雾浓度实测值的时变曲线

表 9-8 2006 年 10 月 24 日通风控制测试结果

控制方式	风机能耗/W	风机开停频度/(台·次)
智能模糊控制	240	128
普通后馈控制	320	184
比较结果	↓25%	↓30.4%

9.5.3 10 月 27 日测试结果

在 2006 年 10 月 27 日的智能通风控制测试中,各个时刻的风机实际运行台数如图 9-23 所示,实测的烟雾浓度值(每十分钟内的平均值)如图 9-27 所示,反算采用普通后馈控制模式下风机的运行台数如图 9-24 所示。对比图 9-23~图 9-27 可以看出,采用智能模糊控制时,风机能耗比普通后馈控制模式节约 21.6%,风机开停频度降低了 40.25%,如表 9-9 所示。

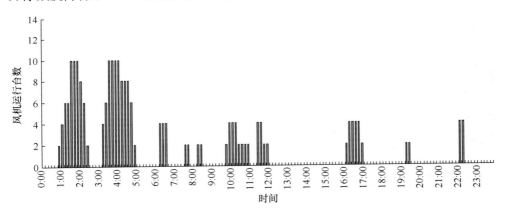

图 9-23 10 月 27 日采用智能模糊控制时的风机实际运行台数

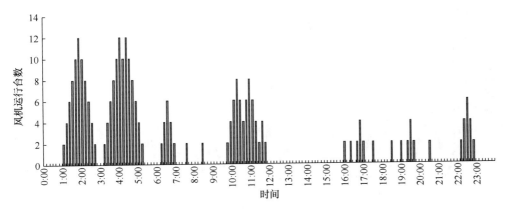

图 9-24 10 月 27 日采用普通后馈控制时反算的风机运行台数

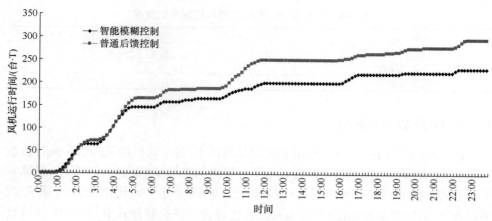

图 9-25　10 月 27 日两种控制方法下的风机累积运行时间

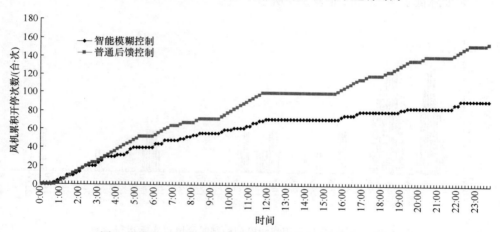

图 9-26　10 月 27 日两种控制方法下的风机累积开停频度

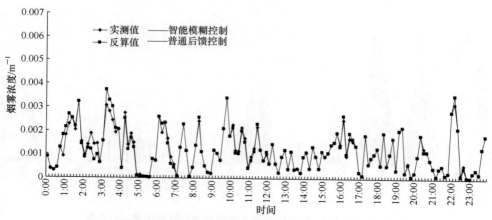

图 9-27　两种控制方法下的风机累积开停频度

表 9-9　　2006 年 10 月 27 日通风控制测试结果

控制方式	风机能耗/W	风机开停频度/(台·次)
智能模糊控制	232	92
普通后馈控制	296	154
比较结果	↓21.6%	↓40.25%

9.6　本章小结

本章以北碚隧道为背景,对其通风系统中的污染物浓度及前馈式智能模糊控制效果进行了现场测试。

(1)污染物浓度的测试结果表明:

北碚隧道目前的污染物主要以烟雾为主,当烟雾浓度达到或接近规范规定值时,CO 浓度还远低于规范规定值,故通风控制中应主要以烟雾浓度作为判断隧道内污染状况的控制指标;

隧道内污染物浓度的日变化呈不规则的波动趋势,柴油车量陡增(连续进入)和车辆的性能、货物严重超载等原因可能导致污染物浓度急剧增加;

隧道内烟雾浓度在时间上的分布不连续,呈现时断时续性,这说明了车辆在隧道内行驶状态发生了变化,出现了一些地方车密度高,而另一些地方车密度低甚至没车的现象,尤其是对于大中型车而言,这种现象尤为突出;

虽然隧道出口处一段时间内的平均污染物浓度要远低于设计指标,但由于大中型车辆在隧道内的不均匀分布,在低交通量下仍然会出现污染物浓度较高的时候,可以预见,而且随着交通量的进一步增加,在不远的将来,北碚隧道的前馈式智能模糊通风控制系统将会发生显著效用;

在当前交通流下,隧道中间污染物的时变曲线与隧道出口处污染物浓度的时变曲线具有相似性,因而中间烟雾浓度传感器的检测值可以作为将来出口烟雾浓度预测值的参考数据。

(2)前馈式智能模糊效果的测试结果表明:

前馈式智能模糊通风控制中采用的交通流预测模型,可以较准确的预测将来时段的交通流数据;采用前馈式智能模糊通风控制系统较普通后馈式控制可以节约能耗 20%～30%,降低风机开停频度 25%～40%,同时获得更加稳定的通风效果。

参 考 文 献

［1］日本道路协会. 道路トンネル技术基准(换气篇). 丸善株式会社出版,1985.

［2］Johannes S,et al. Emission factors from road traffic from a tunnel study (Gubit Tunnel, Switzerland). Atmospheric Environment,1998,32(6):999—1009.

［3］王生昌,李百川. 公路隧道汽车污染物基准排放量. 长安大学学报(自然科学版),2005, 25(1):77—81.

［4］Diaz J,Kramesberger F. Safe and economic ventilation of a motorway tunnel. The 5th International Symposium on the Aerodynamics & Ventilation Vehicle,1985:93—100.

［5］Shroff G H,Wan P K. Tunnel ventilation building emissions control options. Proceeding of the Air & Waste Management Association's Annual Meeting & Exhibition 1998,Pittsburgh,1998.

［6］Bring A,Malmstrom T G,Boman C A. Simulation and measurement of road tunnel ventilation. Tunnelling and Underground Space Technology,1997,12(3): 417—424.

［7］韩星,张旭. 不同坡度下柴油车比例对隧道通风需风量计算指标的影响. 现代隧道技术, 2005,6(42):76—80.

［8］王晓雯,陈建忠,邹景用,等. 中梁山公路隧道营运环境的调查与分析. 地下空间与工程学报,2006,3(2):438—443.

［9］金文良,谢永利,李宁军,等. 新七道梁公路隧道营运通风效果测试及分析. 现代隧道技术, 2006,1(43):38—42.

［10］涂耘. 公路隧道通风烟雾基准排放量折减取值的分析. 公路交通技术,2004,(2):75—77.

［11］建设省土木研究所. 道路トンネルの换气实熊调查に关する研究报告书,1984.

［12］伊吹山四郎,今田彻. 道路トンネルの换气に关する研究. 土木研究所报告,1982.

［13］Chen T Y, Lee Y T,Hsu C C. Investigations of piston effect and jet fan effect in model vehicle tunnels. Journal of Wind Engineering and Industrial Aerodynamics,1998,2(73): 99—110.

［14］PIARC. Road tunnel:Vehicle emissions and air demand for ventilation. PIARC-Technical Committee on Road Tunnel Operation(C5),2004.